民國歷史與文化研究

十五編

第 **1** 冊

憲法與利維坦：
康有為、孫中山、張君勱的立國與立憲思想

金欣 著

花木蘭文化事業有限公司

國家圖書館出版品預行編目資料

憲法與利維坦：康有為、孫中山、張君勱的立國與立憲思想／
金欣 著 -- 初版 -- 新北市：花木蘭文化事業有限公司，2022
〔民 111〕
目 4+258 面；19×26 公分
（民國歷史與文化研究 十五編；第 1 冊）
ISBN 978-986-518-920-4（精裝）
1.CST：康有為 2.CST：孫文 3.CST：張君勱
4.CST：學術思想 5.CST：憲政主義 6.CST：中國
628.08 111009769

ISBN-978-986-518-920-4

9 789865 189204

民國歷史與文化研究
十五編 第一冊 ISBN：978-986-518-920-4

憲法與利維坦：
康有為、孫中山、張君勱的立國與立憲思想

作　　者 金欣
總 編 輯 杜潔祥
副總編輯 楊嘉樂
編輯主任 許郁翎
編　　輯 張雅淋、潘玟靜、劉子瑄　美術編輯 陳逸婷
出　　版 花木蘭文化事業有限公司
發 行 人 高小娟
聯絡地址 235　新北市中和區中安街七二號十三樓
　　　　　電話：02-2923-1455 ／傳真：02-2923-1452
網　　址 http://www.huamulan.tw 信箱 service@huamulans.com
印　　刷 普羅文化出版廣告事業
初　　版 2022 年 9 月
定　　價 十五編 14 冊（精裝）新台幣 42,000 元

憲法與利維坦：
康有為、孫中山、張君勱的立國與立憲思想

金欣　著

作者簡介

金欣，1983 年生，陝西商州人。中國人民大學法學博士，清華大學法學碩士，中南民族大學法學學士，曾赴加拿大不列顛哥倫比亞大學從事訪問研究。曾任《清華法律評論》《人大法律評論》編輯，並獲第七屆中國法律文化研究成果獎。現為陝西師範大學「一帶一路」建設與中亞研究協同創新中心助理研究員，主要研究領域為法律與國家理論、中國法律史、邊疆民族問題。

提　　要

　　19 世紀末，中國開始從帝國逐漸轉型為民族國家，在這個過程中面臨著立國與立憲的雙重任務，許多思想家都對這個問題進行了深入探討。本書的研究對象康有為、孫中山和張君勱是近代中國大轉型過程中最具代表性的立國與立憲思想家，他們的思想都借鑒了西方的法政理論，但又非常注重中國的現實境況和文化根基，體現了近代中國立國與立憲思想發展過程中中西法政思想的融合與衝突。

　　康有為的學說代表了帝國向民族國家轉型節點上的立國與立憲思想，他以帝國為基礎，開創民族國家的政制與憲制，同時又有極為超前的烏托邦成分；孫中山是帝國末期主張以革命方式建立民族國家思想的代表，是近代中國立國與立憲的另一種思路；張君勱代表了民族國家初步建立後，在現有國家的政治框架下，繼續探討立國與立憲發展的思想家。三人的立國與立憲思想雖有很大差異，但都認為立國的首要任務是提高國家能力，特別是提高國家的專制性能力，而與之相對的立憲思想常常要大打折扣，只能在立國思想的陰影下曲折迂迴，不斷妥協。

　　本書以三位思想家的思想演進框架為基礎，以法學和政治學觀點徵引分析材料，結合文本解讀、意義發微與比較研究，揭示三位思想家的因襲與創造，以夾敘夾議的方式述之，對近代中國立國與立憲思想的發展脈絡和理論意義作了較為系統的梳理和分析。

誇父與日逐走，入日。渴欲得飲，飲於河渭，
河渭不足，北飲大澤。未至，道渴而死。
棄其杖，化為鄧林。

——《山海經・海外北經》

目
次

導　論

　　1876 年冬天，58 歲的清廷官員郭嵩燾帶領 30 多名隨從乘船從上海出發，歷經 50 多天的海上顛簸到達英國倫敦。郭嵩燾在那裡設立了清王朝的第一個駐外使館，這對以天朝上國自居的清王朝來說是破天荒的事情，代表這個舊帝國已經承認自己不再是天下的中心，而是「國際大家庭」中的一員，開始進行現代式的國際交往。〔註1〕

　　郭嵩燾精通洋務，是一位思想較為開放的滿清官僚，他在倫敦經常參加英國人的社交活動，還到城市各處參觀，對倫敦高大美觀的建築和夜晚的燈火輝煌讚不絕口。有一次觀看了英國海軍的升旗儀式之後，他在日記中感歎道：「彬彬焉見禮之行焉，中國之不能及，遠矣！」〔註2〕但最讓他感興趣的還是英國的議會，他多次到議會參觀，觀看議員們劍拔弩張的辯論，他驚奇地發現「西洋上下議院皆民舉」。他開始反思英國強盛的原因，他把議會看作英國立國之本，並在日記中評論道：「推其立國本末，所以持久而國勢益張者，則在巴力門議政院有維持國是之義。」〔註3〕

　　郭嵩燾其時雖不知權力分立之說，但看到了英國行政、立法和司法三權之間的制衡，人民選出代議士，通過議會表達意願，朝野各方雖各持己見，但經過張弛有度的博弈，最終形成了一個穩定、和平的局面，使英國「立國

〔註 1〕參見徐中約：《中國進入國際大家庭：1858～1880 年間的外交》，屈文生譯，商務印書館 2018 年版。

〔註 2〕汪榮祖：《走向世界的挫折——郭嵩燾與道咸同光時代》，嶽麓書社 2000 年版，第 176 頁。

〔註 3〕李華興、張元隆、李海生：《索我理想之中華：中國近代國家觀念的形成與發展》，安徽教育出版社 2005 年版，第 118 頁。

千餘年終以不弊」。而在這個過程中，君主可以處於超然的地位，人民也能被安撫，郭嵩燾以此對照中國，認為「中國秦漢以來兩千餘年適得其反」，言語中無不透露出羨慕之情。郭嵩燾還發現英國人十分重視法律，進而認為英國的法治是國家治理井井有條的要義，並言「英王不尊，律例為尊」。〔註 4〕他也懂得用法律與英國人斡旋，還參加了國際法改革和法典編纂協會的第六次會議，十分欣賞精通法律的人才，不過他並沒有指明他看到英國圍繞「巴力門」（parliament）的一系列政治運作就是立憲制度，但他敏銳地觀察到了立憲制度對英國立國的重要性。其實不止郭嵩燾，中國從晚清開始被迫進入「世界大家庭」之後，面對國家內外的危機，國家形式和權力結構急迫地需要重組，知識人放開了視野，立國與立憲成了他們普遍關注的兩個重要問題。

0.1　研究背景和問題

在西方列強的威脅和衝擊下，中國自 19 世紀下半葉開始從一個傳統的帝國（empire）轉型為一個民族國家（nation-state），〔註 5〕起初為被迫，逐漸變為主動。〔註 6〕伴隨著禮法秩序的解體和新的政制與法制的形成，這個轉型過程一直延續到民國，當下的中國仍然處在這個轉型過程的餘緒之中。近代中國的立國是國家性質的轉變，是建設並發展一個主權完整的民族國家，以新

〔註 4〕汪榮祖：《走向世界的挫折——郭嵩燾與道咸同光時代》，嶽麓書社 2000 年版，第 208 頁。

〔註 5〕中國從帝國到民族國家的轉型是較為廣泛的認識，關於這一表述意涵的討論，參見汪暉：《現代中國思想的興起（上卷）第一部：物與理》，生活·讀書·新知三聯書店 2015 年版，重印版前言以及導論。關於這一轉型的思想史研究，參見汪暉：《現代中國思想的興起（上卷）第二部：帝國與國家》，生活·讀書·新知三聯書店 2015 年版。對帝國到民族國家轉型視角的批評，參見李懷印：《中國是怎樣成為現代國家的？——國家轉型的宏觀歷史解讀》，載《開放時代》2017 年第 2 期。

〔註 6〕對近代中國轉型較有代表性的解釋是費正清的「衝擊—反應」說（impact-response model），費正清認為中國自身缺乏現代價值，只有在西方的衝擊下，中國被迫做出反應，才走上了現代化的道路。參見（美）費正清：《美國與中國》（第四版），張理京譯，世界知識出版社 2000 年版，第 132～134 頁；Ssu-yü Teng & John K. Fairbank, China's Response to the West: a Documentary Survey, 1839～1923, Harvard University Press, 1954。這是一種西方中心主義的觀點，相關評論參見（美）柯文：《在中國發現歷史：中國中心觀在美國的興起》，林同奇譯，中華書局 2002 年版。

的方式進行國家整合（national integration）並建立統治合法性（legitimacy）的過程。而立憲則是「政治統治的重新建構」〔註7〕，包括政治體制和法律制度的轉型，要用憲法重新設計政制，規制公權力，並保護人民的權利，讓政治制度化和法律化。立國與立憲之間關係緊密，有互相促進的作用，同時又有一些衝突的方面。民族國家這種國家組織形式與憲法對中國來說都是新事物，所以中國的立國與立憲與西方國家相比有許多獨特之處。

　　自光榮革命之後，英國的立國與立憲是一個長期漸進的過程，不同階級、法律與政治等因素經過幾百年的互動，最終形成了一個成熟的民族國家和穩定的憲政體系；美國在建國前是英國的殖民地，沒有舊國家、舊制度和傳統的負擔，所以以革命的方式一次性地進行了初步的立國與立憲，以後經過從邦聯（confederation）向聯邦（federation）的轉變、南北戰爭，以及多個憲法修正案，才最終完成了立國和立憲的進程。法國則是較早形成了專制型的現代國家，初步完成了立國的任務，再經過革命、運動和政治人物的決斷，最終走向了立憲國家。〔註8〕但中國與這三個典型的國家不同，傳統的帝國體系一直延續到 20 世紀，因而面臨著在傳統帝國的基礎上同時進行立國和立憲的雙重艱巨任務。

　　傳統的帝國與現代民族國家不同，它是一個相對較為鬆散的政治體系。在帝國體系之下，有國家直接控制的地區，同時又有番邦及效忠或臣服的屬國等並不直接控制的地區，所以帝國並沒有清楚的邊界，亦無國家主權觀念。在帝國統治的中心地帶之外，國家權力並不是最終權威，帝國之中並無一套可以讓各次級行政單位普遍服從的法律體系。比如清王朝在中心地區之外的回疆、苗疆和西藏等邊疆少數民族地區實行特殊的法律，中央政府甚至並沒有明確掌握西藏地區的終審權。〔註9〕現代民族國家是一種不同於帝國的新

〔註7〕（德）迪特兒·格林：《現代憲法的誕生、運作和前景》，劉剛譯，法律出版社 2010 年版，第 73 頁。

〔註8〕關於西方主要國家的立國與立憲過程，參見張千帆：《憲法學導論——原理與應用》（第三版），法律出版社 2014 年版，第 75～93 頁；（美）賈恩弗蘭科·波齊：《近代國家的發展——社會學導論》，沈漢譯，商務印書館 1997 年版，第 86～114 頁；R. C. Van Caenegem, An Historical Introduction to Western Constitutional Law, Cambridge University Press, 1995；Chris Thornhill, A Sociology of Constitutions: Constitutions and State Legitimacy in Historical-sociological Perspective, Cambridge University Press, 2011。

〔註9〕參見張晉藩（主編）：《清朝法制史》，中華書局 1998 年版，第 610～611 頁。

型政治組織形式，因為有主權觀念，所以才會有最高位階的憲法及一套領土內所有區域都要普遍遵守的法律體系。現代憲法是將國家主權制度化和法律化的法律文本，它需要有「統一的國家權力」和「法律的實證化」這兩個現代主權國家的基本特徵為前提條件。〔註 10〕近代中國的立國正是要實現國家權力的統一和集中，法律實證化也是在重重阻力中艱難前行，所以相應的立憲也就困難重重。

因此近代中國的政制與法制轉型的背景是：進入國際大家庭之後，中國在一個主權國家林立的、國家間政治的新世界體系裏，在傳統帝國的基礎上，完成立國和立憲的雙重任務，這與西方各國的經驗都極為不同。認識近代中國的立憲思想離不開立國這個大背景。換而言之，近代中國的立憲是與立國同時進行的，不探討立國與立憲思想的關係，無法認清近代中國的立憲思想的真實面目。

關於近代中國立憲思想發展的研究已經有不少成果，有代表性的是王人博的一系列研究。〔註 11〕這些著作對思想文本的分析較為紮實，也對整個近代中國立憲思潮有整體的把握，但是所依據的「憲政文化」這一概念的外延過大，所以王人博的著作名為「憲政文化」或「憲政思潮」研究，但因為納入的內容過多，他的立憲思想史研究其實更像是政治思想史。另有不少研究以概述的形式，或以歷史演進和憲法文本為中心，或以憲法思想人物為中心，描述近代中國立憲思想的變遷。〔註 12〕這些研究都忽視了中國的立憲是和立國同時進行的，如果拋開立國單獨談立憲思想無異於管中窺豹。比如對康有為的憲法思想，論者常會闡述康有為認為該如何立憲，憲法是什麼等等，〔註 13〕但是如果

〔註 10〕參見（德）迪特兒·格林：《現代憲法的誕生、運作和前景》，劉剛譯，法律出版社 2010 年版，第 72 頁。

〔註 11〕參見王人博：《憲政文化與近代中國》，法律出版社 1997 年版；王人博：《中國近代的憲政思潮》，法律出版社 2003 年版；王人博：《憲政的中國之道》，山東人民出版社 2003 年版。

〔註 12〕比如湯毅平：《民國憲法思想史論》，北京廣播電視大學出版社 2002 年版；石畢凡：《近代中國自由主義憲政思潮研究》，山東人民出版社 2004 年版；王德志：《清末憲政思潮研究》，中國政法大學出版社 2010 年版。

〔註 13〕有大量研究憲法思想或立憲思想的著作以這樣的方式撰寫，比如程潔：《康有為憲法思想述評》，載《法商研究》1999 年第 2 期；易旺：《康有為憲政思想研究》，中國政法大學碩士學位論文，2007 年。亦有學者注意到康有為立憲思想的立國背景，但是並未展開。參見章永樂：《舊邦新造：1911～1917》，北京大學出版社 2011 年版。

放在康有為整體思想中來看，他論述如何立憲不過是立國和走向大同的一個步驟，只是其中一個階段。〔註 14〕所以僅討論康有為如何看憲法，完全是無的放矢，並未抓住問題的要害。

有些學者的研究比較有針對性，馬小紅教授指出了近代中國憲政發展中「傳統的失落」，導致許多憲法思想和立憲實踐與民族精神背離，因而「憲政無法獲得廣泛的社會基礎」，最終失敗。〔註 15〕也有學者以「治道」與「治權」為中心來梳理近代中國的立憲思想與立憲運動，作者同時運用了比較憲法的視角。這樣的梳理是一個較為新穎的角度，「治道」與「治權」這兩個概念皆來自新儒家學者牟宗三，牟氏還有另一個概念「政道」與這兩個概念一起使用。「政道者，簡單言之，即是關於政權的道理」，「治道就字面講，就是治理天下之道，或處理人間共同事務之道」，「治權者，措施或處理公共事務之運用權也」。〔註 16〕牟宗三用這三個概念來分析中國的傳統政治，但對它們的界定並不嚴格，在很大程度上並不適用於分析憲法問題。所以用「治道」和「治權」這兩個概念來分析中國近代立憲思想，使研究最終並無多少新意，基本上成了對中國近代立憲思想的概述。〔註 17〕因此需要以新的問題意識和新的視角來重新審視中國近代的立憲思想，才能看出中國近代立憲思想的特點和本質，因此本書選取立國與立憲關係的視角來重新探討近代中國的立憲思想。

0.2　為何研究康有為、孫中山和張君勱

在近代中國立國與立憲過程中，眾多仁人志士對這兩個重要議題進行了思索和探究，本書以康有為、孫中山和張君勱三位思想家為中心，〔註 18〕來研究中國近代的立國與立憲思想。之所以選擇這三位思想家，不僅因為三人

〔註 14〕蕭公權先生言，康有為所論的「君主立憲乃是專制和共和政體間的過渡」。蕭公權：《康有為思想研究》，汪榮祖譯，新星出版社 2005 年版，第 63 頁。

〔註 15〕參見馬小紅：《試論「傳統」中國憲政發展中的失落》，載《法學家》2008 年第 4 期。

〔註 16〕牟宗三：《政道與治道》，吉林出版集團有限責任公司 2010 年版，第 1 頁、第 26～27 頁、第 22 頁。

〔註 17〕參見程潔：《治道與治權：中國憲法的制度分析》，法律出版社 2015 年版。

〔註 18〕清代大部分中國人是文盲，19 世紀中國的識字率約為 3.5%，到 20 世紀 30 年代，全國的識字率也未超過 5%。參見王爾敏：《知識分子與近代中國的現代化》，百花洲文藝出版社 2002 年版，第 208 頁。在這樣的情況下，康有為、孫中山和張君勱都可以算得上嚴格意義上的知識分子或知識人。

的思想中皆有對立國與立憲的論述，還有以下兩個原因：

首先，三人極具代表性。康有為代表了帝國向民族國家轉型節點上的立憲思想，他的思想立基於帝國，在保守一定傳統的基礎上開創新民族國家的政制與憲制，同時又具有極為超前的烏托邦成分；孫中山是帝國末期以革命的方式建立新民族國家思想的代表，也就是民族國家創制和立憲的另一種思路；張君勱則代表了民族國家的基礎初步建立後，在既有國家和政治框架下，繼續探討立國和立憲的思想家。

其次，三人的思想體現了近代中國立國和立憲思想中中西思想之融合與衝突。三人都主張引進西方的立憲思想，但同時都注重立憲的「文化土壤」〔註19〕。作為今文經學家，康有為是中國傳統思想的繼承和研究者，但早在戊戌變法前，西學就影響了他的思想。維新運動失敗後，康有為遊歷世界 15 年，足跡遍布歐洲、美洲和亞洲諸國，與所到各國的領導人、政要和學者會面，探討政治問題，迄今中國沒有第二人有如此的經歷；孫中山在香港、美國、英國等地區和國家生活求學，亦遊走日本和南亞、歐洲各國開展革命運動，一生中有一半以上的時間都在海外度過，對當時西方的政治思想和憲法思想多有涉獵，亦對中國古代思想有一定接受；張君勱是憲法學家和政治學家，也是政治活動家，他組黨並主導起草了《中華民國憲法》。他還是現代新儒家的代表人物之一，但他對德國哲學和政治思想深有研究，並在日本和德國留學多年。

綜上所述，三位思想家的思想都既有中國思想的基礎，又受到西方的影響，在一定程度上融合了古今中西，是近代中國政治和法律思想發展的典型。〔註20〕因此本書選擇這三位思想家來研究近代中國的立國與立憲思想。〔註21〕

0.3　立國與立憲考辨

國家和憲法是立國和立憲的中心，對二者關係的研究並未受到學界的足夠重視。這與以往的法律和政治研究傳統有關。因此在分析「立國」與「立憲」

〔註19〕參見馬小紅：《近代中國憲政的歷史考察》，載《政法論壇》2011 年第 1 期。

〔註20〕馮契在 20 世紀 80 年代提出中國近代政治思想和哲學發展中存在著強烈的古今、中西之爭。參見馮契：《古今、中西之爭與中國近代哲學革命》，載《上海社會科學院學術季刊》1985 年第 1 期。

〔註21〕康有為較多使用「立國」這一詞語，張君勱和孫中山較多使用「建國」，偶而使用「立國」。孫中山和張君勱使用的「建國」一詞基本上與康有為使用的「立國」一詞同義，有時不同。

概念之前，有必要闡述以往法律和政治研究中對國家與憲法關係的態度。

在前現代和早期現代的法律與政治研究中，憲法（πολιτεία）被看作「政制」，〔註 22〕該詞由希臘語的城邦（πόλις）一詞發展而來，意指把作為城邦全部政治生活的公民和政治關係「釐訂為全邦的政治制度」。〔註 23〕憲法被當作政體（form of government）的構成要素，反映「一國政治關係的現狀」〔註 24〕。這種古代憲法在政治和法律思想史中一直受到關注，政治和法律思想家的論述主要是以一種綜合的方式進行，也就是把憲法放到政治環境之中，作為政治的組成部分。這是因為在現代立憲主義完全形成之前，古代憲法自身並無自主性，在很大程度上只是政治的工具或附庸。所以直到 20 世紀前半段的公法和政治學的研究中，國家仍然是主要研究對象，學者們致力於對作為國家構成的憲法、法律制度和政府結構進行分析和描述。

但 20 世紀五六十年代行為主義以及此後的理性選擇理論興起以後，政治學及相關的社會科學研究轉向微觀。同時，多元主義、結構功能主義和馬克思主義的研究是以社會為中心，不再把國家作為一個範式或研究對象，國家僅僅是組織制度或舞臺。1979 年，斯科克波（Theda Skocpol）在其著作《國家與社會革命》中提出了「國家的潛在自主性」（potential autonomy of the sate），也就是說國家會追求一些並非公共的利益或目標。〔註 25〕此後的政治學研究中，研究者們再次認識到國家作為主體身份的重要性。1984 年斯科克波又編輯了《找回國家》（Bringing the state back in）一書，她認為國家都在有意識和無意識地影響著社會，塑造政治經濟的發展。〔註 26〕而林茨

〔註 22〕比如亞里士多德的《雅典政制》（Ἀθηναίων πολιτεία），英文一般譯為 The Athenian Constitution 或 Constitution of the Athenians，參見 Aristotle, The Athenian Constitution, P. J. Rhodes (trans.), Penguin Classics, 1984。

〔註 23〕參見（古希臘）亞里士多德：《政治學》，吳壽彭譯，商務印書館 1965 年版，第 113 頁，注釋 1。

〔註 24〕（德）迪特兒·格林：《現代憲法的誕生、運作和前景》，劉剛譯，法律出版社 2010 年版，第 1 頁。

〔註 25〕參見（美）斯科克波：《國家與社會革命：對法國、俄國和中國的比較分析》，劉北成譯，桂冠圖書 1998 年版，第 27～37 頁。

〔註 26〕參見（美）斯考克波：《找回國家：當前研究的戰略分析》，載（美）彼得·埃文斯、迪特里希·魯施邁耶、西達·斯考克波（編）：《找回國家》，方力維、莫宜端、黃琪軒等譯，生活·讀書·新知三聯書店 2009 年版，第 2～10 頁。亦參見趙鼎新：《社會與政治運動講義》，社會科學文獻出版社 2012 年版，第六章、第七章。

和斯泰潘在研究民主轉型和鞏固的著作中更指出了「國家性」（stateness）問題對民主制度的重要作用，他們認為「沒有主權國家，不可能有可靠的民主制度」。〔註27〕福山在他的著作裏也闡述了國家本身的強弱對國家治理與世界秩序有決定性的作用。〔註28〕

　　具體到公法和憲法的研究中，法律實證主義興起以後，將法律與道德分離，法律被看作一個自足的規則體系，主權者在立法、制憲時起著重要作用，是法律效力的最終淵源，但是法律自身的運行是自洽的。在現代實證法律體系中，法律的淵源是作為「基礎規範」的憲法。換言之，在這些學者看來，在憲法創制以後，國家就退場了，因而國家問題並不被公法和憲法的研究者所關注。〔註29〕接繼從日本轉手而來的歐洲大陸的法律實證主義和規範法學傳統，中國學者亦倡導「規範憲法學」研究，主張只研究憲法規範的內部問題，將憲法學的研究對象「限定於既定的、實在的憲法規範」。〔註30〕這樣的思路有其合理性，但亦忽視了國家的作用，因而不能認識憲法的複雜性。〔註31〕因為對於一個立憲制度已經運轉起來的國家，對憲法規範的研究會伴隨著認識司法過程中「有牙齒」〔註32〕的憲法，但是在憲政秩序沒有運行起來的國家，這樣的研究的意義卻只能大打折扣。中國近些年亦興起所謂的「政治憲法學」研究，似乎要重新返回國家視角去認識憲法，〔註33〕但這又走向了另一個極端，將政治決斷提到了過高的位置，忽視了許多現代立憲主義的基本

〔註27〕（美）胡安·林茨、阿爾弗萊德·斯泰潘：《民主轉型與鞏固的問題：南歐、南美和後共產主義的歐洲》，孫龍等譯，浙江人民出版社 2008 年版，第 2～10 頁。關於國家性，亦參見曹勝：《從「國家」到「國家性」：語境與論域》，載《中國行政管理》2017 年第 3 期。

〔註28〕參見（美）福山：《國家構建：21 世紀的國家治理與世界秩序》，黃勝強、許銘原譯，中國社會科學出版社 2007 年版。

〔註29〕比如一本由哈佛大學法學院教授主編，在英語世界被廣泛使用的比較憲法學教科書並未提及國家問題，參見 Vicki Jackson, Mark Tushnet, Comparative Constitutional Law (3rd Edition), Foundation Press, 2014.

〔註30〕參見林來梵：《從憲法規範到規範憲法：規範憲法學的一種前言》，法律出版社 2001 年版，第 2 頁。

〔註31〕林來梵教授在他的《憲法學講義》第二版（法律出版社 2015 年版）中專門開闢四章論述國家，也許是一個轉變。

〔註32〕林來梵：《憲法不能全然沒牙》，載《法學》2005 年第 6 期。

〔註33〕參見吳彥：《法秩序與政治決斷——有關「政治憲法學」的批判性檢討》，載《開放時代》2012 年第 2 期；李忠夏：《憲法與政治關係的時代命題——中國「政治憲法學」的解讀與評析》，載《中國法律評論》2016 年第 1 期。

價值和憲法的最高性。〔註34〕

　　綜上，本書認為從憲法到立憲政治的過程中，主權國家不僅提供了前提條件，國家還是場所（context）和背景（background），立憲在影響國家的同時，也被國家塑造。立憲與立國是兩個不同但卻有交叉並相互影響的過程。

　　「立國」一詞在中國古籍裏已有使用，「立」既有建立，亦有維持之意，所以從字面來解釋立國就是建立國家或使國家續存。該詞最早在漢代司馬遷所撰的《史記》中出現，《三王世家》中言：「古者裂地立國，並建諸侯以承天於，所以尊宗廟重社稷也」；〔註35〕《蘇秦列傳》中趙王曰：「寡人年少，立國日淺，未嘗得聞社稷之長計也。」〔註36〕漢代《中論》中也有言：「古之立國也，有四民焉。」〔註37〕此後該詞在典籍裏一直有出現，意思變化不大。到元代還在更通俗的文本雜劇裏經常出現，如關漢卿的《裴度還帶》第一折裏有這樣的唱段：「我穩情取登壇、登壇為帥，我掃妖氛息平蠻貊，你看我立國安邦為相宰。」〔註38〕而明末清初思想家唐甄在《潛書》裏言：「立國之道無他，惟在於富。自古未有國貧而可以為國者。夫富在編戶，不在府庫。若編戶空虛，雖府庫之財積如丘山，實為貧國，不可以為國矣。」〔註39〕這兩處的立國是指維持、管理和建設國家。立國這一概念在晚清時期被廣泛使用，洋務運動中，保守派大臣文淵閣大學士倭仁在反對新式教育的奏摺中言：「立國之道，尚禮義不尚權謀，根本之圖，在人心不在技藝」；〔註40〕1901年張之洞、劉坤一在上清廷三折中說：「立國之道，大要有三：一曰治，二曰富，三曰強。國既治，則貧弱者可以力求富強；國不治，則富強者亦必轉為貧弱。整頓中法者，所以為治之具也。採取西法者，所以為富強之謀也。」〔註41〕這裡所言的立國是國

〔註34〕這些研究者受德國公法學家卡爾・施米特影響較大，相關理論參見（德）卡爾・施米特：《憲法學說》，劉鋒譯，上海人民出版社2016年版；Carl Schmitt, Dictatorship: From the Beginning of the Modern Concept of Sovereignty to the Proletarian Class-Struggle, Michael Hoelzl & Graham Ward (trans.), Polity Press, 2014。

〔註35〕司馬遷：《史記》（第六冊），中華書局1959年版，第2106頁。

〔註36〕司馬遷：《史記》（第七冊），中華書局1959年版，第2250頁。

〔註37〕徐幹：《中論》，泰東圖書局1929年版，第50頁。

〔註38〕關漢卿：《匯校詳注關漢卿集》（下），中華書局2006年版，第1241頁。

〔註39〕唐甄：《潛書》，中華書局1963年版，第114頁。

〔註40〕轉引自郭廷以：《近代中國史綱》，上海人民出版社、格致出版社2015年版，第142頁。

〔註41〕朱壽朋（編）：《光緒朝東華錄》（四），中華書局1958年版，第4737頁。

家續存和強盛的意思。康有為對「立國」一詞的使用較多，比如他言：「凡為國者，必有以自立也。其自立之道，自其政治、教化、風俗，深入其人民之心，化成其神思，融洽其肌膚，鑄冶其群俗，久而固結，習而相忘，謂之國魂。國無大小久暫，苟捨此乎，國不能立，以弱以凶，以夭以折。人失魂乎，非狂則死；國失魂乎，非狂則亡。此立國之公理，未有能外之者也。」〔註42〕康有為所論的立國是指國家自立、國家整合和政教等支撐國家的精神性因素。孫中山在一次演講中則言：「蓋學問為立國根本，東西各國之文明，皆由學問購來。」〔註43〕張君勱較多使用「建國」一詞，比如他在《中華民國民主憲法十講》中認為，建國與革命不同，「建國是靠有思想有經驗的建設……建國是靠冷靜的頭腦」。〔註44〕但他又專著《立國之道》一書闡釋「立國」，在該書中他把立國分解為國家結構、民主制度設計、經濟發展和文化政策等四方面。〔註45〕

　　研究者們對立國的解釋也不盡相同。在干春松的論述裏，立國基本上等同於「建國」，他認為「建國」主要是要解決兩個問題：「一是中國如何從一個王朝轉變為現代民族國家；二是如何設計這個新的國家的內部秩序和治理體系。」〔註46〕姚中秋則直接把立國等同於國家建設（state-building），認為立國意為「建立現代民族國家」。〔註47〕許章潤教授把立國解釋為「民族意志的主權想像，更多寄寓的是國民的邦國憧憬，無一例外地收束於民族主義」，也就是「邦國主義」，〔註48〕即以民族主義建立民族國家。在阿倫特的名著《論革命》中譯本中，「立國」對應的是英文詞foundation，在阿倫特那裡foundation

〔註42〕康有為：《中國顛危誤在全法歐美而盡棄國粹說》，載姜義華、張榮華（編校）：《康有為全集》（第十集），中國人民大學出版社2020年版，第129頁。

〔註43〕孫中山：《在北京湖廣會館學界歡迎會的演說》，載廣東省社會科學院歷史研究室、中國社會科學院近代史研究所民國史研究室、中山大學歷史系孫中山研究室（編）：《孫中山全集》（第二卷），中華書局1982年版，第422～423頁。

〔註44〕張君勱：《憲政之道》，清華大學出版社2006年版，第136頁。該書收錄張君勱的《國憲議》（1922）和《中華民國民主憲法十講》（1947）兩書及若干評述憲法的單篇文章。

〔註45〕參見張君勱：《政制與法制》，清華大學出版社2008年版。該書原名《立國之道》，初版於1938年，清華大學出版社再版時改名為《政制與法制》。

〔註46〕干春松：《保教立國：康有為的現代方略》，生活・讀書・新知三聯書店2015年版，第41頁。

〔註47〕參見姚中秋：《現代中國立國進程三波論：民族主義、文化保守主義與憲政主義的互動》，載《歷史法學》（第二卷），法律出版社2009年版，第117頁。

〔註48〕參見許章潤：《立國語境下的政治建設——張佛泉先生建政與立國學思發凡》，載《法學》2012年第1期。

是指以憲法構建自由和新的政治秩序，並以自由作為國家的目標。〔註 49〕而在美國憲法學家阿克曼著作的中譯本中，foundation 一詞則被譯為「奠基」。〔註 50〕筆者認為後者更準確，因為在美國的語境中，該詞意味著建設國家基本結構、秩序和理念，為立國打下基礎。

學界一般把「立國」翻譯為 state-building，這個英文詞組在中文中對應的詞語有「國家建構」、「國家構建」、「國家政權建設」和「國家建設」等。〔註 51〕要認識何謂 state-building，首先要理解何謂 state。state 與 country 不同，後者主要是指地理意義上的國家，而前者更多地是指作為政治實體和結構的國家，它不同於其他的政治單位，具有獨有的政治性特點，state 一詞出現較晚，與現代國家的前身絕對主義國家關係密切，如馬克斯・韋伯所論，國家（state）之特徵是合法的壟斷了其疆域內「具有正當性的暴力」。〔註 52〕所以現代國家（modern state）就是：「在國內層面，國家是指由全職的官員組成和管理的一系列機構，對一定固定領土上的民眾行使統治並壟斷這個領土範圍內的暴力工具。在國際層面，國家指的是『主權國家』，代表領土內人與物的總體，受到其他國家承認。」〔註 53〕亦有不少學者著眼於現代國家的特徵，認為現代國家具有極大的對社會資源的動員和汲取能力，以及使用強制暴力（coercive force）的能力。〔註 54〕因此，所謂國家建設就是國家獲取或形成這些現代國家所應具備的特徵之過程。〔註 55〕

〔註 49〕參見（美）漢娜・阿倫特：《論革命》，陳周旺譯，譯林出版社 2007 年版，第四章、第五章。

〔註 50〕參見（美）布魯斯・阿克曼：《我們人民：奠基》，汪慶華譯，中國政法大學出版社 2013 年版。

〔註 51〕對 state-building 內涵的探討，參見張靜：《國家政權建設問題與回顧》，載氏著：《現代公共規則與鄉村社會》，上海書店出版社 2006 年版，第 33～56 頁。對中國 state-building 研究的反思，參見陳兆旺：《反思中國國家建設理論——一項基於比較視野的討論》，載《比較政治學研究》（第六輯），中央編譯出版社 2014 年版。

〔註 52〕參見（德）馬克斯・韋伯：《學術與政治》，錢永祥譯，廣西師範大學出版社 2004 年版，第 205 頁。

〔註 53〕朱天飆：《比較政治經濟學》，北京大學出版社 2006 年版，第 28 頁。

〔註 54〕參見 Carles Boix & Susan C. Stokes (Eds.), The Oxford Handbook of Comparative Politics, Oxford University Press, 2007, p. 211; Christopher Pierson, The Modern State, Routledge, 1996。

〔註 55〕參見楊冬雪：《民族國家與國家構建：一個理論綜述》，載《復旦政治學評論》（第三輯），上海辭書出版社 2005 年版。

　　目前對 state-building 的總結有兩種思路。一種是指近代國家形成的過程中，通過不同的方式完成國家權力的集中，國家政權架構的形成，使中央政府可以有效地統治整個國家，並盡可能地使國家權力正當化。早期專制主義國家具有這個過程的一些因素，現代國家就是以這種方式形成的。這種理解可以看作原生型的國家建設。另一種 state-building 是一個國際政治觀念，是指在國際干預下讓一個國家從混亂的狀態中走出，變成一個較為完整、有效的國家；〔註56〕或者「在強化現有的國家制度的同時新建一批國家制度」。〔註57〕這種可以看作再生型的國家建設。

　　在筆者看來，「立國」是一個具有中國特色的概念。但立國所立之國卻是來自西方的民族國家（nation-state）範式，這種國家形式與傳統的帝國不同，是一種以民族（nation）為基礎而形成的新型國家。〔註58〕立國與前文所述第

〔註56〕比如 Aidan Hehir & Neil Robinson (Eds.), State-building: Theory and Practice, Routledge, 2007; Anders Persson, Building a State or Maintaining the Occupation? International Support for Fayyad's State-building Project, *Journal of Conflict Transformation and Security,* Vol. 2, No. 1 (2012), pp. 101～119。

〔註57〕（美）福山：《國家構建：21 世紀的國家治理與世界秩序》，黃勝強、許銘原譯，中國社會科學出版社 2007 年版，序言第 1 頁。

〔註58〕民族國家是一個來自歐洲的概念，其英文表述為 nation-state。也有人模仿日文翻譯將其譯為「國民國家」，意指涵括一個國家內全體人民的概念不應該是民族，而應該是國民，一個國家內可以有多個民族，但只能有一種國民。其實此處的 nation 並非是簡單種族（race）意義上的民族，而是含有國家、民族和國民多重含義，所以譯為「國族」可能更合適。詳言之，nation 是一國內部人民的總稱，比如中華民族、美國人民都是這樣的概念。nation 為國家（state）提供了一種情感意義上的歸宿與認同（比如以 nation 為依託的民族主義），state 僅僅是理性和政治認同。因此如果把 nation 譯為民族，那麼只會有多族群國家，而不會有多民族國家，在 nation 意義上，是一個 nation，一個 state。因此，中國一般所稱的 56 個民族中的民族其實是 ethnic group，而不是 nation，只有中華民族是 nation（費孝通所言中華民族的「多元一體」結構中的一體是 nation，多元則是 ethnic group。近年來，在中國的國家法規和領導人講話的官方英譯本中，已經統一將 56 個民族中的民族譯為 ethnic group），所以「統一多民族國家」其實是「統一多族群國家」，當然這只是「詞」上的分別，在「物」的所指上是一致的。職是之故，所謂民族國家就是以涵括領土內所有人民的 nation 為基礎而形成的邊界清晰的現代國家。關於國民國家的討論，參見王柯：《國民國家與民族問題——關於中國近代以來民族問題的歷史思考》，載《民族社會學研究通訊》第 60 期（2010 年）。關於民族國家的形成，參見 Charles Tilly (Eds.), The Formation of National States in Western Europe, Princeton University Press, 1975。關於民族國家的概念和文獻的討論，參見（英）戴維·米勒、韋農·波格丹諾（主編）：《布萊克維爾政治學百科全書》

一種國家建設（state-building）的內涵有較多重合之處，但並不完全相同，亦包含一些第二種國家建設的含義，它的內涵和外延都大於 state-building。立國不僅僅是要提高國家能力，完成國家政權建設，還要解決國家的正當性問題，創造和發展維繫國家的政教和禮儀，同時要把國家整合起來，最後要使國家長久持續地發展。所以本書認為立國包含四方面：國家政權建設、國家正當性、國家整合與國家發展。

國家政權建設（state apparatus building）。也就是國家制度和政權架構的建設，包括國家形式的設計、政府制度的設計，其中一個重要的表現就是權力的集中，對合法暴力使用的壟斷，使國家權力的滲透、汲取和執行能力——也就是通常所說的國家內能力（state capacity）增強。〔註59〕美國歷史社會學家查爾斯‧蒂利很早就論述了戰爭導致國家權力的集中對歐洲國家形成的作用，戰爭使國家在互動中增加了汲取能力，國家能力隨之增強。〔註60〕權力集中之所以重要，是因為只有權力的集中才能有一個有效統一的中央政府，國家權力的架構才能完善，這是國家能力的基礎。一個國家如果沒有足夠的國家能力，這個國家要麼無法建成，要麼是一個失敗國家（failed state）。另外，亨廷頓在他的著作中也不斷強調秩序（order）和權威（authority）的重要性，如果沒有秩序，國家無從談起，沒有權威國家也就無法運行，國家能力的建設就是構建國家權威的過程，這可以給國家帶來基本的秩序。立憲制度可以構建國家權威和秩序，但立憲制度也常常產生於有秩序和有權威的國家，所以亨廷頓言：「必須先存在權威，而後才能談得上限制權威。」〔註61〕如果

（修訂版），鄧正來等譯，中國政法大學出版社 2002 年版，第 528 頁；Robert J. Holton, Globalization and the Nation State, Palgrave Macmillan, 2011。

〔註59〕國家能力的研究英語學術界最具有代表性的著作是 Linda Weiss, The Myth of the Powerless State, Cornell University Press, 1998。亦參見 Michael Mann, The Autonomous Power of the State: its Origins, Mechanisms and Results, *European Journal of Sociology*, Vol. 25, No. 2 (1984), pp. 185～213。中文學術界對國家能力的綜述參見黃寶玖：《國家能力：涵義、特徵與結構分析》，載《政治學研究》2004 年第 4 期；黃冬婭：《比較政治學視野中的國家基礎權力發展及其邏輯》，載《中大政治學評論》（第 3 輯），中央編譯出版社 2008 年版；張長東：《國家治理能力現代化研究——基於國家能力理論視角》，載《法學評論》2014 年第 3 期。

〔註60〕參見 Charles Tilly (Eds.), The Formation of National States in Western Europe, Princeton University Press, 1975。

〔註61〕參見（美）薩繆爾‧P. 亨廷頓：《變化社會中的政治秩序》，王冠華、劉為等譯，上海人民出版社 2008 年版，第 6 頁。

沒有權威和秩序，立憲會舉步維艱。

國家的正當性（legitimacy of the state）。正當性（legitimacy），或稱為合法性，〔註62〕與之接近的另一個詞語是合法律性（legality），後者可以簡單地理解為符合法律，它與實證法（positive law）緊密相關。正當性則與自然法淵源頗深，它在實證法產生以前就產生了，早在羅馬時期拉丁文中就有這個概念，意指合法、恰當和正確的，「中世紀法律和哲學所建構的 legitimacy 概念成為衡量統治資格之品質的標準」，早期現代的政治著作家把「同意」作為正當權力之基礎的觀念加入了正當性概念。〔註63〕正當性要回答的是權力的支配為什麼是正當的，「是對支配關係所作的某種道德證成」，這種證成可以「確保社會政治秩序的穩定性」。〔註64〕國家的正當性可以理解為為什麼要國家，為什麼國家的政治統治是合法的，為什麼公權力的運用是合理的。它包括國家的自我論證和人民的理解兩個方面。〔註65〕憲法在這中間充當了一個重要的中介。

國家整合（national integration）。國家整合又可以稱為國家統合，是指「將國家組織起來，使之作為一個整體」。〔註66〕特別是對幅員遼闊的大國來說，國家整合是一個非常重要的問題，因為國家內部不同地區的文化、民族和社會發展會有很大差異（甚至語言都不相同），因此很難形成高度的同質性，所以需要進行國家整合工作。傳統國家以超驗或傳統的權威和政治結構來進行國家整合，比如君主制、宗教和文明體系、官僚制度以及某個人的超凡神聖英雄氣質等，屬於馬克斯·韋伯所言的傳統型權威統治和克里斯瑪型權威統治，〔註67〕這兩種統治不需要論證統治的合法性，因為它們來自超驗或傳統，

〔註62〕有人將 legitimacy 譯為合法性，將 justification 譯為正當性，參見（美）J. 西蒙斯：《合法性與正當性》，毛興貴譯，載《世界哲學》2016 年第 2 期，原文 John Simmons, Justification and Legitimacy, *Ethics*, Vol. 109 (1999)。這樣並不合適，justification 最好譯為證成性。

〔註63〕參見劉毅：《「合法性」與「正當性」譯詞辨》，載《博覽群書》2007 年第 3 期；周濂：《現代政治的正當性基礎》，生活·讀書·新知三聯書店 2008 年版，第 7 頁。

〔註64〕參見周濂：《現代政治的正當性基礎》，生活·讀書·新知三聯書店 2008 年版，第 5 頁。

〔註65〕對國家正當性的評述，參見 Christopher W. Morris, An Essay on the Modern State, Cambridge University Press, 2002, pp. 100～113。

〔註66〕林來梵：《憲法學講義》（第二版），法律出版社 2015 年版，第 181 頁。

〔註67〕關於韋伯的三種統治類型，參見 Max Weber, Economy and Society, edited and translated by Keith Tribe, Harvard University Press, 2019, pp. 341～342。

所以自然能整合整個國家。現代國家則不同，它是理性化後的法理型權威統治，面對的是大規模的市民社會，其整合方式主要有憲法、政黨政治、民主制或君主制、單一制或聯邦制，以及國旗、國歌等象徵符號。整合的對象有不同政治派別、民族、地區和階級等。這時權威是需要論證的，所以整合也變得理性化。民族（nation）或言國族，是現代民族國家的基礎，國家認同的建立往往需要國族認同來促進，因此國族整合是國家整合的一個重要方面。此外，國家整合也是維持國家建設成果的方式之一。

國家發展（state development）。主要是指國家如何促進經濟發展，或者說國家如何設計有利於經濟發展的政治制度。現代國家建設與國家的軍事競爭密不可分，歐洲現代經濟的形成得益於早期歐洲民族國家之間因軍事競爭而形成的統一市場。而隨著經濟的發展，國家與資本相互獲益，國家從市場汲取稅收作為財政來源，並為資本集團提供法律等規則與制度的保障，保護財產權。在這個基礎上形成了絕對主義國家和立憲主義國家這兩種國家形式，「前者立法和行政權皆由統治者掌握，而後者立法權則由統治者和代議機構共享」。〔註 68〕經濟學家道格拉斯・諾斯的研究亦表明，僅有自由的市場並不帶來繁榮，穩定的政治和法律組織也是必須具備的條件。〔註 69〕國家雖然為經濟發展提供規則和制度，但沒有經濟發展，國家也難以維繫，所以國家發展是立國的因素之一。

立憲，顧名思義首先是要制定一部憲法，再建立一套以憲法為中心的法律、政治秩序和制度，並用憲法劃分權力的界限，保障人民權力，踐行立憲主義所蘊含的各種價值和理念。〔註 70〕因此要回答何謂立憲，就首先要解釋

〔註 68〕朱天飆：《比較政治經濟學》，北京大學出版社 2006 年版，第 32 頁；Charles Tilly, Coercion, Capital and European States, A D 990～1990, Blackwell, 1990。

〔註 69〕參見（美）道格納斯・C・諾思：《經濟史上的結構和變革》，勵以平譯，商務印書館 1992 年版。

〔註 70〕孫中山言：「夫立憲者，西語曰 constitution。」孫中山：《駁保皇書》，載《孫中山全集》（第 1 卷），中華書局 1981 年版，第 236～237 頁。德國公法學家卡爾・施米特把憲法分為絕對意義上和相對意義上兩種，在絕對意義上憲法是指「政治統一體和秩序的整體狀態」或「存在於思想中的觀念統一體」，而相對意義上的憲法是指憲法律（Verfassungsgesetz）。參見（德）卡爾・施米特：《憲法學說》，劉鋒譯，華夏出版社 2017 年版，第 22～46 頁。施米特意義上的絕對憲法更接近古典的憲法概念，但是這樣的憲法概念其實成了某種政治變革或政治本質改變的描述，失去了法律的規範性，成了主權者的決斷，所以就不存在立憲一說。因為憲法首先是法，其次才是最高的、具有特殊意義的憲法。所以本書所言的立憲，是指現代意義上的憲法，類似於施米特所

何謂立憲主義。具體來說，立憲主義（constitutionalism）是一種發源於古代希臘和羅馬，〔註71〕形成於17世紀到18世紀的英國，在美國革命和法國革命後發揚光大的一種政治和法律實踐，其基本原理在於通過最高法——憲法的事先約定，規定國家的組織結構及國家權威行使的本質、範圍和界限，以此來規範政治權力的運行，限制公共權力的恣意，保護每個公民的權利，馴服國家這個利維坦（Leviathan），使之在保持足夠國家能力的前提下運行，其權力又不會危害到人民的生活和自由。因此市民社會的發展往往是立憲政治的主要社會推動力。〔註72〕立憲主義在發展過程中形成的基本價值和原則包括：法治、分權（通常是立法、司法和行政三權分立）、民主、自由、人權和人的尊嚴等方面。立憲主義又可以稱為立憲政治，它要求國家所有法律及其解釋都應符合憲法的規定和精神，所有國家權威和機構都應在憲法所限定的範圍內行使權力。〔註73〕立憲主義是人類社會在對法制和較好政制及政治合法性的不懈追求中，不斷篩選、淘汰的產物，正如彭懷恩所言：「就社會變遷的觀點，人類社會是從神聖（sacred）到世俗（secular），從身份（status）到契約（contract）的發展歷程，對權力持有人的限制也是從神權觀念逐步走向理性化。基於此，憲法史可視為政治人之尋求加諸權力持有人所行使的絕對權力的限制，以及努力使權力運作在道德上或倫理上合法化，代替過去代代相承的習俗、規範。所以，憲法的實質意義不在於是否為成文的法律文件，而是其是否具備對政府權力運作的限制。」〔註74〕因此限制公權力是立憲主義的

言的憲法律，但並不是憲法性法律。

〔註71〕參見（美）麥基文：《憲政古今》，翟小波譯，貴州人民出版社2004年版，第21頁、第30頁。

〔註72〕參見（日）杉原泰雄：《憲法的歷史：比較憲法學新論》，呂昶、渠濤譯，社會科學文獻出版社2000年版。

〔註73〕關於立憲和立憲主義的論述，主要參考了（英）維爾：《憲政與分權》，蘇力譯，生活·讀書·新知三聯書店1997年版；張千帆：《憲法學導論——原理與應用》（第三版），法律出版社2014年版，第11～15頁；林來梵：《憲法學講義》（第二版），法律出版社2015年版；（英）簡·埃里克·萊恩（Jan-Erik Lane）：《憲法與政治理論》，楊智傑譯，韋伯文化國際出版有限公司2003版；Keith E. Whittington, Constitutionalism, in Gregory A. Caldeira, R. Daniel Kelemen, and Keith E. Whittington (eds.), The Oxford Handbook of Law and Politics, Oxford University Press, 2008, pp. 281～299; Dieter Grimm, Constitutionalism: Past, Present, and Future, Oxford University Press, 2016.

〔註74〕彭懷恩：《憲法與法制：世界性考察》，載鄭宇碩、羅金義（編）：《政治學新論：西方理論與中國經驗》，香港中文大學出版社2000年版，第147頁。

基本要義，用美國學者斯科特・戈登（Scott Gordon）的話來說，立憲政治就是指「對政治權力的行使施加限制的一種政治制度」。〔註75〕

另外，在現代立憲政體中，憲法作為國家的最高法，以法律的形式創設「正當的國家權力」，進而規定國家的政制構成，保障人民的權利，建構法治化的國家統治權。故立憲亦是以憲法重塑國家政制和統治權之過程，蓋憲法作為政治性之法律，會「對統治權進行全面的約束」，其目的在於實現「政治統治的法律化」。〔註76〕因為憲法可使政治法治化，可為國家和社會提供最基本的制度和原則，並讓它們理性化，所以是現代國家建設統治正當性必不可少的法律文件。〔註77〕從這個角度來看，立憲的過程就是國家重新尋找正當性，重新構築國家結構和權力的過程。

在立憲主義的發展過程中，形成了以保護個人自由和財產權為基礎，以民主、法治、分權制衡、司法獨立等為手段，以創造每個人都有「追求幸福的機會」之社會為目的，以司法審查（judicial review）為手段來監督法律和政治運行的法律和政治體制。故所謂立憲，就是建立符合現代憲政主義理念的政體，重整國家權力，實行立憲政治，並踐行立憲主義所蘊含的理念和原則。

由以上論述可以看出，立國和立憲都在建構國家權力和秩序，前者是政治建構，後者雖以法律建構為主，但同時也具有政治建構的作用。所以二者既可相互促進，但又有矛盾之處，立國在於集中權力，立憲則在分化和控制國家權力，限制公權力的行使。

0.4　國家與國家能力

國家是人類社會歷史最為悠久、影響力最為廣泛的政治組織形式。在東西方的歷史上出現過城邦國家、帝國、封建國家和王朝國家等多種國家形式，但是在中世紀歐洲解體後，現代國家（modern state），或者說它的最終形式——民族國家（nation-state）逐漸成為全球主要的國家形式。民族國家起源於中

〔註75〕（美）斯科特・戈登：《控制國家：從古代雅典到今天的憲政史》，應奇、陳麗微等譯，江蘇人民出版社2005年版，第298頁。

〔註76〕參見（德）迪特爾・格林：《現代憲法的誕生、運作和前景》，劉剛譯，法律出版社2010年版，第20～26頁、第59頁。

〔註77〕參見 Larry Alexander, What are Constitutions, and What Should (and can) They Do? *Social Philosophy and Policy*, Vol. 28, Issue 1 (2011), pp. 1～24。

世紀末期和早期現代歐洲的絕對主義國家，是一種世俗的、有邊界的新型國家組織形式。在絕對主義國家中，國王成為國家的主權者和國家內部權力的最終淵源，國家頒布了統一的法典，形成了統一的行政機構、財政管理體系和中央集權的官僚制政府，這些都為現代國家奠定了基礎。對以絕對主義國家為基礎形成的 17～18 世紀歐洲現代國家極為形象的描述是「利維坦」（Leviathan）──一種聖經中描述的力大無比的怪獸，霍布斯首先用它來指「全知全能的主權實體」。〔註78〕到 20 世紀後，利維坦型國家是指一種並非多元主義所期待的國家僅充當社會中「公正的裁判和調停者」，而是過度干涉人類生活的「保姆」。這種國家會追求與社會不同的利益，「這些利益要求不停地擴張國家自身的作用和責任」。〔註79〕

對現代國家來說必不可少的主權觀念也產生在絕對主義國家時期，具有代表性的是讓·博丹的主權理論。博丹認為「主權是凌駕於公民和臣民之上的最高的、絕對的權力」，〔註80〕他認為國王是主權者，是法律的來源，除了服從神法和自然法，不服從任何世俗的法律。這切斷了國家權力與宗教等超驗權威的直接關係，把國家權力和法律淵源全部放在了世俗權力的集合體主權之中，使之成為一種非個人化的抽象權力，重新塑造了國家權力結構，讓絕對主義世俗國家有了理論基礎和正當性，為現代民族國家的形成開闢了道路。

民族國家這種來自歐洲的國家形式，隨著民族主義在全球的散佈和民族解放運動的發展被世界上大多數國家所採用，成為當代國家的主要組織形式。從絕對主義國家發展而來的民族國家是一種更為封閉的政治共同體組織形式，它的權力更為集中，有統一的行政體系和法律體系，有確定的邊界和領土範圍，是「在一個新的合法化形態的基礎上，提供了一種更加抽象的新的社會一體化形式」，〔註81〕民族國家的政制和法制組織形式有立憲的也有專制，前者是一種參與式的政制形式，而後者與絕對主義國家有許多的相似點，

〔註78〕（美）托馬斯·埃特曼：《利維坦的誕生：中世紀及現代早期歐洲國家的政權建設》，郭臺輝譯，上海世紀出版集團 2016 年版，第XIX頁。

〔註79〕（英）安德魯·海伍德：《政治學》（第三版），張立鵬譯，中國人民大學出版社 2013 年版，第 101 頁。

〔註80〕Jean Bodin, On Sovereignty: Four Chapters from the Six Books of the Commonwealth, edited and translated by Julian H. Franklin, Cambridge University Press, 1992, p. 1.

〔註81〕（德）尤爾根·哈貝馬斯：《包容他者》，曹衛東譯，上海人民出版社 2018 年版，第 161 頁。

更注重自上而下的行政管理。〔註82〕

　　吉登斯認為現代國家的發展是國家監控（surveillance）能力不斷增強的過程。〔註83〕其實，不僅如此，在現代國家的發展過程中，國家的控制和行動能力得到了全面的增強，這種控制能力通常稱為國家能力（state capacity）。有學者對國家能力下了定義，認為國家能力是指「國家機構對其政府領土管轄範圍內的人員、活動和資源的控制程度」。〔註84〕從國家能力上來說，民族國家是與其他國家形式相比擁有更為強大的國家能力。國家能力是通過國家的權力來實現的，美國社會學家邁克爾・曼通過對國家權力自主性的研究認為，體現國家能力的權力可以分為基礎性權力（infrastructural power）和專制性權力（despotic power）。前者指國家事實上滲透到社會中，並在社會內有效貫徹其政治決策的能力；後者指國家精英有權在不必與社會中各集團進行常規化且制度化協商的前提下自行行動的程度。〔註85〕前者往往是通過規範化的法律等手段施展其權力，通常伴隨著政治參與；後者多是通過暴力和強制的方式。相應的國家能力也可以分為基礎性能力和專制性能力。

　　早期現代歐洲的利維坦式國家無疑都具有強大的專制性能力，而立憲主義國家往往可能具有較為強大的基礎性能力。一個國家在從傳統國家向現代國家轉型的過程中，立憲是國家選擇和建立新型政制和法制的過程，立國是提高國家能力的過程，但是提高基礎性能力還是專制性能力，是思考立國和立憲的思想家和實踐者必須面對的問題，雖然他們不一定認識到這兩種國家能力的區別。在許多國家從傳統國家轉型到現代立國的過程中，由於歷史傳統、社會狀況和歷史機緣，往往會有建立專制性能力較強的國家之傾向，建立類似於早期現代的利維坦式國家，所以在這些國家的立國與立憲過程中就會伴隨著憲法與利維坦的鬥爭，因為立國是要建立利維坦，而立憲則是要控制利維坦。在康有為、孫中山和張君勱的立國與立憲思想中都存在著兩種國家能力與立憲的糾葛和張力。

〔註82〕參見（美）托馬斯・埃特曼：《利維坦的誕生：中世紀及現代早期歐洲國家的政權建設》，郭臺輝譯，上海世紀出版社集團2016年版，第26～31頁。

〔註83〕參見 Anthony Giddens, The Nation-State and Violence, Polity Press, 1985, pp. 41～49。

〔註84〕Doug McAdam, Sidney Tarrow, and Charles Tilly, Dynamics of Contention, Cambridge University Press, 2001, p. 78.

〔註85〕參見 Mann Michael, The Autonomous Power of the State: its Origins, Mechanisms and Results, *European Journal of Sociology*, Vol. 25, No. 2 (1984), pp. 185～213。

0.5 文獻綜述

　　早在民國時期就有人專門研究康有為的政治和法律思想，[註86]但是以英文寫成，基本上是評述性質。[註87]蕭公權先生 1975 年出版的《現代中國與新世界：改革家康有為與烏托邦 1858～1927》一書無疑是康有為研究領域的奠基性著作，[註88]其中涉及康有為的立國與立憲思想，但並未展開。法學界較早對康有為立憲思想進行研究，且較有代表性的是王人博的相關著作，[註89]他的研究並未直接關注康有為的立國思想或立憲思想的立國背景。近年許多學者認為康有為很早就看到了中國以後會出現的許多問題，雖然他的解答並不一定正確，但立意高遠，發人深省，需要重新認識。這一時期比較有代表性的是干春松、曾亦和章永樂的研究，[註90]他們關注了與康有為立憲思想相關的國教、政體設計和國家整合等問題。

　　干春松的研究重點關注康有為思想中的「建國」問題，以思想史的視角，並運用了一些政治理論來研究康有為的思想。他首先注意到傳統帝國解體後，舊的神聖權威已經起不到整合國家的作用，因此康有為試圖重建國教，並以

〔註86〕民國時期一些研究學術思想史的著作曾論及康有為的政治和立憲思想，但並未深入研究。比如梁啟超：《清代學術概論》，朱維錚點校，中華書局 2011 年版；錢穆：《中國近三百年學術史》（二），九州出版社 2011 年版。

〔註87〕參見 Tseng Yu-Hao, Modern Chinese Legal and Political Philosophy, The Commercial Press, 1930, pp. 39～64。該書是由作者曾友豪的博士論文擴展而成。新中國成立後，1956 年李澤厚撰寫長文研究康有為的思想，不過他的重點在作為康有為哲學思想的託古改制，該文雖有大量意識形態話語，但對康有為的大同和託古改制思想皆有較為精闢的論述，亦提及康有為對憲法的看法，但是並未著重闡述康有為的立憲和立國思想。參見李澤厚：《論康有為的託古改制思想》，載《文史哲》1956 年 5 月號。後改名《康有為思想研究》，收入氏著：《中國近代思想史論》，人民出版社 1979 年版。

〔註88〕Kung-chuan Hsiao, A Modern China and a New World: K'ang Yu-wei, Reformer and Utopian, 1858～1927, University of Washington Press, 1975. 中譯本為蕭公權：《康有為思想研究》，汪榮祖譯，新星出版社 2005 年版。

〔註89〕王人博：《憲政文化與近代中國》，法律出版社 1997 年版，第 85～126 頁。該書是作者的博士論文（中國政法大學，2001 年）的基礎上修改而成。

〔註90〕曾亦：《共和與君主：康有為晚期政治思想研究》，上海人民出版社 2010 年版；干春松：《保教立國：康有為的現代方略》，生活·讀書·新知三聯書店 2015 年版；近些年，康有為特別受當代中國大陸新儒家的重視，他們看重康有為儒學中的政治面向。這些人對康有為思想的闡釋被稱為「新康有為主義」。參見張旭：《大陸新儒家與新康有為主義的興起》，載《文化縱橫》2017 年第 3 期。

此來整合轉型後的國家和人民，這是因為康有為「要為由天下—帝國體系而進入民族國家體系的現代中國尋找一個價值基礎」。〔註91〕作者還討論了康有為戊戌變法時期的憲法思想和民國後對國家政體的設想。該書是少有的以建國視角（國家建構視角）研究康有為的著作，雖然論述了康有為的早期憲法思想，但主要還是論述政制設計問題，因而對立國和立憲之間的關係及兩者可能產生的衝突等因素並未有足夠關注。

章永樂的研究以康有為對維也納體系的認識來討論康有為對國際政治的理解，其中涉及立國與立憲的關係。章永樂認為康有為對世界政治的理解和遊歷世界各國後形成的世界觀影響了他對國內政制和憲制的設計。在萬國競爭的時代，康有為之所以支持君主立憲制，是因為君主立憲制是維也納體系中政治制度的主流，所以康有為追隨這種當時強國普遍遵行的制度設計。此外，康有為也看到君主制對國家整合的作用。康有為在他的遊記中還分析了奧匈帝國和奧斯曼帝國的奔潰，認為立憲制度可能會使國內各地方行政區域產生離心力，會導致國家的動盪甚至分裂，因此必須建立具有強大中央權力的國家，維持國家足夠的控制力，才能使立憲制度在國家穩定的前提下建立。〔註92〕不過該書主要是論述康有為對國際政治的理解和國際觀以及對他政治思想的影響，對立國與立憲的論述並未深入。

對孫中山立憲思想的研究在海峽兩岸可謂汗牛充棟，早在民國時期，國民黨各派在孫中山去世後，就以研究的形式重新闡釋孫中山的建國思想，以證明自己的正統性。〔註93〕目前對孫中山立憲思想的研究多是評述性，雖然其中一些注意到國家觀念或國家本身對立憲的意義，但並未展開論述。

〔註91〕干春松：《保教立國：康有為的現代方略》，生活‧讀書‧新知三聯書店 2015 年版，第 41 頁。

〔註92〕參見章永樂：《萬國競爭：康有為與維也納體系的衰變》，商務印書館 2017 年版。

〔註93〕參見舒文：《論國民黨主要派別對孫中山建國思想的研究》，載《清華大學學報（哲學社會科學版）》2002 年第 4 期。民國時期亦有不少論文著作討論孫中山的立憲思想，比如 Tseng Yu-Hao, Modern Chinese Legal and Political Philosophy, The Commercial Press, 1930, pp. 87～112；錢端升：《孫中山先生的憲法觀念》，載《民族雜誌》，第 4 卷第 1～6 期（1936 年），第 42～49 頁。與近三十年的研究相比，這些研究相對比較簡略，故這裡暫不綜述。臺灣解嚴以前，孫中山的思想是主流意識形態之一，產生了大量的研究著作，但多數囿於意識形態，並未有多少創見。解嚴以後孫中山研究不受重視，因此本章著重論述中國大陸學界對孫中山立國和立憲思想的研究成果。

牛彤在他研究孫中山憲政思想的專著的第一章討論了孫中山國家觀念中的立憲和共和，他的著眼點在國體和政體，指出了孫中山「立憲觀的精髓在於以法立國，實行『法治』」。〔註 94〕李默海著作的導論亦討論到民族國家的構建，認為「強有力的主權民族國家」為「憲政民主的實現打下了堅實的基礎」，但作者並未把這種思想貫徹到全書的分析中。〔註 95〕歐陽哲生以《建國方略》和《建國大綱》為中心來分析孫中山的建國思想，認為孫中山建國思想經歷了從吸取美國經驗向蘇俄經驗的轉變。〔註 96〕林家有的專著基於一種思想發生學的思路，闡述了哪些因素促使了孫中山建國思想的產生。〔註 97〕桑兵討論孫中山革命程序演變的文章涉及孫中山的立國與立憲思想，〔註 98〕他對孫中山立憲思想中作為革命程序之一的約法和訓政進行了極為清晰的梳理，但是作者忽視了訓政極為重要的表述是為了「建國」，也就是建立一個穩定、強有力的國家，這樣才是實現憲政的基礎。任劍濤討論了孫中山的建國理論，認為孫中山的建國理論是「為建國立規」，〔註 99〕但忽略了憲法在孫中山建國理論中的位置。

中國大陸學界曾經礙於歷史問題和意蒂牢結，鮮有人研究張君勱，成果寥寥無幾。從 20 世紀 90 年代開始才不斷出現張君勱的研究成果，不過主要集中在他的儒學和哲學思想，〔註 100〕對張君勱立國和立憲思想的研究並不多，僅有一些期刊論文和幾篇學位論文。〔註 101〕到 21 世紀，有兩本著作和

〔註94〕牛彤：《孫中山憲政思想研究》，華夏出版社 2003 年版，第 65 頁。

〔註95〕參見李默海：《探尋憲政之路：孫中山的憲政思想及實踐問題研究》，中央編譯出版社 2011 年版，第 10 頁。

〔註96〕參見歐陽哲生：《近代國家建設之路——孫中山建國思想的歷史解讀》，載《河北學刊》2012 年第 2 期。

〔註97〕參見林家有：《孫中山國家建設思想研究》，廣東人民出版社 2013 年版。

〔註98〕參見桑兵：《孫中山革命程序論的演變》，載氏著：《孫中山的活動與思想》，中山大學出版社 2001 年版，第 287～318 頁。

〔註99〕參見任劍濤：《為建國立規——孫中山的建國理論與當代中國政治發展》，載《武漢大學學報（哲學社會科學版）》2011 年第 5 期。

〔註100〕比如呂希晨、陳瑩：《張君勱思想研究》，天津人民出版社 1996 年版。該書共十章，前八章都在論述張君勱的對儒學的闡釋和對中西文化、德國哲學的認識，僅最後兩章論及張君勱的國家觀念和憲法觀念。

〔註101〕比如王本存：《憲政與德性——張君勱憲政思想研究》，重慶大學博士學位論文，2007 年。該文後出版，參見王本存：《憲政與德性：張君勱憲政思想研究》，中國政法大學出版社 2011 年版。亦有十幾篇碩士學位論文研究張君勱的立憲思想。

一篇博士學位論文把重點放在張君勱的立國思想。〔註 102〕李秋成從國家與自由的角度指出了張君勱立國與立憲兩者之間的矛盾，但是解釋並無新意，〔註103〕基本上類似李澤厚所言的「救亡壓倒啟蒙」。〔註 104〕許多學者注意到了張君勱立國和立憲主義思想中的國家主義傾向。〔註 105〕高力克著重評述了張君勱的「立國之道」，〔註 106〕總結頗為簡練，評述亦恰當，但是限於學科背景，分析欠佳，缺乏理論深度。

　　元曉濤注意到張君勱立憲思想的建國背景，稱張君勱的立憲思想為「新儒家的憲政之道」。他認為在張君勱看來憲法與其他法律並無二致，因而「憲法問題在張君勱眼中只是『民族建國』政治藍圖中之一環節」。這是因為張君勱認同黑格爾的國家觀念，認為國家是道德共同體，國家塑造民族，養成品行，而民族精神是民族凝聚的動力，法律等制度不過是民族精神的體現，憲法當然要訴諸民族精神。元曉濤指出，張君勱認為憲法固然重要，但如果人民素質不能提升，人民沒有公心，憲法也不過是「舞文弄墨的工具」，所以立憲的關鍵是人心的改變和人民意識的覺醒。〔註 107〕這是一種把張君勱的國家理論、儒學思想和立憲思想結合起來的解釋進路，頗有新意。

　　姚中秋以專著的形式研究了張君勱的立國思想，他把立國理解為 state

〔註 102〕姚中秋：《現代中國的立國之道（第一卷）：以張君勱為中心》，法律出版社2010 年版；翁賀凱：《現代中國的自由民族主義：張君勱民族建國思想評傳》，法律出版社 2010 年版；裴自余：《國民國家與民族國家的融合：中國思想脈絡中的張君勱之國家觀念研究（1919～1938）》，華東師範大學博士學位論文，2012 年。翁賀凱書大部分章節已發表在期刊上，本章僅綜述與本書研究主題有關的部分。另外從自由主義角度研究張君勱的有丁三青：《解讀張君勱——中國史境下的自由主義話語》，南京大學出版社 2009 年版。

〔註 103〕參見李秋成：《理性的國家與自由的消解——張君勱憲政思想評析》，載《現代法學》2002 年第 2 期。思路近似的研究有王文兵：《權力抑或自由——張君勱的自由主義憲政思想研究》，西南政法大學碩士學位論文，2010 年。

〔註 104〕關於「救亡壓倒啟蒙」，參見李澤厚：《啟蒙與救亡的雙重變奏》，該文原刊《走向未來》1986 年創刊號。後收入氏著：《中國現代思想史論》，天津社會科學院出版社 2003 年版，第 1～46 頁。

〔註 105〕參見陳先初：《從民族意識之培養到民族國家之建立——張君勱關於中國問題的民族主義思考》，載《船山學刊》2007 年第 4 期；王本存、李亞樓：《立憲的「藥方」——張君勱的清末憲政想像》，載《政法論叢》2007 年第 6 期。

〔註 106〕參見高力克：《一個超越左右的現代性方案——張君勱的「立國之道」》，載《華東師範大學學報（哲學與社會科學版）》2012 年第 2 期。

〔註 107〕參見元曉濤：《「人生觀論戰」與新儒家的憲政之道——張君勱的「新內聖」與「新外王」》，中國政法大學碩士學位論文，2010 年，第 32～45 頁。

building，認為現代國家的建立（立國），必須完成立教、立法和立憲三個方面。換言之，「現代國家可簡化為憲制、法律、文化三個領域，立國者必須就各個領域的制度給予合理的設計」。〔註108〕立教是塑造國家的現代精神秩序，立法是構建現代國家國內的共同法，立憲是政府設計與構造。在第三章中，作者認為德國的唯心主義是張君勱的立國哲學，接著第四章作者論述張君勱的「立國之學」，也就是立國的具體理論，有理性主義、哲學、政體科學等。第五、六章論述張君勱立國的具體設計。第九章作者總結認為張君勱的立國設計是「現代中國最健全的立國方案」，張君勱對立教、立法和立憲都有闡述，「實現了憲政主義、儒家與社會主義的相容。在張君勱那裡，這三者形成了良性互動關係」。〔註109〕因為作者是所謂的「儒家憲政主義者」，並未注意到張君勱立國和立憲思想可能產生的衝突，以及張君勱立國思想可能的危險性。

　　以上研究為康有為、孫中山和張君勱的立國與立憲思想的研究打下了堅實的基礎，但是對三人立國與立憲思想的關係，以及近代中國立國與立憲思想的發展還有很大進一步探討的空間。

0.6　思路、意義和方法

　　近年康有為、孫中山和張君勱的法政思想不斷被學者重新認識和評價，產生了一個不小的熱點，出版了大量研究成果，但並不意味著已經窮盡了這方面的研究。陳寅恪先生在《陳垣〈敦煌劫餘錄〉序》中曾言：「一時代之學術，必有其新材料與新問題。取用此材料，以研求問題，則為此時代學術之新潮流。」〔註110〕研究近代中國的立憲思想並無多少新材料，但時勢變遷，新的觀念和思想會激發出的新問題意識。學界對近代中國國家建設和立憲思想與實踐的研究雖多，但是以具有中國特色的「立國」概念與立憲關係為中心來研究的著作尚付之闕如。本書將糾正既有研究單一面向的缺點，從立國與立憲關係的角度來重新認識近代中國的立憲主義思想。全書首先論述近代

〔註108〕姚中秋：《現代中國的立國之道（第一卷）：以張君勱為中心》，法律出版社2010年版，第522頁。
〔註109〕姚中秋：《現代中國的立國之道（第一卷）：以張君勱為中心》，法律出版社2010年版，第525頁。
〔註110〕陳寅恪：《金明館叢稿二編》，生活·讀書·新知三聯書店2001年版，第266頁。

中國立國與立憲思想的起源及其語境的獨特性，其次分別分析康有為、孫中
山和張君勱的立國與立憲思想之內容及關係，最後對三人的立國與立憲思想
進行比較分析，探討立國與立憲的張力。結論部分將對本書進行理論總結。

　　本書從立國和立憲關係的視角來重新認識中國的近代的立憲思想，意義
有三：首先，可以認清近代中國立國和立憲思想的特質，糾正既有研究中只
把立憲思想一個因素抽出來研究的單向進路；其次，立國和立憲仍是當下中
國要解決的問題，所以本研究對立國和立憲思想的分析或許也能為思考當下
的問題提供借鑒；最後，對三位先賢的立國與立憲思想的探討，也是「對百
餘年來西學傳入後所形成的近代學統」的傳承。〔註111〕本書延續前賢的腳步，
可為以後中國的立國與立憲及相關思想的研究傳遞思想的薪火。因此本書主
要進行了以下三方面的工作：一，界定了「立國」這一具有中國特色的概念，
並以其為背景分析近代中國的立憲思想之發展趨勢及二者之間的關係；二，
以立國為背景，通過對立國與立憲關係的分析，重構了康有為、孫中山和張
君勱的法政思想，展現了一個不同於以往研究的近代中國立憲思想狀況；三，
通過對三位思想家的研究，理清了立國與立憲在中國近代的關係，並以此為
基礎總結出近代中國立國與立憲思想的特點。

　　胡適曾總結哲學史（思想史）的研究目有三個目的：第一，明變。思想
的發展和變遷會有一個「同異沿革的線索」，哲學史的首要任務就是要探明「古
今思想變遷的線索」。其二，求因。也就是探究思想沿革變遷的原因。第三，
評判。指研究者需要闡明思想變遷中各種學說的價值，做客觀的評判，「把每
一家學說所發生的效果表示出來」。〔註112〕本書對康有為、孫中山和張君勱
立國與立憲思想的研究，力求做到這三個方面，同時也會採用以下幾種研究
方法：

　　（一）語境分析。劍橋學派思想史家昆汀・斯金納（Quentin Skinner）認
為，理解思想文本不僅要理解它們說了什麼，更要知道它們的行為（doing）
和如此言說所要解決的問題，〔註113〕也就是說：「為了理解一個文本，我們

〔註111〕馬小紅：《中國法史及法史學研究反思》，載《中國法學》2015 年第 2 期，第
　　　　224 頁。
〔註112〕參見胡適：《中國古代哲學史》，載歐陽哲生（編）：《胡適文集》（第 6 卷），
　　　　北京大學出版社 1998 年版，第 164～165 頁。
〔註113〕參見 Quentin Skinner, Visions of Politics, Vol. 1, Regarding Method, Cambridge
　　　　University Press, 2002, pp. 79～89。

必須理解考察對象的意圖（intention），以及與之相伴的意欲的溝通行為」。〔註114〕簡而言之，就是在情境中理解文本（idea in context）。本書所研究的三位思想家的立國與立憲思想並不僅僅是書齋裏的寫作，而是他們結合自己政治觀察、政治行動和政治參與之後進行反思的結果，他們的溝通對象有時候是大眾，有時候是政治人物，所以認識他們思想的語境十分重要。

（二）文本分析。文本分析是對文本本身的意義進行分析和探討。因為思想家可能會對一個問題發表許多次看法，每次發表的言論可能會有一些差異，也可能留下幾個不同文本，〔註115〕思想家在不同的時間段對一個問題的看法亦會有變化，所以文本分析也就是通過對被研究者思想文本的梳理、比照，把他們的思想脈絡和真實含義解釋出來。另外，有些思想文本產生時有種種的限制，作者採取一種更為曲折的筆法寫出，所以可能有不同的隱微（esoteric teaching）和顯白（exoteric teaching）的意涵，〔註116〕所以也需要深度的文本分析來研究。

此外，法律和思想文本本身的意涵非常重要，但是作為憲法和政治思想史的文本，必須對思想文本的理論進行解釋和理論闡釋，分析和評價思想家的思想作為憲法理論和國家理論的合理性，以及他們理論的思想淵源，這樣才能深入的理解和研究思想文本。

（三）比較分析。每個思想家都有自身的問題意識和理論基礎，不同的思想家可能對同一個問題發表過見解，因此對他們思想的比較研究，更能看出每個人思想的特質。本書的一個重要思路就是比較分析康有為、孫中山和張君勱三人是如何闡述立國和立憲思想的，同時也會比較每位思想家與同時代思想家對某一問題的不同看法。

〔註114〕Quentin Skinner, Visions of Politics, Vol. 1, Regarding Method, Cambridge University Press, 2002, p. 86.
〔註115〕比如康有為和孫中山的文章經常會有好幾個版本存在。
〔註116〕參見（美）列奧・施特勞斯：《注意一種被遺忘的寫作藝術》，載氏著：《什麼是政治哲學》，李世祥等譯，華夏出版社 2014 年版，第 215～216 頁；（美）列奧・施特勞斯：《迫害與寫作藝術》，載氏著：《迫害與寫作藝術》，劉鋒譯，華夏出版社 2012 年版，第 16～30 頁。

第 1 章　近代中國立國與立憲思想的起源

　　近代中國國家形式和根本制度的轉變起源於傳統國家秩序的解體、知識範式與知識人的轉變。國家權力來自社會，當社會基礎發生變遷，國家制度也會隨之發生變遷。除了清帝國內部的種種問題之外，隨著西方資本主義國家的殖民擴張和全球經濟的興起，中國被迫進入了全球體系，遭受到列強的壓迫和侵略，西方的科學和人文社會思潮傳入中國，因此知識人在對中國政制和法制進行反思時，必然要借助西方的思想資源。與西方各國不同，中國近代立國與立憲思想就起源於中國特殊的社會和政治背景之中，有其自身的獨特性。

1.1　傳統國家秩序的解體

　　中國傳統國家秩序的解體，體現在兩個方面，首先是傳統國家賴以存在的社會基礎發生了改變；其次是傳統帝國的政治制度和法律制度不能解決隨著社會變遷而出現的新的社會和政治問題。這個過程從康乾盛世後期就初現端倪，而在西方列強進入中國以後，便更加集中地表現出來，到 19 世紀後半期，中國已經出現了美國學者鄒讜所說的「全面危機」。〔註 1〕

1.1.1　社會基礎的變遷

　　清王朝是以農業立國的傳統帝國，在國家直接統治區域的鄉村，農民承受

〔註 1〕參見鄒讜：《二十世紀中國政治：從宏觀歷史與微觀行動角度看》，牛津大學出版社 1994 年版，第 41～56 頁。

著傳統農業和社會結構帶來的壓力。在北方，雖然從國外引進的新農作物品種提高了糧食的總產量，但隨著人口的增加，平均土地面積上投入的勞動力也在增加，到 18 世紀晚期至 19 世紀，農田面積逐漸縮小，每戶農民可耕種的土地也在減小，這讓許多農民的生活水平降到了生存線以下。在農民普遍貧困的狀況下，自然災害常常會給鄉村帶來毀滅性的打擊。黃宗智將這種現象總結為中國小農經濟的人口過剩和內卷化（involution）帶來的農民的普遍半無產化，而半無產化的小農經濟則是近代中國鄉村「大規模動盪的結構性基礎」。〔註 2〕在南方，士紳階層在帝國中一直有免除徭役的特權，他們的身份還可以為他們免除土地稅，但這些免除的稅負都要增加到農民身上。無力負擔稅負的農民只好把土地轉讓給士紳或地主，自己成為農奴或佃農。因此產生了極為懸殊的貧富差距，進而形成了農民對地主階層的怨恨，也就可能激化為針對地主的暴動或反叛。所以在整個帝國晚期，鄉村都處於動盪之中，「有序與無序、耕種與反叛這兩種狀態，一直在全中國農民身體上交替上演」。〔註 3〕

　　在傳統中華帝國，家國同構，國家和社會受禮法秩序的約束，國家雖頒布正式的法律，但是禮在民間約束著普通人的行為，特別是在家族秩序中最為明顯。法包括古代各王朝頒布的典、律、令和例等實體的法律，也包括一些鄉規民約和家法行規。而禮的範圍則更為廣泛，從制度方面來說，一方面禮是國家制度性的規則和儀禮，包括朝廷的儀式和不同社會等級的禮儀，比如朝廷的祭祀，不同等級人吃穿住行的要求；另一方面是普通人之間在日常生活中形成的交往禮節和規則，是匹夫匹婦灑掃應對的基本規範。禮的要求被國家提倡、認可或默許，所以它和法一起構成了中國古代的法律體系。在這種法律多元的情況下，法本身是被精英寫在紙面上的法律，主要由國家機關來執行，而人們的日常生活中的規範則是禮，人們之間相互約束，絕大部分的民事糾紛不需要國家權力的介入，如此一來，形成了一種自然的和諧秩序。〔註 4〕但是到 19 世紀後期，中國的社會和思想狀況發生了極大變化。一方面，以三綱五常等家族本位為基礎的傳統禮法觀念，因為西方觀念的傳入，

〔註 2〕參見黃宗智：《華北的小農經濟與社會變遷》，法律出版社 2014 年版，第 261 頁。

〔註 3〕參見（美）魏斐德：《中華帝國的衰落》，梅靜譯，民主與建設出版社 2017 年版，第 14 頁。

〔註 4〕參見馬小紅：《禮與法：法的歷史連接》（修訂本），北京大學出版社 2017 年版。

前所未有地受到一些知識人的質疑和抨擊。另一方面，鴉片戰爭後，清政府
與列強簽訂了一系列不平等條約，在向外國支付巨額賠款的同時，又向外國
銀行貸款，隨著市場的開放，外國資本大量湧入，讓清王朝以農業為主的傳
統經濟結構受到極大的衝擊。外國資本家從中國獲取原材料，利用中國的廉
價勞動力從事生產，又以中國為他們工業產品的市場，因此「從前家族的經
濟基礎破產了、家族的意識形態幻滅了、家族的社會結構崩潰了」。〔註 5〕所
以，從思想和社會基礎上，傳統禮法秩序依存的家族主義已經處於巨大的危
機之中，並開始逐漸解體。

　　此外，在變革社會中，作為傳統禮法意識形態基礎的儒家理念和綱常名教
已經產生了動搖，民眾對待禮法的心態已經發生變化，司法主體已經不能嚴格
執行和推廣禮法，甚至還出現不少逆反禮法的社會現象。〔註 6〕同時，在傳統
社會基層參與糾紛調解和司法的士紳已經不能再發揮功能。在帝國傳統秩序
裏，「皇權不下縣」，〔註 7〕但縣下有保甲制度，士紳和由他們推舉的非正式半
官職人員作為國家機關的非正式分支在鄉村徵收稅賦並進行社會治理，雖然其
中也產生了腐敗現象，但是能維持費孝通所言的「雙軌政治」〔註 8〕之有效運
行。而且士紳階層在地方上維持傳統的習慣法和自然法，也同時以包稅人等角
色充當中央政府的稅吏和與地方之間的緩衝。但隨著經濟和社會結構的變遷，
到清王朝末期，許多鄉村中的士紳已經移居到城市，地方上的經紀和「土豪劣
紳」便成了國家在基層的代理，他們不像傳統的士紳那樣保護農民免受橫征暴
斂，而是只顧從中榨取報酬。〔註 9〕傳統社會基層的秩序發生了巨大轉變，留
在鄉村的士紳失去了往日的權威，「土豪劣紳」當道，基層社會糾紛解決依靠鄉
紳調解的自然秩序也無法得到維持。到 20 世紀，因為地方的軍事化和國家基

〔註 5〕參見黃源盛：《中國法史導論》，廣西師範大學出版社 2014 年版，第 334～336
　　　頁。
〔註 6〕參見張仁善：《禮·法·社會：清代法律轉型與社會變遷》，商務印書館 2013
　　　年版，第 289～330 頁。
〔註 7〕相關研究和討論，參見胡恒：《皇權不下縣？：清代縣轄政區與基層社會治理》，
　　　北京師範大學出版社 2015 年版。
〔註 8〕參見費孝通：《鄉土中國》，上海人民出版社 2007 年版，第 275～293 頁。
〔註 9〕參見（美）孔飛力：《中華帝國晚期的叛亂及其敵人：1796～1864 年的軍事化
　　　與社會結構》，謝亮生、楊品泉、謝思煒譯，中國社會科學出版社 2002 年版；
　　　（美）杜贊奇：《文化、權力與國家：1900～1942 年的華北農村》，王福明譯，
　　　江蘇人民出版社 2003 年版。

層政權的建設，國家增加了對鄉村的汲取，進而加重了農民的負擔，這些新的攤派和稅負加劇了村莊內部的分裂。國家利用土豪劣紳將其觸手深入鄉村，鄉村秩序在內部半無產化和國家權力介入的雙重壓力之下瓦解。〔註10〕

在社會整合方面，傳統的社會機構、科舉制度和儒家思想是清王朝進行社會整合的三種重要方式，但此時的整合作用變得越來越小，社會分化日益嚴重。清王朝後期，隨著新糧食物種的引進，人口急劇增長，1661年到1812年全國人口增長超過一倍，但可耕種土地增長不到50%。〔註11〕大量失業者、流民紛紛加入從清初開始發展的秘密社會中，一些發展壯大的秘密社會組織先後在各地發動起義。同時，傳統的以家庭為中心的社會逐漸瓦解，近代化的城市和不同於傳統社會的新社會階層開始成長。而對知識階層來說，科舉制度讓獲取功名的文人極度過剩，政府在盡力吸收文人的同時仍不能提供足夠的行政職位，文人以隨員、幕友和胥吏等各種方式進入各層級地方政府，使行政機構冗員充斥，亦滋生了腐敗。〔註12〕到了清王朝後期，國家在內外兩方面都面臨著危機，在整個知識階層中滲透著一股激烈的求變思潮，當時知識分子的今文經學具有強烈的政治性，甚至一些比較邊緣的學者也開始關注制度和法律問題。〔註13〕在社會思潮上，文人學士在西方思想的衝擊下，從乾嘉之學的故紙堆中猛然抬頭，不再堅守儒家的正統思想，轉而學習西方的思想與理念，大量東西洋的書籍被譯成中文在社會上傳播，清廷取士的標準亦發生變化，越來越重視「新學」。與此同時，民族和民權的思想在知識人中傳播。隨著知識人的轉變和城市商業的發展，原本依附於政治權威的商人階層越來越具有獨立性，他們政治參與的意識與願望也越來越強烈。

在民族問題上，清王朝的民族整合政策暴露出的問題越來越嚴重。滿人作為入主中原的少數民族成為統治階層，除了在清王朝建立初期曾屠殺漢人之

〔註10〕參見黃宗智：《華北的小農經濟與社會變遷》，法律出版社2014年版，第234～247頁。

〔註11〕參見（美）徐中約：《中國近代史》（上冊），計秋楓、朱慶葆譯，香港中文大學出版社2002年版，第126頁。

〔註12〕參見陸平舟：《官僚、幕友、胥吏：清代地方政府的三維體系》，載《南開學報（哲學社會科學版）》2005年第5期；瞿同祖：《清代地方政府》，范忠信、何鵬、晏鋒譯，法律出版社2011年版，第70頁、第133～134頁、第163～166頁。

〔註13〕參見汪暉：《中國現代思想的興起（上卷）第二部：帝國與國家》，生活·讀書·新知三聯書店2004年版，第490～519頁。

外，更對漢人實行類似於美國 19 世紀「隔離但平等」（separate but equal）的壓制和歧視政策。不僅各種特權階層多為滿人，清王朝還在各省主要城市建立相對獨立的滿城，駐紮八旗軍隊控制各地，亦將漢人與滿人隔離，禁止交往通婚。滿人享有極多政治特權和社會福利，漢人則完全沒有；滿人通過單獨的科舉考試（通常只考滿漢文翻譯）即可獲得與漢人科舉考試同等級之功名，並直接進入政府做官（對漢人來說獲得功名不一定有機會做官），而且清廷有很多官職會專門留給滿人。雖然清代中央政府在官員選用上提倡所謂的「滿漢共治」，中央各種官員滿漢各占一半，但漢人占當時全國總人口的絕大多數，滿人只占 1%左右，因此這種做法看似是形式平等，其實是嚴重的實質性不平等。〔註 14〕因此，清廷這樣的民族政策一直引起漢人，特別是漢人中知識階層的不滿。清王朝早期，滿人仍保留著游牧民族驍勇善戰的習性，但是幾百年的養尊處優後，到清王朝後期，大多數旗人已經失去騎射能力，淪為無能的紈絝子弟，游手好閒，尸位素餐。而一些俸祿不足的基層旗人甚至違法在街頭茶館以賣唱為生。〔註 15〕凡此種種逐漸累積的民族矛盾，加上國家社會危機和西方民族觀念傳入，讓民族問題變成了清帝國末期的一枚定時炸彈。

1.1.2　國家的制度性危機

　　自古以來，在中國人的國家觀念中，「溥天之下，莫非王土，率土之濱，莫非王臣」〔註 16〕，中國是天下之主，處於天下之中心，以天朝上國自居。〔註 17〕而此後逐漸形成的朝貢體系也強化了這種天下觀念，〔註 18〕帝國中央

〔註 14〕關於清代滿人對漢人的統治政策，參見（美）路康樂：《滿與漢：清末民初的族群關係與政治權力（1861～1928）》，王琴、劉潤堂譯，中國人民大學出版社 2010 年版，第 11～88 頁。

〔註 15〕參見（美）柯嬌燕：《孤軍：滿人一家三代與清帝國的終結》，陳兆肆譯，人民出版社 2016 年版，第 97～98 頁。

〔註 16〕《小雅・北山》，引自李學勤（主編）：《毛詩正義》，北京大學出版社 1999 年版，第 797 頁。

〔註 17〕關於天朝觀念和天下觀念，參見屈從文：《論天朝觀念的生成和演進機制》，載《國際政治研究》2007 年第 1 期；葛兆光：《古代中國人的天下觀念》，載《九州》（第四輯），商務印書館 2007 年版；李揚帆：《「天下」觀念考》，載《國際政治研究》2002 年第 1 期。

〔註 18〕關於朝貢體系，參見簡軍波：《中華朝貢體系：觀念結構與功能》，載《國際政治研究》2009 年第 1 期；張鋒：《解構朝貢體系》，載《國際政治科學》2010年第 2 期。

政府與番邦之間的關係若即若離，中華帝國的領土並沒有清晰的界線，中國尚未進入全球的國際體系之中。而帝國的法律之適用和管轄，通常僅限於中央政府直接控制的中心區域，而對帝國中心以外的區域，則適用當地的成文法或習慣法，國家自身的法律通常並不約束帝國中心以外的區域。〔註 19〕這種中心—邊緣的朝貢體系在沒有外力的作用的情況下或許可以長期維持，但是西方勢力進入中國打破了這種平衡，作為朝貢體系中心的中國，原有國家制度自然也不再能維持。

在國家制度上，清王朝中央政府的行政主心是內閣，但是在雍正和乾隆時代後轉向了因平定邊疆叛亂而設立的軍機處。具體言之，軍機處有處理奏摺、政務裁決、官員任免和軍事管理等多方面的職權，但軍機處並不掌握最高權力，軍機大臣亦無向各部各省官員發號施令的權力，國家各種事務的最終決定權在皇帝一身。身處高位，擁有絕對權力的皇帝往往會信任諂媚之官員，因此有真才實學的官員常常得不到重用，各種腐敗現象也在行政機構中叢生。中央政府中六部之官員亦只對皇帝一人負責，如果他們的意見不合，只能請求皇帝裁決。負責監察功能的都察院在名義上有很大權力，但是御史並非永久職業，缺乏穩定性，隨時可能被調任其他職位，所以都察院官員對監察權力的行使心存忌憚；同時每個官員都可以向皇帝參奏其他官員，結果導致都察院對官員相互之間的牽制功能大過了檢察功能，實際上起不到檢察作用。因此，官員在行政時顧及自己的退路，官場作風往往是息事寧人或形成相互庇護的權力集團和網絡，這嚴重影響了清王朝中央的行政效率和行政決策的執行，也就削弱了最高行政首腦皇帝與君主制本身超驗的統合能力。〔註 20〕這些問題在清代中後期表現得尤為明顯。

在中央與地方關係上，清代在省一級設有總督和巡撫兩個官職。總督一般統轄兩省，各省設有最高行政官員巡撫。總督和巡撫分別兼任御史，都有參劾和上奏權，他們不向內閣或各部負責，而直接向皇帝負責，因此可以相

〔註 19〕清帝國的法律結構多元，不僅滿漢在法律適用上不同，更有新疆、蒙古、西藏等地的特別法律。參見張晉藩（主編）：《清朝法制史》，中華書局 1998 年版，第七章；汪暉：《中國現代思想的興起（上卷）第二部：帝國與國家》，生活・讀書・新知三聯書店 2004 年版，第 534～543 頁、第 548～551 頁。

〔註 20〕參見（美）徐中約：《中國近代史》（上冊），計秋楓、朱慶葆譯，香港中文大學出版社 2002 年版，第 43～49 頁、第 123～124 頁；李劍農：《中國近百年政治史（1840～1926）》，復旦大學出版社 2007 年版，第 6～11 頁。

互牽制。〔註 21〕在地方軍事上，由於清王朝中央軍隊在中後期日益渙散，且耗費巨大，八旗軍隊已失去原有的戰鬥力。中央政府為應對頻發的地方叛亂和外敵入侵，不得不授權地方自行組織軍隊，因此在各地漢人士紳和官員的領導下，產生了許多地方性軍隊。具有代表性如各地的團練和後來聲名卓著的湘軍和淮軍等。這在客觀上使巡撫和總督的權力大大增加，美國學者孔飛力把這種現象稱為「地方的軍事化」。〔註 22〕到 1907 年，清廷為了維持國內政局的穩定，制定了編練新軍的三十六鎮（師）計劃，各省開始訓練新軍，新軍基本上也都由地方漢人官員掌握。這些地方軍事勢力的擴張導致國家權力下移，分解了清帝國的專制權力，助長了地方分權，減弱了國家對地方的控制力。

　　縣是清帝國正式政治制度的最後一級，國家不在縣以下設置正式的行政機構。但清代延續明代「一條鞭」法，縣之下有各種吏，可以幫助縣級政府執行政策。鄉村亦有徵稅和維持治安的保甲制度，主要為方便地方士紳控制基層社會。但是士紳和保甲人員對地方的認同大於對國家的認同，因此爆發了許多由士紳帶領農民抗稅的事件。到了清代末期，國家為了發展軍事和政權建設加大了對地方的汲取，但是隨著人口的增長，縣的規模越來越大，縣級政府的組織和人員並沒有擴大，所以無法有效履行國家設定的職能，土豪劣紳雖然在一定程度上完成了國家的任務，但也造成鄉村秩序的混亂，讓國家權力在基層變形、變質。

　　從清帝國各個層級的國家制度之設計和運行可以看出，雖然國家設置了各種權力機制控制各級行政機構的運行，但是國家權力在各層都被削弱，地方權力在不斷增加，因此國家不能把政策有效地執行下去，典型的表現就是清帝國中後期的制度化汲取能力（extractive power）始終較弱。〔註 23〕在國家權力的廣度上，雖然國家專制性權力很大，皇帝集國家最高權力於一身，在名義上可以管制國家行政的各個方面，但是皇帝權力的執行力隨

〔註 21〕　參見劉偉：《甲午前四十年間督撫權力的演變》，載《近代史研究》1998 年第2 期；李細珠：《地方督撫與清末新政：晚清權力格局再研究》，社會科學文獻出版社 2012 年版。

〔註 22〕　參見（美）孔飛力：《中華帝國晚期的叛亂及其敵人：1796～1864 年的軍事化與社會結構》，謝亮生、楊品泉、謝思煒譯，中國社會科學出版社 1990 年版，第 13～15 頁。

〔註 23〕　參見 Peer Vries, State, Economy and the Great Divergence: Great Britain and China, 1680s～1850s, Bloomsbury Academic, 2015, p. 429。

著王朝時間的推移和行政層級的降低而減弱。另外，由於清帝國的官僚制是「人治」，雖然人民期待「清官」這種自律的治理者，[註24]但是缺乏嚴格的法律制度約束，國家不會總那麼幸運遇到清官，因此帝國的官僚體系十分腐敗，國家制度的實際控制能力極弱。總之，清帝國已經出現了制度性的國家危機。

1.2　知識範式與知識人的轉變

　　中國進入世界體系以後，中國傳統的知識、政治和法律觀念不足以應對國內外出現的新問題和危機，因此當時關於中國政制和法制轉型的思考都是在中西方兩種思想的影響下進行的。

1.2.1　傳統知識的貧困

　　中國傳統的知識以儒家等學說為基礎，儒家是正統的國家學說和意識形態。但儒家學說是一套以修身為中心的道德倫理思想體系，主張修身齊家治國平天下。這套學說的解釋權在知識分子的手裏，知識人通過對儒家學說的學習和解釋，領會先賢的教義，促進自身修養的提高。同時，知識人可以通過考察儒家學說的科舉制度進入帝國的官僚體系，實現治理國家的願望。但是作為知識的儒家學說並不是一套理性化的體系，與西方的知識在範式（paradigm）上截然不同。另外，因為儒家的道德教義對知識人的要求極高，但現實的行政體系中卻是另外一套現實主義的博弈規則，「潛規則」無處不在，所以儒家學說本身對官場的博弈和行政的真正指導意義並不大，而在過高的道德標準之下，做不到的人就成了口是心非的偽君子。雖然在明末清初黃宗羲等人已經從儒家學說內部對傳統的法制與政制進行了極為深刻的批判，但是並未開出一套中國制度根本性變革的新路。[註25]其實在儒家內部，「老內聖」開不出「新外王」，現代新儒家也未完成這一任務。[註26]所

〔註24〕參見馬小紅：《中國古代社會的法律觀》，大象出版社1997年版，第107～124頁。

〔註25〕參見金欣：《傳統法的危機：黃宗羲〈明夷待訪錄〉中的法思想再探討》，載《時代法學》2018年第1期。

〔註26〕參見朱學勤：《老內聖開不出新外王——從〈政道與治道〉評新儒家之政治哲學》，載《探索與爭鳴》1991年第6期。

以科學、民權、立憲等西方的新知識傳入中國之後，中國知識人立刻如饑似渴地獲取這些新知識。1882 年，康有為在上海購買了江南製造局出版的所有著作，〔註27〕這些西書譯本以科技為主，兼及政法。

　　科學和地理知識被西方傳教士帶到中國，在清帝國中期已經改變了一些知識人的世界觀。〔註 28〕到帝國後期，眼看著國家衰弱，內憂外患，知識人越來越認識到僅僅依靠中國傳統的知識和思想不足以使中國走向獨立和富強，紛紛把目光投向西方。西人進入中國後，在沿海城市設立租界，加上中西交流增多，知識人有機會接觸到更多的西方知識和思想，因此從魏源等人開始，許多先知先覺的知識人開始急切地學習和研究西方的知識和思想，他們不再固守天朝上國思想和儒家傳統理念，而是尋求新的變革。這在很大程度上動搖了以儒家為基礎的中國傳統文化、思想和道德觀念的牢固地位。雖然知識人在接受西方思想觀念的時候常常以中國「古已有之」的心態來接受，但是無論以何種心態，這些西方知識和觀念是不同於儒家傳統教義的新觀念，動搖了儒家一統思想的狀況。

　　在政治意識形態方面，清王朝是入主中原的少數民族政權，由在全國人口中占極少比例的滿人統治著占絕大多數的漢人，滿人皇帝一直有極大的不安全感，因此大興文字獄，專制權力似乎滲入了知識人的毛細血管，壓制著他們的思想自由，讓他們噤若寒蟬，不得不進行自我抑制。〔註 29〕滿人統治者在不斷強調滿人之族性（ethnicity）獨特和優越的同時，又需要以普遍性的儒家意識形態來為其統治提供正當性，〔註 30〕把歷史上分開的政統和道統合二為一，皆納入了皇帝手中。另外，在傳統上，儒家學說對知識階層有自然的整合力，並以禮法的形式滲透到民間。而在清帝國中後期，儒家學說已經受到各方面的質疑，加上西方學說的引進，不僅使清王朝統治的正當性出現危機，也使儒家學說對知識分子的整合能力漸漸削弱。在帝國末期，廢除科

〔註27〕參見（美）埃爾曼：《科學在中國（1550～1900）》，原祖傑等譯，中國人民大
　　　　學出版社 2016 年版，第 479 頁。
〔註28〕參見葛兆光：《中國思想史》（第二卷），復旦大學出版社 2001 年版，第 439
　　　　～498 頁。
〔註29〕參見王汎森：《權力的毛細管作用：清代的思想、學術與心態》，北京大學出
　　　　版社 2015 年版，第 352～357 頁。
〔註30〕參見（美）孔飛力：《叫魂：1768 年的中國妖術大恐慌》，陳兼、劉昶譯，生
　　　　活·讀書·新知三聯書店、上海三聯書店 2014 年版，第 75～76 頁。

舉等措施，破壞了傳統的政治整合與吸納體系，知識人人心浮動，普通人的生活亦受到影響。〔註31〕

1.2.2　中西之間的法政思想家

中國自古地緣環境較為封閉，作為東亞世界的中心，中國文化在一定時期具有普世性，漢代以後儒家學說成為國家的意識形態，佔據了統治地位，因此中國傳統知識分子的知識系統比較單一，主要以儒家學說為主，也兼及道家和佛家等學說。知識人一生沉浸在這些知識之中，研讀經典之餘，也吟詩作賦，稱他們為文人可能要比知識分子或知識人更準確。在中國傳統社會政治秩序的「超穩定結構」之下，傳統知識人對國家和政制的看法幾千年來並沒有國民性的變化，都沒有突破先秦儒家的一些基本預設，偶而有黃宗羲和唐甄這樣的異類，也並沒有影響整個法政思想的主流，進而也不會產生政制和法制思想的突破。

而清代中期以後，傳教士帶來了西方的科學和地理等現代科學知識，給一些中國傳統知識人帶來了極大的震撼，他們的世界觀和知識觀都產生了變化。知識人對中國原有知識的侷限性已經頗有自覺，〔註32〕他們認識到中國只是世界列國中的一國，而中國的知識只是世界各種知識中的一種，所以產生了中體西用和中西調和等思想。隨著清末大規模翻譯西方書籍，科學思想激發了人們對公理和自然的認識，西方的政治思想和理論極大的更新了他們對中國政制和法制的認識，因而會在面對全面危機之時，尋求根本性的變革。康有為、孫中山和張君勱都是這樣典型的中西之間的思想家。

1.3　近代中國立國與立憲思想語境的獨特性

中國立國與立憲思想有其自身的獨特性，因為它所面對的國家和社會以及要解決的問題與西方幾個典型的立憲國家都不相同。從國際視野來看，有代表性的立憲國家有英國、美國和法國，俄國可以作為一個失敗的參照案例。

〔註31〕這從山西鄉村知識分子劉大鵬的個人經歷中可以看出，參見（英）沈艾娣：《夢醒子：一位華北鄉居者的人生》，趙妍傑譯，北京大學出版社 2013 年版，第 35〜36 頁、第 41 頁、第 65〜67 頁、第 71〜73 頁。
〔註32〕參見王爾敏：《中國近代思想史論》，社會科學文獻出版社 2003 年版，第 109〜128 頁。

後三個國家與中國一樣發生了革命，而且立憲都與革命關係密切。英國立憲是以特殊的「光榮革命」進行的，它沒有成文憲法，它的立憲建國是一個基於契約觀念之上緩慢的過程，所以與中國比較的意義並不大。因此這裡只簡要考察美國、法國及俄國的立國與立憲過程。

美國沒有封建國家和絕對主義的負擔，以革命的方式一次性地進行了初步的立國與立憲。美國革命是從英國獨立建國的過程，革命結束以《邦聯條例》（Articles of Confederation and Perpetual Union）確立的是一個鬆散的邦聯國家。美國革命的對象是英國，當革命成功後，就意味著革命已經終止，不再有革命的目標，實際的發展和建設變成了第一要務。但這個新邦聯國家卻危機重重，經濟、社會、財政、政治和外交都出現嚴重問題，國會軟弱無力、缺乏一個強有力的中央政府、州與州之間經常產生糾紛和衝突，因為《邦聯條例》修改的門檻較高，修改該條例的動議以失敗告終。因此建國先賢們開始考慮制定新的憲法，〔註33〕重新建設國家。

在美國建國者的視野裏，立國既要防范公權力的專斷，又要阻止可能出現的暴民政治，他們認為建立一個多方面制衡的混合制共和國，才能同時實現這兩個目標。因此美國的建國者們堅持「以自由立國」，也就是說「革命的終極目標是自由憲法。革命政府的實際事務則是建立共和國」，因此在他們看來：「缺少憲法，道德、財富和軍隊的紀律都一文不值，即便這些全部加在一起也是如此。」〔註34〕所以不管是革命後所建立的邦聯國家，還是立憲後的聯邦國家，美國國家對社會的介入和滲透都很有限，地方性的自治組織有很大力量；國家對社會介入的廣度上僅限於政治領域，而且把很多權力授權給州政府。〔註35〕但美國的特殊之處在於，國家的司法權力滲透到了國家的每個角落，但這種滲透並不是強制性的，而是以公平正義仲裁者的方式介入。這既使國家權力（司法權力）對社會有極強的治理能力，同時也塑造了人民對國家權力的認同。可以看出美國憲政形成期的國家是一個中型強度的國家。

〔註33〕參見王希：《原則與妥協：美國憲法的精神與實踐》，北京大學出版社 2000 年版，第 55～63 頁。

〔註34〕參見（美）漢娜·阿倫特：《論革命》，陳周旺譯，譯林出版社 2007 年版，第 124～125 頁。

〔註35〕美國革命後立憲和建國的過程只進行了政治革命，解決了政治問題，而最大的社會問題——奴隸制，則留到了南北戰爭時期最終以武力解決。南北戰爭可以看作是美國的社會革命，這場戰爭結束後美國革命才正真完成。

在這種中型強度的國家中，革命之後立憲建國，沿著司法憲政主義的進路，在司法實踐中逐漸完善美國憲法，把革命立國的理念推廣下去，用近兩百年的時間把美國發展成世界上具有代表性的立憲主義國家。

法國則是較早形成了專制型的現代國家，法國革命面臨的是一個強大的「舊制度」（Ancien Régime），革命是對舊制度的摧毀，所以它的過程異常激烈。伴隨著物質的匱乏和激越的革命情緒，第三等級推翻了國王和貴族的統治，發表了舉世聞名的《人權宣言》。按阿倫特的論斷，法國革命面臨著社會問題，所以解放的成分大於自由。〔註36〕舊制度被摧毀，新的秩序無法有序地建立起來。雖然《人權宣言》陳義極高，不久也成為法國第一部憲法的一部分，但並未使法國走上憲政的道路。

大革命後的一百多年，法國的立國舉步維艱，一直徘徊在獨裁和民主之間，直到第五共和國才建立了穩定的立憲制度。在獨裁時期法國政府擁有極大的專制性權力，國家滲透到社會的各個層面，但社會對國家的滲透極為困難，稍有不同的聲音就可能被送上斷頭臺。而在民主時期，人民被動員起來，登上了政治舞臺，但往往又是國家失靈的暴民政治。法國一直未能形成一個強弱得當的國家權力制度。法國立憲政治之所以走上正軌，得益於戴高樂這位有政治遠見的政治家（statesman），當他控制著有效政府的時候，果斷放棄獨裁的可能而進行了走向立憲政治的決斷，讓革命後一直動盪不安的法國政制，走上了立憲政治的軌道。他提議制定的第五共和新憲法，放棄了過高的民主理念，在一定程度上加強了行政權力，並建立了憲法委員會監督憲法的實施，讓憲法得以運轉起來。〔註37〕法國革命之後的動盪在於，要麼是一個過於集權的國家和政府，要麼政府失靈，國家無力，立憲舉步維艱，鏗鏘有力的《人權宣言》也不過是紙面上的華麗詞句，而無法運用到立憲實踐當中。革命後所面臨的問題一直沒有解決，革命的動員基礎一值得以延續。而戴高樂充當了終止革命動盪延續的「憲法守護者」的角色，用決斷終止了革命延續，推動了新憲制的形成，為國家政權建設打下了基礎，讓新憲法得以走向立憲政治。

〔註36〕參見（美）漢娜·阿倫特：《論革命》，陳周旺譯，譯林出版社2007年版，第21頁、第78頁。
〔註37〕參見張千帆：《憲法學導論——原理與應用》（第三版），法律出版社2014年版，第83頁。

1917 年的俄國革命前的「政治危機發生在（也源於）國家在大規模現代戰爭中的失敗」。〔註38〕「二月革命」只推翻了羅曼諾夫王朝，國家失序，此後的「十月革命」才完成革命，通過農民的激進主義運動和戰爭，建立了新的社會主義國家，社會主義銜接了帝國，直接解決了初步立國的問題。新國家制定了蘇維埃憲法，革命導師列寧也參與了這部憲法的制定。這部憲法堅持了馬克思主義原則，在政治上規定了社會主義制度。以後相繼還有三部憲法，性質上並沒有多大改變。俄國革命雖然終結了舊王朝的統治，但是革命並沒有停止，在列寧主義革命黨的帶領下進行了「自上而下」的革命，到斯大林時期形成了極權主義的恐怖統治。蘇聯這個革命建立的社會主義國家，國家權力無比強大，可以伸展到國家的各個角落，社會幾乎沒有滲透進入國家的機會。所以蘇聯在國家專制能力上無比強大，幾乎吞噬了社會，因此「法律是從屬於政治」，沒有自主性，〔註39〕憲法在其本質上並不是要實現憲政，而是實現國家的政治和社會目的。其根源在於革命後建立的強國家並未放棄革命宗旨，建設了極為強大的專制性權力，憲法也就不能向立憲主義方向發展，國家基礎性能力薄弱，最終走向了解體的命運。

總之，英國的立國與立憲是一個長期漸進的過程，不同階級、法律與政治等因素經過幾百年的互動，最終形成了一個成熟的民族國家和穩定的憲政體系；美國在建國前是殖民地，沒有舊國家、舊制度和傳統的負擔，所以以革命的方式一次性地進行了初步的立國與立憲，以後經過從邦聯（confederation）向聯邦（federation）的轉變和南北戰爭，以及多次的憲法修正案，才最終完成了立國和立憲的進程。法國則是較早形成了專制型的現代國家，立國較早完成，再經過革命、運動和政治家的推動，最終完成了國家立憲的進程。俄國是在革命後直接形成了社會主義國家，建立了社會主義憲制，繼承了帝國的疆域，以革命立國，走上了另外一條道路。

英美法三個國家立國與立憲的資源都是原生的，而與這些國家相比，近代中國所面臨的問題極為特殊，中國需要引進和建設一個完全不同的國家模式，知識文化也需要轉型為與之相適應的現代文化，「並要在東、西意象和隨

〔註38〕（美）斯科克波：《國家與社會革命：對法國、俄國和中國的比較分析》，劉北成譯，桂冠圖書 1998 年版，第 189 頁。

〔註39〕引文是蘇聯法學家維辛斯基的話。參見（德）K・茨威格特、H・克茨：《比較法總論》，潘漢典、米健、高鴻鈞、賀衛方譯，法律出版社 2004 年版，第 426 頁、第 428 頁。

後的全球化形勢下完成政治轉型，締造民主中國與法治中國，形成中華文明的憲政秩序，」〔註40〕也就是立國與立憲的雙重任務。因此中國的立國立憲也自然有其自身的獨特性。

1.4　結語

綜上所述，正因為近代中國有這些政治和社會問題，以及中國立國與立憲的特殊性背景，從魏源等人開始，中國知識人就開始擁有跨國意識，借助西方的思想制度來變革中國國家制度的根本性議程（constitutional agenda）。魏源等人並沒有注意到憲法對國家的作用，但孔飛力把這種根本性的變革與英國不成文憲法中的憲法習慣相比較，認為根本性的變革是要解決公共生活中的政治參與和合法性問題。具體到晚清政府，是如何控制權力的濫用，如何將過剩的知識精英整合進國家的政治秩序之中，以及有限的官僚系統如何控制龐大而複雜的帝國之國家和社會。〔註41〕清帝國在原有政治框架內的政治改革（比如洋務運動和戊戌變法）都沒有能解決這些問題，所以知識人所思考的國家轉型，就是如何建立現代的國家政體，並以之進行國家整合和整治吸納，解決統治的合法性問題。這些就是康有為、孫中山和張君勱探索的立國與立憲所要解決的核心問題，也是近代以來中國一直面臨的老大難問題。

〔註40〕許章潤：《現代中國的國家理性：關於國家建構的自由民族主義共和法理》，
　　　　法律出版社 2011 年版，第 3 頁。
〔註41〕參見（美）孔飛力：《中國現代國家的起源》，陳謙、陳之宏譯，生活·讀書·
　　　　新知三聯書店 2013 年版，第 1～25 頁。

第2章　康有為：建立君主立憲的強國

康有為立國與立憲思想的語境是：他面對著一個變革社會和秩序逐漸解體的傳統帝國，帝國的舊制度並沒有完全失靈，因此康有為對立國和立憲的論述需要借助傳統儒家學說來表述或佐證，並煞費苦心地以託古改制來闡述立國和立憲的基礎理論。在舊制度的基礎上，康有為極富洞察力地設計了一條中國立國與立憲的獨特道路。康有為是一位傳統儒學家和類似公共知識分子的政治參與者，因此他除了一系列專門的著述之外，還有大量對時事政治事件的評論，這些都是本書研究他立國與立憲思想的直接材料。

2.1　生平述略

康有為的一生跌宕起伏，目前已有不少傳記出版，[註1] 本節不會事無鉅細地重述康有為的生平，只截取與康有為立國與立憲思想相關的生平事蹟簡要評述。簡言之，康有為的人生歷程可以分為四個階段：第一階段他是一個

〔註1〕康有為的傳記除其弟子梁啟超所著的《康南海先生傳》（收入《梁啟超全集》，北京出版社 1999 年版）外，有代表性的有湯志鈞：《康有為傳》，臺灣商務印書館 1997 年版；馬洪林：《康有為評傳》，南京大學出版社 1998 年版。亦有學者搜集了對康有為的回憶性文章可資參考，參見夏曉虹（編）：《追憶康有為》，生活·讀書·新知三聯書店 2009 年版。康有為對自己的生平有較多記述，茅海建教授皇皇巨著考訂康有為自述之真偽，富有參考價值。參見茅海建：《從甲午到戊戌：康有為〈我史〉鑒注》，生活·讀書·新知三聯書店 2009 年版。

傳統的學者，研讀經典，在書齋裏觀察國家局勢的變化；第二階段他是一個改革家，鼓吹和推動變法；第三階段他是一個流亡者，在海外遊歷，發動保皇活動，並與革命派的理論家論戰；第四階段，他結束了長期的流亡生涯，回到中國後，發現新的共和國弊端叢生，又成為一個新時代的批評者。

康有為 1858 年出生於廣東南海縣，家族世代多為知識階層。他幼年喪父，隨家中長輩讀儒家經典，因聰慧過人，頗受祖父和其他長輩喜愛。但 19 歲時鄉試的失敗卻讓康有為遭受挫折，連同其他事件，讓他頗受打擊。此後，康有為跟隨名儒朱次琦學習。朱次琦是「粵學」領袖，「粵學」是「漢學內部古文經學和今文經學的調和」，朱次琦強調道德的實踐性，讓康有為受益頗多。〔註2〕在鑽研中國古典著作之外，康有為還讀了徐繼畬的《瀛寰志略》，並訂購了《萬國公報》閱讀，前者對世界各國的地理和政治都有較為詳細的介紹，後者則報導世界各國的時事新聞。康有為亦曾到香港一遊，對英人治理香港之成績極為讚歎。這些知識和經歷讓康有為在理解中國傳統的同時，對中國國家的自我定位和在世界中的位置都有了不同於傳統思想的理解。另外，一些經過江南製造局翻譯的西方科學著作也影響了康有為，表現在他這一時期的著述中。在《實理公法全書》裏康有為以粗淺的科學知識來「詮釋人文知識」；在《教學通義》裏他希望通過教育提高人民的程度，改變民風，以此作為國家治理和發展的基礎；《康子內外篇》較前兩者更有思辨性，在該書裏康有為重新詮釋了仁義禮智信等儒家傳統觀念，表明這些觀念並不是一成不變的，而是在不同時代有不同的側重點；該書中亦展現了康有為「獻身變法的意願」。〔註3〕這一時期從出生到 30 歲（1887 年），康有為是一個接受了新思想並有強烈國家情懷的傳統學者。

第二個時期，從 30 歲開始到參與戊戌變法後，流亡海外止（1898 年）。這段時間康有為在著書立說、教書育人之外，遊歷了全國許多地方的名山大川。此後公車上書，開辦學會，與許多官員談笑風生，又在百日維新失敗之後，匆匆逃亡海外。這一時期，康有為在寫給皇帝的一些奏摺中闡述了中國的立國與立憲之道。此外較有代表性的是《新學偽經考》和《孔子改制考》兩本著作。二書對儒家傳統進行了別出心裁的激進解釋。《新學偽經考》出版後，

〔註2〕參見張灝：《危機中的中國知識分子：尋求秩序與意義》，高力克、王躍譯，
　　　　新星出版社 2006 年版，第 26～27 頁。
〔註3〕參見汪榮祖：《康有為論》，中華書局 2006 年版，第 21～33 頁。

轟動士林，一時洛陽紙貴。在該書中康有為通過繁瑣的考證，認為千年來儒家重要的經典六經皆為漢代劉歆之偽造，而孔子之真意則一直被遮蔽。這些偽經是中國落後的原因，因此必須借助公羊學恢復孔子之真意，方能使中國強盛。康有為這種託古改制之設想，是要在原有舊基礎上建立一個新秩序。〔註4〕接著康有為在《孔子改制考》中詳細闡發了他認為的孔子思想之真意，斷定孔子本身是一個頗具遠見卓識的改革家，三代之治並非真正存在，乃是孔子託古改制所創。當時儒家學說仍是正統學說，朝野皆以其為本，康有為創立此說是為維新變法奠定理論基礎，使之獲取儒家傳統的正當性。《孔子改制考》在百日維新前不久出版，引起許多保守官員的撻伐。此後康有為流亡海外，革命興起，康有為關於孔子改制學說也就失去了實際的政治意義。

第三個時期，康有為流亡海外 15 年（1898～1913），足跡遍布四大洲，遊歷了 30 多個國家。康有為的流亡不像一般流亡者那麼窘迫，他在海外華人中有大批支持者，加上當時的海外華人以廣東人為主，康有為和他們交流沒有語言障礙，因此他不僅在海外組織保皇會募集資金，還進行實業投資。另外，康有為在飽覽各地風土人情之外，還以一個改革家和思想家的態度去觀察各國的政治和法律制度，並進行了類似比較憲法和比較政治的分析和研究，撰寫了大量遊記。他還與各國政要會面，探討實際的政治和法律問題。比如他到墨西哥遊歷兼投資時與墨西哥總統迪亞斯會談，對墨西哥總統和該國政體極為讚賞，認為相比「自由太盛」的法國和混亂的南美各國，墨西哥「以民主共和之體，略兼專制而行之，此真地球獨一之政體，古所無也，用能長治久安」。〔註5〕此一階段康有為在撰述一些儒家經典闡釋著作之外，大多數著述都在反對革命，闡述保皇立憲、建設國家之策略與原理。

1913 年康有為回到中國，這時新的共和國已經建立兩年，但「民國不如大清」，各方面並不如人意。此時的康有為看到共和國的重重危機，認為國教可以挽救道德和國魂，而國魂是立國之關鍵，所以致力於孔教會的建設，亦到各地雲遊講學，宣揚孔教。他還參與了張勳復辟運動，並開辦了實業。此時的康有為從一個激進的改革家走向了時代的反對面，頗讓人深思。這並不是他思想倒退了，而是他看到了激進革命後建立的新國家弊端叢生，希望通

〔註4〕參見汪榮祖：《康有為論》，中華書局 2006 年版，第 54 頁。

〔註5〕康有為：《謁墨西哥總統對問記》，載姜義華、張榮華（編校）：《康有為全集》（第八集），中國人民大學出版社 2020 年版，第 321 頁。

過自己對時代的批評促使國家往更好的方向發展，但在共和的湯湯大潮中，他的批評聲音也就很容易被當成是對時代的反動，他也被看成守舊人士。

2.2　思想淵源

　　康有為一生處在中國「三千年未有之大變局」的時代，傳統的思想和學術出現危機，但並沒有解體，依然發揮著影響，而來自西方的思想和觀念亦深刻地影響著當時的知識人。所以康有為立國與立憲思想的背景頗為複雜。

2.2.1　中國傳統思想

　　康有為從小熟讀儒家經典，作為學者他對儒家經典亦多有闡發。他自述「六歲而受經，十二歲而盡讀周世孔子之遺文，乃受經說及宋儒先之言，二十七歲而盡讀漢、魏、六朝、唐、宋、明及國朝人傳注考據義理之說」，〔註6〕所以儒家思想是他思想的主要淵源，可以說是他思想的基礎。康有為幾乎所有的文章都引用了儒家經典，他關於立國和立憲的論述也會引用儒家經典作為依據或佐證。〔註7〕此外，康有為接受的儒家思想較為傾向於明清以來的「經世之學」，與儒家的另一個面向修身不同，經世之學注重入世，「代表一種積極進取的淑世精神」，同時「主要是透過政治以表現其入世精神」。〔註8〕這些都在康有為的思想中表現得極為明顯，他在研究和闡釋儒家經典的同時，更注重用它們來解決實際問題。

　　儒家思想對康有為另一個影響是家國情懷和士大夫的精神。儒家視野內的國家是以中國為中心的、從中心到邊緣的文明國家，以德為政，追求王道秩序。〔註9〕康有為的立國立憲思想是在這一基礎上發展起來的，並不是

〔註6〕康有為：《禮運注》，載姜義華、張榮華（編校）：《康有為全集》（第五集），中國人民大學出版社 2020 年版，第 545 頁。

〔註7〕康有為是否真的相信儒家經典理論和西方新思潮是暗合或者可以支持西方的理論，或者他引述儒家經典只是為了在當時的語境中讓自己的文章更有說服力。這是一個需要認真考察的問題。當時這一現象較為普遍，秦暉稱之為「引西救儒」。參見秦暉：《晚清儒者的「引西救儒」》，載《南方周末》2010 年 6 月 17 日。

〔註8〕參見張灝：《宋明以來經世思想試釋》，載氏著：《張灝自選集》，上海教育出版社 2002 年版，第 61 頁。

〔註9〕參見干春松：《王道與天下國家——從儒家王道政治重思天下國家觀念》，載《戰略與管理》2009 年第 3／4 期。

完全繼承，而是有繼承亦有批判與改造。比如對於國君的地位和作用，他遵從儒家思想並有新的創造，但是對於中國所處的世界局勢，他則直接指出是一種霍布斯式的「列國並爭」的局面。對西人之態度，康有為認為不應以古代的夷狄觀念視之。士大夫精神給他一種道義擔當感和拯救萬民的使命感，以天下事為己任，常以「救中國」的心態認為自己在為國家的前途分憂，所以在流亡多年回國後，面對國內的亂局和國際局勢的變化，他頻繁地發電報給國內的政治人物和各國政要，希望通過自己的影響促進政治往好的方向發展。他自述 22 歲時即因時事的觸動和西書的刺激，「於時捨棄考據帖括之學，專意養心。念民生艱難，天與我聰明才力拯救之，乃哀物悼世，以經營天下為志」。〔註 10〕因為這種投入精神和獻身精神，康有為常常以聖人自居，有一種獨斷的個人英雄主義。雖然清代滿人統治者想掌握政統與道統，但是在這種精神之下，康有為自認掌握著國家政治的道統，並要將其發揚光大。

另外，佛教哲學、基督教和道家思想在一定程度上對康有為的政治思想也有影響。典型代表是《大同書》中對人生之苦的論述。〔註 11〕

2.2.2　西方思想

西方思想對康有為的影響是顯而易見的，他在自述中也多次提到讀到西書對自己思想發展的影響。而且對當時的知識人來說，西方的武力衝擊只是一方面，更重要的衝擊來自西方的思想觀念，因為那是一套完全不同於中國傳統思想和學說的理論和知識體系。對康有為來說，西方思想對他的立國立憲思想的影響主要有科學思想和政治思想兩方面。

科學思想。康有為通過閱讀翻譯的西學書籍獲得了許多西方科學知識，雖然他的認識極為粗淺，但他把這些科學知識當公理運用到他的哲學思想和政治思想之中，比如他對男女平等思想的提倡和對專制思想的批判，都是建立在幾何公理的基礎上；再比如他自述 27 歲時看顯微鏡，立即感悟到世界無形，並對此進行了哲學化的昇華；他還由電聯想到人與人之間的感情，並將

〔註 10〕康有為：《我史》，載姜義華、張榮華（編校）：《康有為全集》（第五集），中國人民大學出版社 2020 年版，第 62～63 頁。

〔註 11〕參見張灝：《危機中的中國知識分子：尋求秩序與意義》，高力克、王躍譯，新星出版社 2006 年版，第 66～67 頁。

其稱為無線電。〔註 12〕現在看來康有為對科學的理解較為粗淺，甚至有些牽強附會，通常是從他已有的知識出發抽象地理解和比附，但他接受了科學的權威性和正當性，把科學知識作為思想資源引入自己的政治哲學中，借助科學所具有的權威性和正當性來論證他設計的政治制度的合法性和政治變革的必然性。科學思想作為一種思想資源強烈地刺激了他思想的形成。

政治思想。西方政治思想對康有為的影響體現在他對權力分立、民權和立憲等觀念的論述中。他也以西方政治史上許多著名的事件為參考論述變法和改革的必要性及具體步驟。他通過譯著獲得了較為粗淺的近代啟蒙政治思想和政治史知識，再結合中國傳統儒家思想，進行創造性地發揮和引申。因此他提出的許多問題和見解到現在亦極富啟發性。另外，康有為可能也受到梁啟超從日本吸收的西方政治思想之影響，比如在《擬中華民國憲法草案》中所使用的「主權在國」的表述，可能就是受梁啟超的影響。〔註 13〕而梁啟超的國家思想在很大程度上受到德語哲學家伯倫知理（Bluntchli）著作日譯本的影響。〔註 14〕總體來看，德國政治思想對康有為的影響較大，他到德國遊歷多次，在遊記中頻繁稱讚德國的政體。

2.2.3　遊歷世界各國的經歷

康有為性格中有許多豪邁的成分，他在流亡以前就遊歷了國內許多名山大川，激發了他的家國情懷和為國分憂之心，所到之處每每會有感時憂世的詩作。而十幾年的海外流亡生涯，讓他有機會在世界各地遊歷並實際體會了各國的政治制度，以體驗的形式比較各國政制、檢驗自己此前提出的理論。但他的關注中心仍然是中國問題，吸取西方的經驗都是為了比較研究，進而解決中國問題。康有為對自己曾周遊四大洲頗為自得，回國後多次在文章和演講中提及。他言自己之遊歷，「將盡大地萬國之山川、國土、政教、藝俗、

〔註12〕參見康有為：《戊戌輪舟中絕筆書及戊午跋後》，載姜義華、張榮華（編校）：《康有為全集》（第五集），中國人民大學出版社 2020 年版，第 5 頁；康有為：《長安講演錄》，載姜義華、張榮華（編校）：《康有為全集》（第十一集），中國人民大學出版社 2020 年版，第 274 頁。

〔註13〕參見章永樂：《舊邦新造：1911～1917》，北京大學出版社 2011 年版，第 98 頁。

〔註14〕參見（日）川尻文彥：《梁啟超的政治學——以明治日本的國家學和伯倫知理的受容為中心》，載《洛陽師範學院學報》2011 年第 1 期；王昆：《梁啟超與伯倫知理國家學說》，載《中國國家博物館館刊》2013 年第 11 期。

文物而盡攬掬之，採別之，掇吸之，豈非凡人之所同願哉？於大地之中，其尤文明之國土十數，凡其政教、藝俗、文物之都麗郁美，盡攬掬而採別、掇吸之，又淘其粗惡而薦其英華焉，豈非人之尤所同願耶？」〔註15〕因此康有為自詡自己的經歷「遠軼於古之聖人」。言語雖略有誇張，不過所述卻為事實。

　　政治思想史上許多著作都是由作者親身體驗而寫出，比如托克維爾的《論美國的民主》。康有為的遊記並沒有《論美國的民主》那麼全面，但對外國政治和法律制度的許多認識卻並不淺顯，許多還是獨到的見解。這些經歷激發了康有為的思考，他在自己經歷和體驗的基礎上對各國的政制與法制進行比較，更進一步地探討適合中國的立國與立憲模式。這些經歷強烈地影響了他第三和第四階段的思想。

2.3　用變法和立憲重塑國家

　　面對清末的國家困境，康有為在儒學的基礎上，接受了一些西方現代政治思想觀念，因而希望通過變法和立憲來重塑傳統的國家，希望以此解決國家出現的內外交困的局面。康有為深刻地認識到了國際局勢的變化，中國已經處於國際競爭和弱肉強食的世界之中，因此只有進行根本性制度的變革才能挽救國家的困局。這種根本性的制度變革就是變法和立憲。

2.3.1　列國並立

　　從明代開始，傳教士帶入中國的西洋天學和地理等科學知識，強烈地衝擊了中國知識分子關於「天」和「地」的空間想像。讓許多知識分子震驚的是世界不是以中國為中心的「天下」，而是中國僅為「萬國」中的一國，新的國家空間想像和認識不僅影響了他們的國內觀和國際觀，也消解了傳統政治賴以建立的「歷史傳統的權威性基礎和意識形態依據」。〔註16〕在清末以前這些只是思想上的衝擊，在大多時候，絕大多數知識人還是以居高臨下的姿態看待西方國家。到了清末，西人武力侵入中國，割地賠款和法外治權等屈辱，讓知識人切身感受到西方的威脅，也充分認識到中國所處世界局勢的改變。康有為對這一點有深刻的論述。

〔註15〕康有為：《歐洲十一國遊記序》，載姜義華、張榮華（編校）：《康有為全集》（第七集），中國人民大學出版社 2020 年版，第 346 頁。
〔註16〕葛兆光：《中國思想史》（第二卷），復旦大學出版社 2001 年版，第 374 頁。

康有為在與友人書中言：「今俄築鐵路與東北而迫盛京，法規越南於南以取滇、越，英啟滇、藏於西，日伺高麗於東，四鄰皆強敵，聚而謀我，威逼極矣。」〔註17〕這種中國番邦被列強佔據，因此而虎視眈眈中國內部領土的局勢，被康有為稱為「外夷交迫」。這是中國亙古未有的狀況，因而當時到了非「自強」無以「保全的地步」。中國自古被小國環繞，所以諸國並爭的局勢是「數千年來未有之大變局」。但是大部分官僚階層並沒有認識到這種局勢之嚴峻，很多人依然沉浸在天朝上國的美夢中。乾隆年間馬爾嘎尼（George Macartney）訪華遇到自以為是的清朝統治者所產生的禮儀衝突，〔註18〕到晚清時期仍不陌生。

但康有為對當時的世界局勢已有深刻認識，在寫給朱一新的信中，康有為進一步解釋了世界局勢，他言當時的西方國家（西夷）與古代的「魏、遼、金、元、匈奴、吐蕃」已完全不同，「今之中國與古之中國同乎？異乎？足下必知其地球中六十餘國中之一大國，非古者僅有小蠻夷環繞之一大國中國也」。〔註19〕在上清帝書中，他又言：「大地八十萬里，中國有其一；列國五十餘，中國居其一。地球之通自明末，輪路之盛自嘉、道，皆百年前後之新事，四千年未有之變局也。」〔註20〕過去中國人視西方人為蠻夷，但是如今西方人蔑視中國人，「以蠻夷待我，以愚頑鄙我」，把中國看成是「半教之國」。〔註21〕中國傳統上的優越感早已蕩然無存。

綜上所述，在「萬國環逼」、「列國相競」的情況下，康有為認識到的中國所處的國際局勢有以下幾個特點：

首先，天下體系已經解體，中國只是列國中之一國。傳統上以中國為中心的天下秩序已經不可能繼續存在，中國要面對的是一個世界體系。其次，在眾多國家之中，中國不應再以傳統上對待蠻夷的態度來對待西方，而是要

〔註17〕康有為：《與徐蔭軒尚書書》，載姜義華、張榮華（編校）：《康有為全集》（第一集），中國人民大學出版社 2020 年版，第 171 頁。

〔註18〕參見（美）何偉亞：《懷柔遠人：馬嘎爾尼使華的中英禮儀衝突》，鄧常春譯，社會科學文獻出版社 2002 年版。

〔註19〕參見康有為：《與朱一新論學書牘》，載姜義華、張榮華（編校）：《康有為全集》（第八集），中國人民大學出版社 2020 年版，第 323 頁。

〔註20〕康有為：《上清帝第五書》，載姜義華、張榮華（編校）：《康有為全集》（第四集），中國人民大學出版社 2020 年版，第 3 頁。

〔註21〕康有為：《上清帝第五書》，載姜義華、張榮華（編校）：《康有為全集》（第四集），中國人民大學出版社 2020 年版，第 2 頁。

平等視之，因為中西各有長處。〔註 22〕最後，中國因為「列國競進」而顯得落後，並處於「敵國並立之勢」。而且因為中國的落後，不被認為是「文明之國」而無法進入國際法秩序，並受到相應的保護；在康有為看來，西方列強的邏輯是：「按其公法均勢保護諸例，只為文明之國，不為野蠻，且謂翦滅無政教之野蠻，為救民水火。」〔註 23〕

康有為雖有大同之理想，但是他的國際觀卻是十分現實主義的，他認識到的國際秩序是「國家間政治」（politics among nations）。〔註 24〕在這種國際政治秩序下，各國仍處於霍布斯式的叢林狀態之中，暴力在國際秩序中起著決定性作用，雖然國際法能發揮作用，但是很多國家會被排除在國際法秩序之外。因此康有為特別注重軍事，他言：「蓋列國並爭，無日不訓討軍實，戒懼不怠，國乃可立。」〔註 25〕他還始終如一地堅持只有國家自身強大，經濟發展、軍事發達，富強的中國才能在這個新的世界局勢下與其他各國平等的共存發展。

1905 年，在遊歷了歐亞二十餘國後，康有為言：「凡歐人於百年來所以橫絕大地者，雖其政律學論之有助，而實皆借工藝兵炮以致之也。」接著他說：「當競爭之世，霸國主義之時，國欲自立，而內無精練之陸軍，外無相當之鐵艦，則以子產、俾斯麥為外部大臣，庸有幸乎？夫國家者無道德，惟示強力，既無強力，何以拒外，則惟有隱縮退讓而已。夫國而隱縮退讓為事，一切聽命於人，則不得為國矣。」〔註 26〕康有為是一個國際政治的現實主義者，在他看來國際秩序仍然是強者為王的無政府狀態，〔註 27〕道德和道義等規則都不重要，只有「強力」才是國家間政治的決定因素。所以他提倡發展

〔註 22〕參見康有為：《與洪給事右臣論中西異學書》，載姜義華、張榮華（編校）：《康有為全集》（第一集），中國人民大學出版社 2020 年版，第 336～337 頁。

〔註 23〕康有為：《上清帝第五書》，載姜義華、張榮華（編校）：《康有為全集》（第四集），中國人民大學出版社 2020 年版，第 2 頁。此處康有為所言的「公法」為國際法之意。

〔註 24〕參見（美）漢斯·摩根索：《國家間的政治：權力鬥爭與和平》，徐昕、郝望、李保平譯，北京大學出版社 2006 年版。

〔註 25〕康有為：《上清帝第三書》，載姜義華、張榮華（編校）：《康有為全集》（第二集），中國人民大學出版社 2020 年版，第 76 頁。

〔註 26〕康有為：《物質救國論》，載姜義華、張榮華（編校）：《康有為全集》（第八集），中國人民大學出版社 2020 年版，第 100 頁。

〔註 27〕關於國際政治的現實主義理論，參見（美）詹姆斯·多爾蒂、小羅伯特·普法爾茨格拉夫：《爭論中的國際關係理論》（第五版），閻學通、陳寒溪等譯，世界知識出版社 2013 年版，第 73～75 頁。

實業，物質救國。

　　正因為認識到有上述國際局勢的改變，中國已不可能把自己從列國中隔離，要面對這個世界局勢進行根本性的改革。在這個認識基礎上，康有為從變法開始探索近代中國的立國與立憲之道。

2.3.2　變法成天下之治

　　面對中國所處的世界局勢和國內出現的問題，康有為認為中國只有變法才能避免危亡之境，屹立於列國之中。康有為所言「變法」中的「法」有時候也指法律（law）或政策，但大多時候是帶有類似於本書導論中所言的 constitution 的原始含義，也就是類似孔飛力說的「根本性問題」（constitutional question）和「建制性問題」（constitutional agenda）。〔註28〕換而言之，康有為提倡的變法要變革國家的根本制度，也就是政體。〔註29〕康有為在寫給光緒的奏摺中以修築房屋為例，認為「不變則已，若決欲變法，勢當全變」，而要變法，皇帝要做的是「統籌全局，商定政體」。〔註30〕

　　在早年的一篇文章中，康有為就提出國家治理不僅僅是儒家傳統思想家所言的「法先王」或「法後王」，而需要「酌古今之宜，會通其沿革，損益其得失，而後能治也」。〔註31〕這已經體現了康有為對傳統國家治理方式的反思，他不固守傳統，認為只有通過吸取新的資源才能使國家達到良好的治理狀態。而經過思考和探索，他認為在當時的局勢下國家要「治」可行的途徑就是變法。康有為也注意到：「夫法者，皆祖宗之舊，敢輕言變者，非愚則妄。」〔註32〕但現狀是舊法已經出現了極大的問題，導致了官僚機構冗員充斥，責任不明確，效率低下，康有為感歎即使孔子在世亦對此束手無策。國家權力機構

〔註28〕參見（美）孔飛力：《中國現代國家的起源》，陳兼、陳之宏譯，生活·讀書·新知三聯書店 2013 年版，譯者導言第 9 頁、正文第 1 頁。

〔註29〕政體是指政府的組織形式，與之對相應的國體用日本憲法學家穗積八束的話說是「主權之所在」。國體與政體的概念和關係，參見林來梵：《國體概念史：跨國移植與演變》，載《中國社會科學》2013 年第 3 期。

〔註30〕參見康有為：《敬謝天恩並統籌全局摺》，載姜義華、張榮華（編校）：《康有為全集》（第四集），中國人民大學出版社 2020 年版，第 90 頁。

〔註31〕參見康有為：《康子內外篇》，載姜義華、張榮華（編校）：《康有為全集》（第一集），中國人民大學出版社 2020 年版，第 98 頁。康有為所言的「治」有治世之意，但是統觀康有為的論述，理解為國家治理可能更合適。

〔註32〕康有為：《上清帝第一書》，載姜義華、張榮華（編校）：《康有為全集》（第一集），中國人民大學出版社 2020 年版，第 182 頁。

最底一層——縣的政治也十分腐敗。即就如此，大部分人仍認為這些乃祖宗之法，不敢輕言改變。但康有為認為這些人沒有深刻地思考國家治理成敗的原因，因為：「今之法例，雖云承列聖之舊，實則六朝、唐、宋、元、明之弊政也。」〔註33〕滿人入關建政後仍沿用明法，只是「因其俗而已」。而使用明代的「遺制」，說明「世祖章皇帝已變太祖、太宗之法矣」。康有為在這裡把順治也塑造成了一個變法者，變滿洲之法為明代遺法。因此康有為得出結論：「夫治國之有法，猶治病之有方也，病變則方亦變。若病既變而用舊方，可以增疾，時既變而仍用舊法，可以危國。」康有為為了使自己的立論更有說服力，再加上兩個論據，一方面引用了古代典籍以為自己提供支持，另一方面反問如果順治定都北京後仍然用滿洲的「八貝勒舊法」，清朝如何能「一統久安」至今。所以他的結論是：「故當今世而主守舊法者，不獨不通古今之治法，亦失列聖治世之意也。」〔註34〕

康有為認為當時的時局是前朝所未有，所以只有用新法才能治理國家，「若引舊法以治近世，是執舊方以醫變症，藥既不對，病必加危」。〔註35〕康有為指出當時並非太平年代，而是「敵國並立」的年代，又引漢宋兩代的例子，說明變革沿襲自歷朝歷代的「弊政」，「而採周、漢之法意，即深得列聖之治術也」。進而認為變法十年，即可讓國家富強。同時以日本為例，康有為堅信中國「變法則治可立待也。」〔註36〕這部分關於變法的論述的寫作對象是皇帝，所以康有為的筆法頗為曲折，要在傳統政治和思想話語之下論述變法的必要性，同時又不能直接引述西方思想，只能以近鄰日本為例來說明。

在另一份替人撰寫的奏摺中，康有為進一步解釋說：「凡法立久則弊生，令行久而奸起，於是祖宗法制之美，為奸吏弊竇之叢，至於今日，不稍變通，無以盡利也。」〔註37〕而對這些因舊法所生的「積弊」，沒有勵精圖治、雷厲

〔註33〕參見康有為：《上清帝第一書》，載姜義華、張榮華（編校）：《康有為全集》（第一集），中國人民大學出版社 2020 年版，第 183 頁。

〔註34〕康有為：《上清帝第一書》，載姜義華、張榮華（編校）：《康有為全集》（第一集），中國人民大學出版社 2020 年版，第 183 頁。

〔註35〕康有為：《上清帝第四書》，載姜義華、張榮華（編校）：《康有為全集》（第二集），中國人民大學出版社 2020 年版，第 82 頁。

〔註36〕參見康有為：《上清帝第一書》，載姜義華、張榮華（編校）：《康有為全集》（第一集），中國人民大學出版社 2020 年版，第 183 頁。

〔註37〕康有為：《門災告警請行實政而答天戒折（代屠仁守作）》，載姜義華、張榮華（編校）：《康有為全集》（第一集），中國人民大學出版社 2020 年版，第 229 頁。

風行的變法改革不足以使政治重新清明。而在一封私人信函中，康有為未掩飾自己對西人政學之傾慕，批評當時的守舊派過於死守祖宗之法，而言變法之人又「未得西人之要領」。但是中國「風氣已開」，人心已變，各地也有無數亂民，不變法國家就會危在旦夕。〔註38〕而在給皇帝的另一份奏摺中，康有為把變法列為立國一系列措施中的一種，他言皇帝需要「下詔鼓天下之氣，遷都定天下之本，練兵強天下之勢，變法成天下之治」。〔註39〕

變法勢在必行，是立國的重要途徑之一。在康有為看來修築鐵路、辦礦務、開學堂和興商務，都只是「變事」，只有變革國家制度、綱領、定憲法之類的根本性問題，才是變法。〔註40〕他又言：「方今不變固害，小變仍害，非大變、全變、驟變不能立國也。」〔註41〕這些事務需要制度局來完成，所以「制度局之設，為變法之原也」。因此作為立國之途的變法中最重要項目之一，也是最貼近前文所言「建制性問題」的則是「定憲法」。

2.3.3 開制度局而定憲法

康有為在分析清王朝政治出現之問題時，指出「雍塞」是首要問題，這導致「上有德意而不宣，下有呼號而莫達」，「上下隔塞，民情不通」會使問題越來越嚴重。國家幅員遼闊，皇帝獲得地方某事的信息通常只靠一兩個督撫的上奏，大部分官員沒有見到皇帝的機會，而且許多事情大臣並不敢向皇帝上奏，結果導致「君與臣隔絕，官與民隔絕」。〔註42〕康有為指出的中國傳統政治的重要問題是皇帝和官僚階層獲取真實社會信息的有限性，這會導致經常性的決策失誤。因為良好的決策必須要有足夠的信息溝通。〔註43〕這可能是所有非民主政體都會出現的問題，因為統治階層不需要從底層獲取合法性，

〔註38〕 參見康有為：《致曾劼剛襲侯書》，載姜義華、張榮華（編校）：《康有為全集》（第一集），中國人民大學出版社 2020 年版，第 233 頁。

〔註39〕 康有為：《上清帝第二書》，載姜義華、張榮華（編校）：《康有為全集》（第二集），中國人民大學出版社 2020 年版，第 33 頁。

〔註40〕 參見康有為：《敬謝天恩並統籌全局摺》，載姜義華、張榮華（編校）：《康有為全集》（第四集），中國人民大學出版社 2020 年版，第 91 頁。

〔註41〕 康有為：《請御門誓眾開制度局以統籌大局摺》，載姜義華、張榮華（編校）：《康有為全集》（第四集），中國人民大學出版社 2020 年版，第 87 頁。

〔註42〕 康有為：《上清帝第二書》，載姜義華、張榮華（編校）：《康有為全集》（第二集），中國人民大學出版社 2020 年版，第 44 頁。

〔註43〕 參見（美）赫伯特 A. 西蒙：《管理行為》，詹正茂譯，機械工業出版社 2009 年版，第 182 頁。

再加上行政的官僚化程度會隨著王朝統治的時間增長而加強，所以統治階層的封閉性也越來越強。康有為在認識到中國傳統政治出現這個致命的問題之後，他尋求的解決方案並不是在原有制度的框架之內，而是要用新的制度來解決這個舊的問題，把解決這個問題的制度設置放在了議院。

康有為引儒家經典呼應自己的觀點，繼而向皇帝論述通達民情的重要性，認為議院可以「通下情」，並言：「夫先王之治天下，與民共之」。康有為申述議院之作用，一方面可以讓皇帝獲取民情，也可以凝聚民心，另一方面可以讓人民相信國家，國家籌款等措施變得容易。這是因為議院中「人皆來自四方，故疾苦無不上聞；政皆出於一堂，故德意無不下達；事皆本於眾議，故權奸無所容其私；動皆溢於眾聽，故中飽無所容其弊。有是三者，故百度並舉，以致富強」。〔註44〕康有為認為議院之思想與中國古代經典之經義暗合，並不是創新。

而這種議院制度只有在立憲法後的新政體中才能建立。在一份代人撰寫的摺子中，康有為認為西方實行議政、行政與司法三權分立之制，國家的政體就像人的身體，三權的分立就像人體的各個器官一樣，需要配合起來，各司其職，人才能「體立事成」。日本正是靠改為三權分立的政體才使國家強大。所以：「今欲改行新政，宜上法聖祖仁皇帝，下採漢、宋、日本之法，斷自聖衷，特開立法院於內廷，選天下通才入院辦事。」〔註45〕在另一篇上書裏，康有為亦言日本改革中「開制度局於宮中，選公卿、諸侯、大夫及草茅才士二十人充總裁，議定參預之任，商榷新政，草定憲法，於是謀議詳而章程密矣」，〔註46〕而立憲法是日本強大的重要原因。在康有為看來，東西各個強國都有議院，在議院裏，君主與國民可以討論國家之法政大事；三權分立，各司其職，皇帝作為總的領導保持其神聖性，由政府對國民負責。在這種政體之下「人君與千百萬之國民，合為一體，國安得不強？」而中國古代聖賢的論述中已有議院之原型，春秋改制就是「立憲法」，該憲法一直

〔註44〕康有為：《上清帝第四書》，載姜義華、張榮華（編校）：《康有為全集》（第二集），中國人民大學出版社 2020 年版，第 82 頁。

〔註45〕康有為：《變法先後有序乞速奮乾斷以救艱危摺（代宋伯魯擬）》，載姜義華、張榮華（編校）：《康有為全集》（第四集），中國人民大學出版社 2020 年版，第 86 頁。

〔註46〕康有為：《上清帝第六書（應詔統籌全局摺）》，載姜義華、張榮華（編校）：《康有為全集》（第四集），中國人民大學出版社 2020 年版，第 18 頁。

被後來的統治者遵循，可惜沒有國會維持，所以當務之急就是開國會，頒布憲法。〔註47〕

康有為論述中的立法會、制度局都可以看作一種制憲會議，這個制憲會議並不因革命或憲法時刻而產生。這是因為他對法國革命帶來的人民出場式的立憲亂局頗為警惕，所以康有為眼裏的制憲是國家主導的改革的途徑之一，從他對立憲法的論述來看，憲法可能僅載明三權分立，各權力分支相互制約，憲法本身並不能約束國家權力，他這時所言的憲法在很大程度上只是一個政府組織法。

2.3.4　民合於一

在力主立憲開國會的同時，康有為也特別關注了國家和民族整合問題。康有為特別看重「民心」，認為它是國家整合在一起的重要原因，所以皇帝必須注重贏得民心。〔註48〕但在一個多民族的立憲國家更重要的是民族問題，如何把民族整合起來是解決國家整合的關鍵。康有為認識到變法立憲可以讓國家強大，但也不足以立國，因為一個立憲的國家仍然可能四分五裂，所以解決民族問題是立國的關鍵。

康有為注意到，西方的強國皆「舉國君民，合為一體，無有二心」。但是中國是一個多民族國家，民族間有很大差異，滿清統治者還長期實行滿漢不平等的政策，所以康有為特別指出，歐美民族之治，「凡語言政俗，同為國民，務合一之」，因此中國在列強環迫的情況下，「宜和舉國之民心，以

〔註47〕參見康有為：《請定立憲開國會摺（帶內閣學士闊普通武）》，載姜義華、張榮華（編校）：《康有為全集》（第四集），中國人民大學出版社 2020 年版，第 424 頁。此摺的真實性一直存在爭議，因為 1911 年《戊戌奏稿》所收該摺與《戊戌變法檔案史料》所收闊普通武《變法自強宜仿泰西設議院摺》不同，前者直接論述了立憲，而後者僅提到議院。黃彰健、茅海建等學者皆認為前摺是康有為偽造。參見陳新宇：《戊戌時期康有為法政思想的嬗變——從〈變法自強宜仿泰西設議院摺〉的著作權爭議切入》，載《法學家》2016 年第 4 期。陳文認為該摺並非偽造，並通過文字的比對，認為該摺的作者是梁啟超和康有為，不過筆者以為即便此折衷一些語句與梁啟超的《古議院考》有重合，亦不能證明該摺是兩人合作。筆者贊同汪榮祖的觀點：「宣統辛亥年所輯的《戊戌奏稿》雖不能完全反映戊戌變法期間康氏的主張，卻完全可反映康氏的一貫政治思想。」汪榮祖：《康章合論》，新星出版社 2006 年版，第 9 頁。

〔註48〕參見康有為：《上清帝第二書》，載姜義華、張榮華（編校）：《康有為全集》（第二集），中國人民大學出版社 2020 年版，第 32～33 頁。

為對外之政策，不宜於一國之內，示有異同」。〔註49〕康有為敏銳地意識到消除民族差異的辦法是給每個人以平等的「國民」身份，不論任何一個民族的人，都有相同的國民身份，進而可以產生一個民族認同之外的國家認同，這樣就可以把國家整合起來。康有為後面的觀察更讓人讚歎，他言：「蓋民合於一，而立憲法以同受其治，有國會以會合其議，有司法以保護其民，有責任政府亦推行其政故也。」〔註50〕全國人民作為一個整體同受憲法的治理，有議會可以發表意見，有司法保護，有對其負責任的政府施行他們的政見，這是立憲政體對國民作為國家一分子的平等保護，人民可以觀點不同，但都可以認同這個立憲政體而為國民。康有為提出這個觀點極有啟發性和原創性，很有此後西人提出的憲法愛國主義（constitutional patriotism）的意味。〔註51〕

　　康有為主張在立憲政體下「民合於一」還有另一層含義，就是在消除各個民族之間的矛盾和保留一定差異的同時，將他們統一到一起，形成一個新的民族（nation）───一個「高於內部各民族認同的國家民族」，〔註52〕或者說國族，也就是「舉國四萬萬人之身為一體，合四萬萬人之心為一心」。〔註53〕當國族形成，這個國族的成員擁有國民身份，因國民身份而認同國家，這樣讓過去的民族身份消除了政治性，民族變成了族群（ethnic group）。康有為認為「民合於一」的歷史基礎是中國之國統悠久，境內民族「一切禮文，皆從周、孔，久為中國正統矣」。清代滿人享有許多特權，因此康有為建議去除滿漢名籍之分，進而消除人民心中之隔閡，並定國名為「中華國」，然後「滿、

〔註49〕康有為：《請軍民合滿漢不分摺》，載姜義華、張榮華（編校）：《康有為全集》（第四集），中國人民大學出版社 2020 年版，第 425 頁。

〔註50〕康有為：《請軍民合滿漢不分摺》，載姜義華、張榮華（編校）：《康有為全集》（第四集），中國人民大學出版社 2020 年版，第 425 頁。

〔註51〕憲法愛國主義是德國學者馮·多爾夫·斯登貝格（Von Dolf Sternberger）於 1979 年提出的概念，後被哈貝馬斯（Jürgen Habermas）等學者發揮，是當代歐洲著名的憲法與政治思想，意指公民對國家的認同建立在憲法所保護的價值之上，從而將民族認同放到次要位置。參見（德）馮·多爾夫·斯登貝格：《憲法愛國主義》，陳克勳、賴駿楠譯，載《清華法治論衡》2009 年第 2 期；（德）揚─維爾納·米勒：《憲政愛國主義》，鄧曉菁譯，商務印書館 2012 年版。

〔註52〕常安：《民族問題研究與中華民族共同體意識培育》，《原道》2015 年第 2 期。

〔註53〕康有為：《請軍民合滿漢不分摺》，載姜義華、張榮華（編校）：《康有為全集》（第四集），中國人民大學出版社 2020 年版，第 426 頁。

漢及蒙、回、藏既同隸一國，並當同為中華國人」。〔註 54〕

康有為還提倡在蒙、回、衛藏設置學校，教授「經書文字語言風俗」，此種雖有以夏變夷之古代思想痕跡，但亦是新國族構建不可或缺的手段，一個國族只有國家認同和憲法認同，沒有文化的共通之處和文化認同，一個國族亦難以形成。康有為還建議改國號為「中華」。民族整合是國家整合的一個重要方面，康有為對這一點的看法尤其深刻，他以一種國族的立場來看問題，而不是傳統的夷夏之辨或西方激進的民族主義。而對比康有為用「民合於一」的方式對中華國族的構建，梁啟超 1902 年在《中國學術思想變遷之大勢》一文中提出影響深遠的「中華民族」這一概念，可能或多或少受到康有為的影響。民國時期，顧頡剛引起極大關注的文章《中華民族是一個》，也和康有為的觀點有不少相似之處。〔註 55〕

2.3.5　小結

這一時期，康有為希望通過變法立憲來重塑國家，進行根本性的制度改革，在這個立國的過程中憲法只是工具，對憲法的具體功能和作用著墨不多，所以這時康有為論述的立憲中的憲法很大程度上只是個「政府組織法」。康有為看重的是議院對立國的作用，以此推動國家變革和制度轉型，而使國家富強昌盛。他致力於探討國民整合，建設國族，希望在立憲的同時國家不至於分裂。不過值得注意的是富強只是手段，而真正的目的是要國家之維繫與發展，內政清明，在國際上有獨立自主的地位，國家統一，不受別國侵略。所以有人批評康有為「保中國，不保大清」。立憲是為了立國，而富強是為重塑一個新的國家。

2.4　立憲的方式與虛君共和國

康有為流亡海外之後，在撰述闡釋儒家經典的著作之外，亦關注國內的局勢，參酌外國經驗思考中國國家發展問題。當時，革命派主張通過革命建

〔註 54〕參見康有為：《海外亞歐美非澳五洲二百埠中華憲政會僑民公上請願書》，載姜義華、張榮華（編校）：《康有為全集》（第八集），中國人民大學出版社 2020年版，第 415 頁。

〔註 55〕關於梁啟超提出「中華民族」概念和顧頡剛的《中華民族是一個》，參見黃興濤：《重塑中華：近代中國「中華民族」觀念研究》，北京師範大學出版社 2017年版。

立共和國，他們的言論在海內外都產生了極大影響，為此康有為撰寫長文闡述君主立憲制和虛君共和，發表在海外保皇派創辦的報紙上，與海外革命派辯論。武昌起義發生後國內形勢大變，康有為的立憲思想與時俱進，不再提君民共治，而是將君主神聖化成為國家象徵，而著重論述虛君共和如何優於革命共和，以及虛君共和對於立國之意義。

2.4.1　中國只可行立憲不可行革命

康有為流亡期間，革命黨人在海外的活動日益頻繁。和康有為一樣，海外華人是革命黨在海外活動的主要對象和受眾。康有為理解革命的目的亦是為了立憲，但是他對革命帶來的破壞性甚為憂慮。在他看來，歐美諸國富強的原因是因為立憲「定君民之權」，人民因此有了自主之權。而這些國家中僅有法國是革命立憲，但該國立憲後之情況與專制國俄國並無不同。而且「今各國之憲法，以法國為最不善，國既民主，亦不能強，能革其君，而不能革其世爵之官」，〔註56〕所以法國官員對人民的壓榨嚴重，人民的生活狀況不如歐洲其他國家。

康有為反對革命立憲，或言民主立憲。在康有為的視野裏，民主類似於西方政治思想史上的民主的原始含義，因為在 19 世紀以前民主在西方從來不被認為是一個「好東西」，因為它代表著暴民政治和混亂。〔註57〕所以在他的論述中，民主立憲基本是革命立憲的代名詞。但康有為又看到近代國家民主之大勢，所以他認為需要人民程度提高後才能實行民主政治。他把君主專制、立憲、民主與《春秋》中的據亂世、升平世、太平世對應起來，視為一個政治發展的過程。但這個過程是循序漸進的，不能跳躍式發展，不然國家會產生混亂，法國就是混亂的代表。康有為言革命黨者們鼓吹的平等、民權等觀念都是他首先在中國提倡的，不是他反對這些觀念，而是時機未到，進而言：「歐洲須由立憲君主，乃可漸致立憲民主；中國則由君主專制，必須歷立憲君主，乃可至革命民主也。」〔註58〕所以康有為以歐洲各國的經驗為基礎，

〔註56〕康有為：《答南北美洲諸華商論中國只可行立憲不能行革命書》，載姜義華、
　　　　張榮華（編校）：《康有為全集》（第六集），中國人民大學出版社 2020 年版，
　　　　第 313 頁。

〔註57〕參見王紹光：《民主四講》，生活·讀書·新知三聯書店 2014 年版，第 13～
　　　　33 頁。

〔註58〕康有為：《答南北美洲諸華商論中國只可行立憲不可行革命書》，載姜義華、
　　　　張榮華（編校）：《康有為全集》（第六集），中國人民大學出版社 2020 年版，
　　　　第 325 頁。

認為「君主民主皆虛位」，只要立憲「定君民之權」，人民有權利，就可「得自主自由之樂」。〔註59〕而且民權自由與革命並無直接關係，革命後往往是專制。

康有為立陳實行革命立憲方略之危害。第一，革命立憲會使國家分裂，人民生靈塗炭。他以法國革命為例，說明革命後國家權威盡失，中國的各地方勢力會群起而爭之，中國「內亂相殘」，外人會乘虛而入。中國會淪為像印度一樣分裂的境地，請求外國來維持秩序更是不可能。第二，革命立憲不能帶來民權和自由。歐洲國家大多數都有自由和民權，但是只有法國發生了革命。真有為國為民之心，其實不必以革命的方式實現，「革命者之言民權自立，不過因人心之所樂而因以餌之，以鼓動大眾，樹立徒黨耳！假令革命果成，則其魁首長且自為君主，而改行壓制之術矣」。〔註60〕能帶領革命成功的人，智力和權術必然不一般，而且一定手握兵權，革命者之間的鬥爭在歷史上亦是不勝枚舉，所以革命後多半建立的是專制政權，因為「人心未化之國，非極其梟雄術略之人，肆其殺戮專制之權，必不能定之也」。華盛頓那樣的人對革命後的國家來說是可遇不可求，況且中國不可能出現華盛頓那樣的人。第三，革命立憲破壞國家能力。在既有國家基礎上立憲可使「國勢安固」，而革命則會帶來大亂，一時難以重建國家權威，帶來新的秩序。所以最上之策是「先以專制之君權變法」，因為皇帝可維持國家的穩定，國家有能力進行變法立憲。而且革命立憲後的中國極可能像印度一樣亡國。第四，革命立憲會讓國族分裂。革命者聲言立憲的前提是民族革命，但是康有為認為滿蒙與漢人是同種，而且歷史上中國有多次的民族融合，「諸蠻相雜，今無可辨」，所以中國境內各族本為一體。革命立憲是在既有的融合基礎上再次製造分裂。所以康有為提倡「只有所謂中國，無所謂滿、漢」。〔註61〕他同時批判革命派錯誤地利用了歐洲的民族主義，歐洲的民族主義是為了民族和國家的整合，而中國的革命派則是利用民族主義製造分裂。他還在法國遊記中用很大篇幅論

〔註59〕康有為：《答南北美洲諸華商論中國只可行立憲不可行革命書》，載姜義華、張榮華（編校）：《康有為全集》（第六集），中國人民大學出版社2020年版，第314頁。

〔註60〕康有為：《答南北美洲諸華商論中國只可行立憲不可行革命書》，載姜義華、張榮華（編校）：《康有為全集》（第六集），中國人民大學出版社2020年版，第318頁。

〔註61〕參見康有為：《答南北美洲諸華商論中國只可行立憲不可行革命書》，載姜義華、張榮華（編校）：《康有為全集》（第六集），中國人民大學出版社2020年版，第329頁。

述法國革命立憲之過程，並與中國比較，詳述革命立憲的危險之處。〔註62〕

　　基於以上對革命立憲之害的闡述，康有為認為：「中國只可以行君主立憲，不能行共和革命，若行革命，則內訌紛爭，而促外之瓜分矣。若立憲法，君民同治，滿漢不分，則以萬里之地，四萬萬之民，有霸地球之資焉。」〔註63〕但中國的政治形勢並沒有往他指出的方向發展，而是向相反方向越走越遠，其中苦澀不必詳表。縱觀中國 20 世紀跌宕起伏的歷史進程，軍閥割據之亂，革命鬥爭之苦，康有為對中國形勢和革命觀察之深刻與準確，實在讓人讚歎。漢娜・阿倫特曾在《論革命》一書中言，如果不是以自由立國的革命，革命終將「吞噬了自己的孩子」，〔註64〕這與康有為之論述有異曲同工之妙。基於對中國形勢的判斷和對革命立憲的警惕，在國家政權建設上，康有為主張通過君主立憲建立一個中央集權的國家。

2.4.2　中央集權

　　康有為對中央集權的論述從清末官制的弊端開始，他認為與歐洲各國相比，中國國土遼闊，人口眾多，加之交通不便，雖然中央的官僚體系龐大，但行政效率低下，中央對地方的控制力較弱，因而導致督撫權力過大，他們「專轄數千里，有同一國，州縣獨斷數百里，無一佐司」。因此政治改革必須從官制改革開始。在康有為看來，「官制有三：一曰為民，一曰為國，一曰國與民之交關」。〔註65〕進而言之，不順從民意，國家就沒有基礎，無根基不可立國；不在乎國家與人民的關係，整個國家的脈絡就不能暢通；不從全局性把握整個國家發展，國家的體制就不能健全，因此則國將不國。故康有為認為中國要進行政制改革，必須「為民莫如地方自治，為國莫如中央集權」。康有為指出西方立憲國家對官員的權限規定分明，因此各級官員可以各司其職，但是中國沒有立憲，所以官員的權限未定，「大官比侵下權」，總督就把握了一個

〔註62〕參見康有為：《法蘭西遊記》，載姜義華、張榮華（編校）：《康有為全集》（第八集），中國人民大學出版社 2020 年版，第 182～205 頁。

〔註63〕康有為：《布告百七十餘埠會眾丁未新年元旦舉大慶典告藏保皇會改為國民憲政會文》，載湯志鈞（編）：《康有為政論集》（上），中華書局 1981 年版，第 598 頁。

〔註64〕參見（美）漢娜・阿倫特：《論革命》，陳周旺譯，譯林出版社 2007 年版，第 33 頁。

〔註65〕參見康有為：《官制議》，載姜義華、張榮華（編校）：《康有為全集》（第七集），中國人民大學出版社 2020 年版，第 264 頁。

省的權力，所以中國之大，總體算得上官員的也就是幾個軍機大臣和二十幾個總督。這些人的意見可以到達中央，但是他們的觀念陳舊，不思進取，不能傳達民情，導致國政不舉。因為「若夫大權不集，皆分於外，欲運動而不能，欲振發而不可，猶夫廢疾之人，其國殆可知矣」。〔註66〕軍隊是立國之關鍵，但是如果財政大權掌握在各省，籌備軍餉、製造軍械都難，因為各省督撫各自為謀，而不為國計。這兩點極為重要，是國家政權建設中國家對國內正當使用暴力權利的壟斷和國家財政汲取能力，〔註67〕所以康有為建議在官制上「多設分職」，將權力集中到中央政府。以歐洲各國為參照，他言：「夫方今歐美各國，無論強弱、大小、治亂，而無不中央集權。舉兵、財二者統之於政府矣。而吾國分張、散漫、失紀如此，其何立於競爭之世哉。」〔註68〕

對中央集權的推崇是因為康有為認為立國需要有效的國家執行力和國家的統一和秩序，因此他特別推崇德國的制度。以中央集權的思想為基礎，康有為有以下幾個觀點。第一，對專制的看法不同。一方面因為民智未開，其他因素也不具備，專制是據亂世可選擇的最好治理方式。另一方面，他認為正因為專制將權力集中，所以有時尚可以「保國」，但是一旦發生共和革命，則國家都可能分崩離析。〔註69〕第二，反對聯邦制。因為在康有為看來，中國自古有大一統的傳統，強盛時期國家一定是統一的，聯邦制分權給地方，是在中國人為地製造分裂，「教令分立」會讓各省之間戰爭不斷。中國如今統一且備受欺凌，分裂為無數個小國的情況也就可想而知了。所以從中國的長遠發展來看，聯邦制十分有害，不僅不可立國，還可能導致國家分裂，外敵入侵。〔註70〕第三，提倡有限的地方自治。康有為主張地方先開設議院，這

〔註66〕 參見康有為：《官制議》，載姜義華、張榮華（編校）：《康有為全集》（第七集），中國人民大學出版社 2020 年版，第 265 頁。

〔註67〕 參見（德）馬克斯‧韋伯：《學術與政治》，馮克利譯，商務印書館 2018 年版，第 44～45 頁；王紹光、胡鞍鋼：《中國國家能力報告》，遼寧人民出版社 1993 年版，第 9 頁。

〔註68〕 康有為：《官制議》，載姜義華、張榮華（編校）：《康有為全集》（第七集），中國人民大學出版社 2020 年版，第 266 頁。

〔註69〕 參見康有為：《法蘭西遊記》，載姜義華、張榮華（編校）：《康有為全集》（第八集），中國人民大學出版社 2020 年版，第 188～189 頁。

〔註70〕 參見康有為：《與同學諸子梁啟超等論印度亡國於各省自立書》，載姜義華、張榮華（編校）：《康有為全集》（第六集），中國人民大學出版社 2020 年版，第 349 頁；康有為：《共和政體論》，載姜義華、張榮華（編校）：《康有為全集》（第九集），中國人民大學出版社 2020 年版，第 248 頁。

樣可以消解人民的不滿，讓上下通情，對國家籌款亦很有利。而且人民既得民權，革命就沒了藉口。〔註 71〕在辛亥革命之後，康有為延續這一思路提出「廢省」的設想，因為在他看來，省的單位過大，分解了國家權力，會讓國家有分裂的危險。

康有為的問題意識來自清末鎮壓叛亂而導致地方軍事實力的興起，帶來了督撫權力擴張和地方軍事化，中央對地方的控制力不足，國家能力大幅減弱。國家能力的減弱會讓國家無法把自己的政策執行下去，還可能導致國家分裂。所以康有為看重國家的統一和秩序的維持以及政府的執行能力，立憲必須配合足夠的國家能力和政府執行力，〔註 72〕而集權是提高國家能力最有效的途徑之一，無論是民主還是非民主國家，「『強』國家總能夠提供比『弱』國家更佳的治理結果」。〔註 73〕但是從康有為的論述來看，說他主張中央集權，不如說他主張將中國建設成一個中央政權擁有強執行力的單一制國家，因為根據當時清王朝的情況，他認為聯邦或者分權給地方可能會帶來國家分裂，也不利於國家整合與發展。用康有為自己的話說就是：「以政體言之，中國土地之大，人民之多，道路未通，種族不一，非有強力之政府，必不能統治之。」〔註 74〕這種思想一以貫之，在康有為中民國時期起草的憲法草案中，他給強力政府之上又設計了一個強勢的總統。

2.4.3　開國會而行立憲

在海外流亡生涯中，康有為對立憲有更深的闡述，他依然是從開國會的角度來論述立憲的意義。在康有為看來，按三權分立之說，議院是立法之地，但議院更重要的作用是可以「合一國之民心，舉一國之賢才，而議定一國之政」。

〔註 71〕 參見康有為：《論省、府、縣、鄉議院宜亟開為萬事之本》，載姜義華、張榮華（編校）：《康有為全集》（第八集），中國人民大學出版社 2020 年版，第 98 頁。

〔註 72〕 參見金欣：《憲法整合視野下的晚清立憲運動——兼論憲法整合功能發揮的基本條件》，載《江漢學術》2017 年第 4 期。

〔註 73〕 參見閻小駿：《當代政治學十講》，中國社會科學出版社 2017 年版，第 159 頁。康有為亦言：「若夫修舉百政，黜陟群司，興利除害，以為國利民福者，不能不付權於政府以行之。故國無論君主民主，未有不中央集權也。」康有為：《中華救國論》，載姜義華、張榮華（編校）：《康有為全集》（第九集），中國人民大學出版社 2020 年版，第 319 頁。

〔註 74〕 參見康有為：《共和平議》，載姜義華、張榮華（編校）：《康有為全集》（第十一集），中國人民大學出版社 2020 年版，第 3 頁。

康有為認為中國要立憲，最合適的方式就是立即開議院，議院是將國家事務「合民心而為之」，「開議院則人有政權，民氣得伸，民願得達，民隱皆周。人有參政治責任，則民智日開，民才日長，民力日厚，國民之資格進而國之資格自進矣」。〔註75〕所以在康有為眼中，立憲開議院可以從民間吸取國家需要的人才，用政治參與的方式獲取民心，整合不同的意見，起到國家整合的作用。而同時國會亦有開民智之功效，還可以塑造國民的國家認同。康有為極為看重立憲體制中人民的參與，言這是立憲政體與專制政體靠一人決策之最大不同，他比較了憲政與專制之異同，說：「夫憲政所以與專制異者，專制之政，望之一賢君而足矣，憲政如織絲布以為衣，累磚石以為室，君民一一，皆當精好，苟有一絲一縷之敗，一瓦一木之腐，則全衣失觀，盡室傾倒矣。」〔註76〕他繼而總結說：「故憲政者，合君民而共圖治者也。」憲政是君民共治，議院則是人民進行有序政治參與的最有效途徑，亦是憲政秩序發展的推動力之一。

康有為以日本明治憲法為例說明國會的運作對建立立憲政治的重要性。日本的方式是國家先決定開議院，採各國憲法之長處用於本國，擬定憲法。然後「人知憲法之必立，議院之必開，則民氣自奮，人才自出。經累年之講求，則憲法自善，議例自宜」。〔註77〕憲法制定好之後再實施，康有為認為這樣的方式比倉促行事的立憲要高明許多。所以根據中國實際情況，中國民智未開，政黨人才亦不足，立憲需要一定時間。康有為這樣的觀點依然針對的是革命派的革命立憲觀，認為要建立立憲政體，以革命的方式驟然改變國家政制建立立憲體制，並不能成功。而立憲需要從開國會起循序漸進地進行。同時康有為也認識到憲法本身只是一種法律，需要政治權威去推動它的運行，他言：「夫立憲不過空文耳，苟無國會守之，則亦如宗教之經義耳，故商民等以為真欲救國，必先立憲，真欲立憲，必先開國會。」〔註78〕因此他認為清

〔註75〕康有為：《官制議》，載姜義華、張榮華（編校）：《康有為全集》（第七集），中國人民大學出版社 2020 年版，第 267 頁。

〔註76〕康有為：《布告百七十餘埠會眾丁未新年元旦舉大慶典告藏保皇會改為國民憲政會文》，載湯志鈞（編）：《康有為政論集》（上），中華書局 1981 年版，第 600 頁。

〔註77〕康有為：《官制議》，載姜義華、張榮華（編校）：《康有為全集》（第七集），中國人民大學出版社 2020 年版，第 267 頁。

〔註78〕康有為：《海外亞美歐非澳五洲二百埠中華憲政會僑民公上請願書》，載姜義華、張榮華（編校）：《康有為全集》（第八集），中國人民大學出版社 2020 年版，第 413 頁。

廷派大臣出洋考察政治對憲法之制定無益，憲法應該讓納天下之英才的國會之議員「公定之」。

康有為亦論述了憲法下的自由。他認為西人之所以提出自由之觀念，是因為西人歷史上受到較多的壓制，自由產生於「歐洲封建奴民之制」，當時天主教對人民壓制之極，所以「志士大倡此以紓民」。而中國與之完全不同，中國歷史上並無歐洲那樣嚴酷的壓制，所以中國兩千年來都有平等自由。英文裏的 freedom 尚有法律的意涵，而日本人將其譯為「自由」，則成了「無拘無管，任情恣意」的意思。而事實上，西人憲法中所謂的自由也並不是為所欲為的「普遍自由」，只是人們享有法律列舉的自由，也就是說這些是法律之下的自由。〔註79〕康有為的論述讓人想起西塞羅的名言：「為了自由，我們才服從法律。」而在康子看來，所謂自由首先是「己所不欲，勿施於人」，其次是個人和群體的權利界限，最後是處理好每個人自由之間的界限關係，因為一個人的自由可能損害另一個人的自由，所以憲法和法律對自由極為重要。因此，康有為認為革命派以自由之名進行革命立憲是沒有根據的。而立憲是應該通過先開國會，促進人民參與，以循序漸進的方式進行。

2.4.4　虛君共和國

1908 年，清廷在各方的壓力之下公布了《欽定憲法大綱》，但是三年後武昌起義爆發，革命形勢不可逆轉。不久康有為撰《救亡論》申述虛君共和之內涵與意義，仍然反對革命立憲。因為國家形勢的變化，康有為對立憲的認識和陳述更坦率和直白，對皇帝在立憲政體中的地位也不再那麼語焉不詳。在他看來，歐洲人將「國為公有」稱作 constitution，日本人將其譯為立憲，是為了說明「君民同受於法律之中」。與傳統的專制制度不同，因國家為全體國民公有，所以君主除了地位稍高，也只是國民中的一分子而已。進而言之：「立憲國者，國為公有，君民共之；專制國者，國為君有，一人私之，專制國為君所私有，舊世之義也，立憲國為全國人所公有，新世之義也。」〔註80〕各國人民為國家公有鬥爭努力，國君也應該順應形勢，「舉國而公之」。而中國已經有了憲法，算是立憲國，國為公有，國體已成為「虛君共和國」。國為

〔註79〕參見康有為：《物質救國論》，載姜義華、張榮華（編校）：《康有為全集》（第八集），中國人民大學出版社 2020 年版，第 68～70 頁。

〔註80〕康有為：《救亡論》，載姜義華、張榮華（編校）：《康有為全集》（第九集），中國人民大學出版社 2020 年版，第 227 頁。

公有本身就是大革命，革了君主的命，因此再談革命已無意義。

康有為認為在「虛君共和國」裏，「所謂君主者，不過如宗子之世給其田，歲時衣冠主祭云爾」。因為在這樣的國家裏，政治問題由國會來討論，政府由多數黨組織，「君主不過端拱受成而已」，所以「立憲國第一大義曰，君主不負責任，君主不能為惡」。〔註81〕康有為總結說：「故立憲云者，以君私有之國改為公有，以人君無限之權改為最高之世爵之總代名詞云爾。憲法者，以君私有之國改為公有，以人君無限之權改為最高之世爵官權之約章云爾。」〔註82〕在康有為看來，立憲之後，君主的特權已經失去，變成了某種傳統榮譽的象徵，與爵位無異，而憲法是這個改變的政治契約。可以用白芝浩（Walter Bagehot）的話說，此時「已將君主的尊嚴降到普通人生活的水平上」，〔註83〕君主議政之權給了國會，司法之權給了法官，軍權給了軍事部門，君主成了虛名的國家元首。那麼既然天下為公，君主之權被分解，從至高無上的位置上退下，君主變成爵位，只是虛名，那麼保存君主的意義又何在？

康有為設問道：「夫立憲君主，為一極無權之人，極無事之人，極無所用之人。昔人所稱木偶者，幾無以異。不獨其賢否無關於國民也，並與政事不相關焉，實則與國民不相關焉。蓋立憲國與共和國無少異，則立此君主何為哉。」〔註84〕即便如此，歐亞的許多國家卻花不少財力供養這個「虛位虛名」的「木偶」，人民還尊敬他們。而且歐洲歷史上許多國家還迎外國人來當自己的國王。在康有為看來，正因為君主無權，政治鬥爭只會爭取政府首腦，而國家則始終是穩定的。此時的國君就像一個神，如憲法大綱中規定的「神聖不可侵犯」，人們需要一個像神明一樣的東西去尊重，這也就是迷信和神道不能滅的原因，所以在他認為立憲君主是「專為彈壓不爭亂而立」，君主在中國有四千年的歷史，一旦廢除，則可能產生爭亂。〔註85〕在沒有君主的時代，

〔註81〕康有為：《救亡論》，載姜義華、張榮華（編校）：《康有為全集》（第九集），中國人民大學出版社2020年版，第227頁。

〔註82〕康有為：《救亡論》，載姜義華、張榮華（編校）：《康有為全集》（第九集），中國人民大學出版社2020年版，第228～229頁。

〔註83〕（英）沃特爾·白芝浩：《英國憲法》，夏彥才譯，商務印書館2005年版，第85頁。

〔註84〕康有為：《救亡論》，載姜義華、張榮華（編校）：《康有為全集》（第九集），中國人民大學出版社2020年版，第234頁。

〔註85〕參見康有為：《救亡論》，載姜義華、張榮華（編校）：《康有為全集》（第九集），中國人民大學出版社2020年版，第235～236頁。

康有為認為孔子的後人衍聖公可以擔當此任，來穩定國家。〔註 86〕康有為對君主功能的分析隱含了「國王的兩個身體」，〔註 87〕一個是君主的肉身，在虛君共和制下已失去權力，變成了一個普通人，但是君主作為國家符號和象徵的公共身體仍然可以為國家的整合與發展發揮許多作用。這種作用在英國有悠久的歷史傳統，20 世紀許多國家的憲法或憲法性法律中都明確規定了君主的國家象徵和整合作用，比如 1931 年英國的《威斯敏斯特法》、1947 年的《日本國憲法》和 1978 年的西班牙《憲法》都規定了君主是國家的象徵，具有國家整合的作用。〔註 88〕所以，康有為的擔心並不是沒有道理，四年後美國人古德諾（Frank Johnson Goodnow）就寫出《共和與君主論》一文，認為與共和制相比，君主制更適合中國。但人心已變，形勢比人強，想當實權皇帝的袁世凱在人民的唾罵中絕望的死去。這個歷史的小插曲只能證明康有為對君主問題看法的深刻性。康有為擁護作為國家象徵和統合符號的君主，但反對有實質權力的君主，袁世凱稱帝後，他立即發表通電希望袁世凱退位。

在《共和政體論》中，康有為認為立憲民主政體與總統共和政體不適合中國。在他看來，民主共和政體較為「安樂」的只有瑞士和美國，瑞士是一個小國，與中國沒有可比性。美國開國時也不過三百萬人，沒有君主，大部分人都是清教徒，所以也和中國不同。而且學習美國制度的法國和拉美國家皆紛亂不止，因此有些歐洲國家在革命之後又重新建立了君主政體。而在法國的總統共和政體中，「總統代表虛王」，導致了總統與總理爭權，相互牽制，難行其志，因此國家在發展上落後於日本和德國。所以，康有為認為虛君共

〔註 86〕1911 年 11 月，康有為就提出可以擁立孔子後人衍聖公為虛君，但是他也擔心衍聖公僅合漢人之心，無法整合蒙、回、藏等少數民族地區。參見康有為：《與黎元洪、黃興、湯化龍書》，載姜義華、張榮華（編校）：《康有為全集》（第九集），中國人民大學出版社 2020 年版，第 209～210 頁。民國時期衍聖公受國民政府禮遇，主持祭孔。亦可對比當代新儒家對國家政制的設想，比如蔣慶設計的國家制度中有「國體院」，其中就包括孔子的後人。參見蔣慶：《再論政治儒學》，華東師範大學出版社 2011 年版。

〔註 87〕參見 Ernst H. Kantorowicz 對中世紀歐洲國王兩個身體的研究，參見 Ernst H. Kantorowicz, The King's Two Bodies: A Study in Mediaeval Political Theology, Princeton University Press, 1957。亦參見 Bertelli Sergio & R. Burr Litchfield, The King's Body: Sacred Rituals of Power in Medieval and Early Modern Europe, Penn State University Press, 2010。

〔註 88〕參見（日）蘆部信喜：《憲法》（第六版），高橋和之補訂，林來梵等譯，清華大學出版社 2018 年版，第 34～35 頁。

和制才是最適合中國的優良政體。1917 年，在發給馮國璋的電文中，康有為仍然強調：「民主政體實不適於中國，今非行虛君共和不可矣。」〔註89〕

在康有為看來，虛君共和立憲的優點有三。首先，虛位的君主是國家和行政系統的中心。康有為言：「蓋虛君之用，以門地不以人才，以迎立不以選舉，以貴貴不以尊賢。夫兩雄必不並立，才與才相遇則必爭。故立虛君者，不欲其有才也，不欲其有黨也，然後冢宰總百官以行政，乃得專行其志，而無掣肘之患一也。」〔註90〕虛位之君主僅僅是象徵性的國家元首，百官以其為中心行政，而不會被其牽制。其次，虛位的君主可以在黨派競爭總統時穩定國民。康有為解釋說：「夫立憲之法，必以國會主之，以政黨爭之，若無虛君而立總統，則兩黨爭總統時，其上無一極尊重之人以鎮國人，則陷於無政府之禍，危恐孰甚。」〔註91〕虛位君主之存在，可以讓政黨的紛爭僅停留在政見之爭上，而不會變成政治鬥爭，危及國家的統一和政府的穩定。因此，康有為認為虛位之君必須世襲，這樣才能「久確而堅固」。因為禁止公選才不會形成黨派，君主也不需要有才能，才會免於與實際行政人員爭權，然後內閣才能自如地執行自己的政策，國家才可能強大。最後，虛位君主可以穩定民心，整合國家。康有為以葡萄牙為例，認為該國君主不變，政府首腦：「若不善則期年數月而易之，民心不積恨，而禍患可不發。」〔註92〕由此看來，康有為推崇的是君主立憲的議會制，看重它的穩定性，特別是在中國傳統政治秩序解體之後，可能出現社會和政治失範的情況下。因此他極力稱讚英國的制度，言：「歐人言法理者以英為共和國，實為萬國憲法之祖，而政體之至善者也。」近些年，有學者對第三世界政治發展與政體變革的研究，可以支持這一觀點。在國家轉型時期，議會制比總統制更穩定，更利於國家轉型。〔註93〕康有為不僅看

〔註89〕康有為：《致馮國璋電》，載姜義華、張榮華（編校）：《康有為全集》（第十集），中國人民大學出版社 2020 年版，第 417 頁。

〔註90〕康有為：《共和政體論》，載姜義華、張榮華（編校）：《康有為全集》（第九集），中國人民大學出版社 2020 年版，第 243 頁。

〔註91〕康有為：《共和政體論》，載姜義華、張榮華（編校）：《康有為全集》（第九集），中國人民大學出版社 2020 年版，第 243 頁。

〔註92〕康有為：《共和政體論》，載姜義華、張榮華（編校）：《康有為全集》（第九集），中國人民大學出版社 2020 年版，第 243 頁。

〔註93〕參見 Juan J. Linz, Presidential or Parliamentary Democracy: Does it Make a Difference? in Juan J. Linz & Arturo Valenzuela (eds.), The Failure of Presidential Democracy (Vol. 1), Johns Hopkins University Press, 1994, pp. 3～89。

到了這一點，他還著重論證了虛位君主的超然地位及其對國家政治穩定和整合的作用，目前並不清楚康有為是否曾接觸到白芝浩的著作，但是二人的論述有異曲同工之處。〔註94〕

康有為認為立憲與共和本無實質上的差別，只是一個有君主，一個沒有君主而已。康有為之所以強調立憲的君主制，一方面是他認為保留虛位君主有本章前節所述三點好處，另一方面是因為在他看來，共和本身可能與革命和民主相連接，後兩者都極有破壞性。而在政體的分類上，專制和立憲皆有君主，立憲與共和都會保障民權，所以共和的君主雖有君主之名，但是實質上與共和無異。而任何事務皆有主體，專制君主以君主為主體，立憲君主以立憲為主體，虛君共和是以共和為主體，君主是從體，並不是君主制，君主只是人民共同尊重的一個「土偶之神」而已，實權在總理大臣。所以「立憲猶可無君主，而共和不妨有君主」。〔註95〕因此在康有為看來，適合中國的政制是建立一個君主立憲制的「虛君共和國」，這樣君主可以保持國家的穩定，而共和可以保障民權，使國家穩定發展，人民安康。

2.4.5　小結

康有為的出發點是在國家統一之下的漸進改革，他闡述了一種演進式的憲政發展模式。因此康有為反對革命立憲，認為革命會破壞國家，讓國家四分五裂，只有君主立憲才能在保持國家穩定和完整的前提下把國家導向立憲政治。同時，康有為主張國家必須是中央集權的，一方面是因為中國有大一統的傳統，另一方面是聯邦制必然會導致中國分裂。此外他對立憲政治的理解也更深了一層，他認為國會本身除了立法等功能之外，亦有政治吸納和政治參與之功效，可以促進國家的整合，而人民參與則體現了立憲政治君民共治之本質。

康有為視野中的立憲必須要在國家統一併保持較強國家能力的前提下進行。借助曼對國家權力的區分，康有為主張的君主立憲是要國家先保持一定的專制性能力，在維持或建設國家基礎性權力的基礎上漸進地進行立憲改革，而革命立憲則是希望通過激進的劇烈變革大幅提高國家的專制性能力，進而建立立憲政體。革命立憲的過程可以產生一個阿克曼所言的「憲法時刻」

〔註94〕參見（英）沃特爾·白芝浩：《英國憲法》，夏彥才譯，商務印書館 2005 年版，
　　　　第 81～91 頁。
〔註95〕康有為：《共和政體論》，載姜義華、張榮華（編校）：《康有為全集》（第九集），
　　　　中國人民大學出版社 2020 年版，第 245 頁。

（constitutional moment），〔註96〕但是正如康有為預言的，許多國家並沒有那麼幸運，會遇到華盛頓式的政治人物，革命快速地提高了國家專制性權力之後，所帶來的往往會是專制，而不是一個立憲政體。另外，康有為極力主張虛君共和制，是因為他看到了國君作為國家象徵對國家整合的意義，國家在轉型時期需要有國君這樣的整合符號，〔註97〕國君對國家整合和發展有重要的作用。但是革命派傳播的民族主義已經深入人心，康有為的深刻觀察只會被認為是時代的反動力，並沒有引起人們的足夠重視。

2.5　共和的危機與立憲國家的國教

武昌起義後，國家形勢發生了巨大變化，革命形勢一日千里，但隨之而來的是軍閥割據，民不聊生。舊的社會規範已經被革命打破，新的規範還建立不起來，各種新舊思潮在社會上碰撞。「上帝死了」，禮崩樂壞，新共和國出現的這些問題正是康有為曾經擔心的。

1912 年清帝退位，共和已成事實，康有為並沒有留戀他曾經極力提倡的君主立憲制，而是作為時代的批評者，抨擊共和帶來的亂象。面對新共和帶來的社會和政治危機，康有為提出了將孔教改造成國教，來挽救道德敗壞和世風日下的社會狀況，並對這些問題進行了理論的探索和實踐的嘗試。

2.5.1　共爭共亂

在康有為看來，新共和國的建立，不只是對清王朝的革命，更是一掃中國幾千年的專制制度。但康有為看到新共和國國家能力的虛弱，所以他以日本和德國為例，提出「以國為重」。共和雖然是平民政治，但是「不保其國，民無依託，能強其國，民預榮施，以國為重，而民少從輕」。國家是人民權利的基礎，沒有強大的國家，民權亦無法保障。而且特別是在列國競爭的時代，「重民者仁，重國者義，重民者對內，重國者對外」。〔註98〕康有為以美國憲法為例，說明國家和政府為保人民之幸福和財產而立，此乃共和國之「天經

〔註96〕參見（美）布魯斯·阿克曼：《我們人民：奠基》，汪慶華譯，中國政法大學出版社 2013 年版，第 3 頁。

〔註97〕參見林來梵：《憲法學講義》（第二版），法律出版社 2015 年版，第 181～184 頁。

〔註98〕康有為：《中華救國論》，載姜義華、張榮華（編校）：《康有為全集》（第九集），中國人民大學出版社 2020 年版，第 309 頁。

地義」。但是中國建立的共和國卻並不如此，共和國建立數月以來的景象卻是：
「悍將驕兵之日變，都督分府之日爭，士農工商之失業，小民之流離餓斃。
紀綱盡廢，法典皆無，長吏豪猾，土匪強盜，各自橫行，相望成風，刮則擇肥
搏噬，仇害則焚殺盈村，暗殺則伏血載途，明亂則連城陳戰。搶掠於白晝，勒
贖於大都，脅擊於公會，以至私抽稅賦稅，妄刑無辜，兵變相望，叛立日聞，
莫之過問也。」〔註99〕這種亂象，人民無法尋求救濟，共和國並不能保障人
民的權利。所以康有為感歎，新的國家「號為共和，而是共爭共亂；號為自
由，而實為自死自亡；號為愛國，而實賣國滅國」。〔註100〕

　　為何新的共和國有如此亂象？在康有為看來，新的共和國進行了一場過於
激烈的革命，不僅進行了種族革命和政治革命，還進行了「禮俗革命」，「一切
社會盡革之」，而使社會「後顧無依，前趨無宿，陟危峰，臨斷崖，而風雨晦暝
也」。〔註101〕康有為以服制為例說明對禮俗的革命，言：「凡舊制之典章服朔，
不問其是非得失而皆除之，凡法、美之政教風俗，則不較其是非得失而皆從之」，
〔註102〕破壞了中國數千年來的風俗習慣，導致「綱紀盡破，禮教皆微」，所以
國家難以治理。而英國的國家治理是新舊制度並存，美國革命之後也保留了許
多英國的典章制度，中國傳統的綱紀禮俗和舊法是幾千年來經驗的累積，是經
過時間淘汰後的結果，新的共和國沒有制禮作樂，所以應該延續舊法，而不是
輕易放棄。但新共和國一切的維新，都向著康有為批評的方向越走越遠。因此
革命放棄和破壞舊法制和習俗的結果是「民無所從，教無所依，上無所畏於天
神，中無所尊夫教主，下無所敬夫長上，綱紀掃地，禮教土苴」。〔註103〕舊的
規則被革命破壞，國家卻沒有能力建立起新的規則，導致人民無所依從，無所

〔註99〕康有為：《中華救國論》，載姜義華、張榮華（編校）：《康有為全集》（第九集），
　　　　中國人民大學出版社 2020 年版，第 309 頁。

〔註100〕康有為：《中華救國論》，載姜義華、張榮華（編校）：《康有為全集》（第九
　　　　集），中國人民大學出版社 2020 年版，第 310 頁。

〔註101〕參見康有為：《中華救國論》，載姜義華、張榮華（編校）：《康有為全集》（第
　　　　九集），中國人民大學出版社 2020 年版，第 315 頁。

〔註102〕康有為：《中華救國論》，載姜義華、張榮華（編校）：《康有為全集》（第九
　　　　集），中國人民大學出版社 2020 年版，第 315 頁。民初制定的《服制》確實
　　　　全盤西化，但是後來制定的《服制條例》等法令中設計的服裝都吸收了長袍
　　　　馬褂和旗袍等傳統服裝。參見楊奎松：《「問道於器」——辛亥以來國人著裝
　　　　「西化」的成因與經過》，載《近代史研究》2020 年第 5 期。

〔註103〕參見康有為：《中華救國論》，載姜義華、張榮華（編校）：《康有為全集》（第
　　　　九集），中國人民大學出版社 2020 年版，第 315 頁。

畏懼，進而導致道德敗壞，產生了無數暴民。

康有為看到了共和政治中道德的重要性。他認為共和政治就是人民自治，但是有道德心的人才能自治，並進行自我約束，按規則、規律矯正自己的行為，這其實是一種修身的行為。所以沒有道德，法律也是無能為力的。因此在康有為看來：「蓋共和自治者，無君主長上之可畏，則必上畏天，中畏法，內畏良心，然後有整齊嚴肅之治，不然，則暴民橫行而已，盜賊亂國而已。」〔註104〕這種對共和之理解既有儒家心學之特徵，也抓住了共和主義傳統中關於「公民美德」（civic virtue）論述之精髓。〔註105〕

所以，共和政治的完善要從法律和道德開始，立法本身在康有看來並不是多麼困難的事情，法律的良好運行還需要道德。因此挽救革命後禮崩樂壞、共爭共亂的狀況，化解共和政治的危機關鍵是提高人民的道德之心。康有為認為只有建立以孔子為教主的國教才能挽救人民的道德之心，進而立憲立國。

2.5.2　孔子之教

康有為在戊戌變法時期就提出以孔教為國教之設想。其時康有為認為中國自古民間信仰多神，並沒有一個專門的教主，但考中國之歷史傳統，「孔子實為中國之教主，而非謂學行高深之聖者也」，漢武帝時「儒學一統，二教敗亡，孔子為中國教主，乃定一尊」，孔子之教從此不僅影響政治教化，還逐漸融入中國普通人的日常生活之中，人們的一切行為無不被孔子之教潛移默化地影響。孔子之教，「博大普遍，兼該人神，包羅治教」，因此康有為認為傳統的孔教是「治教合一」，而在列國縱橫的時代，時勢變化，應對孔子之義有所修正，治教分離會更適應社會之發展。康有為認為政治問題需要改革，但「若不行孔子大教為尊，則人心世道不可問」，所以要建立專門的孔教來修補人心。〔註106〕所以康

〔註104〕參見康有為：《中華救國論》，載姜義華、張榮華（編校）：《康有為全集》（第九集），中國人民大學出版社2020年版，第316頁。

〔註105〕關於共和主義，參見（澳）佩迪特：《共和主義：一種關於自由與政府的理論》，劉訓練譯，江蘇人民出版社2009年版；劉訓練：《共和主義：從古典到當代》，人民出版社2013年版。

〔註106〕參見康有為：《請尊孔聖為國教立教部教會以孔子紀年而廢淫祀摺》，載姜義華、張榮華（編校）：《康有為全集》（第四集），中國人民大學出版社2020年版，第97～98頁；康有為：《〈中國學會報〉題詞》，載姜義華、張榮華（編校）：《康有為全集》（第十集），中國人民大學出版社2020年版，第17～18頁。康有為這裡說的「二教」是指莊子和墨子之教。

有為在提倡政治改革的同時，亦希望在各級行政區域設置孔教會，推廣國教。這是康有為戊戌變法時期對孔教會和國教的初步設想。

　　民國建立後，目睹共和的亂局，康有為再次提出國教問題。面對共和國的道德危機，康有為疾呼：「夫將欲重道德之俗，起畏敬之心，捨教何依焉。」〔註107〕在康有為看來，孔教之所以可以挽救道德之敗壞，是因為中國幾千年來奉孔子之道為國教，「守信尚義，孝悌愛敬，禮俗深厚，廉恥相尚」，在這樣的情況下，即使沒有完備的法律體系和律師制度，人們「知禮法俗」，也能讓國家小康，人民安樂。中國歷史上雖以孔子之教為國教，但並不壓制有佛教和回教信仰習俗的人，三教並行不悖。所以以孔子之教（或言儒教）為國教，與宗教信仰自由並不矛盾，應該寫入憲法。康有為顯然誇大了儒教在中國古代宗教發展中的地位，傳統中國「三教合一」，互為補充，有「儒家治世，佛教治心，道教治身」之說，但是三教「都沒有超越性的絕對和唯一，因而也沒有超越世俗皇權的權威，彼此在政治權力的支配下可以兼容」，因此使「信仰者常常沒有特別清晰和堅定的宗教立場」。〔註108〕康有為為了強調儒教的宗教性，借用西方概念來論證儒家的宗教資格，他言「宗教」一詞是日本人譯自英文的 religion，專指神道設教，古代人推崇鬼神，所以以「神教為尊」，但是現代「文明重人，則人道為重」，而孔子之教的特點是「以人為教，而亦兼存鬼神」，所以也是一種宗教。〔註109〕但是孔教涉及的範圍很寬，也沒有強制的儀式讓人信從，在共和大變革時代，需要專門的機構去傳播孔教。康有為也因此參與了陳煥章等人組織的孔教會活動，並為之極力鼓吹。

　　康有為認為儒教之所以重要，是因為儒教是中國的國魂，是國家正當性的重要來源。首先，儒教之理念是中國人精神內核，是中國人之所以為中國人的根本。在康有為看來，中國立國幾千年，皆奉孔子之道為「禮義綱紀」，如果放棄會「人皆無主，是非不知所定，進退不知所守，身無以為身，家無以為家，是大亂之道也」。所以「今中國人所自以為中國者，豈徒謂禹域之山川、羲軒之遺胄哉？豈非以中國有數千年之文明教化，有無量數之聖哲精英，融

〔註107〕　康有為：《中華救國論》，載姜義華、張榮華（編校）：《康有為全集》（第九集），中國人民大學出版社 2020 年版，第 323 頁。

〔註108〕　參見葛兆光：《何為中國：疆域、民族、文化與歷史》，牛津大學出版社 2014 年版，第 114～115 頁、第 167～169 頁。

〔註109〕　參見康有為：《中華救國論》，載姜義華、張榮華（編校）：《康有為全集》（第九集），中國人民大學出版社 2020 年版，第 315 頁。

之化之，孕之育之，可歌可泣，可樂可觀，此乃中國之魂，而令人纏綿愛慕於中國者哉？有此纏綿愛慕之心，而後與中國結不解之緣，而後與中國死生存亡焉」。〔註 110〕康有為把儒教或者說以儒教為中心的中國文化看成中國人的精神內核，因而成為「中國之魂」，堅持儒教可以支撐國家的正當性，同時可以讓人民由此而形成國家認同，把自己的命運與國家命運緊密相連。

其次，儒教是中國立國的根本。在康有看來，人有七情六欲，如果沒有宗教的規範，人沒有對超驗的敬畏和戒律的規範，就可能幹出任何壞事。但若國家「專門以法律為治，則民作奸於法律之中；專以政治為治，則民腐敗於政治之內」。〔註 111〕傳統中國正是依靠孔教來挽救人們的道德。而參照歐美的經驗，國家對人民的治理是教化與政治兩種並駕齊驅，這也說明宗教對人民之教化必不可少。而中國文明幾千年都與孔教相聯繫，是中國國家政權的精神內核，如果放棄孔教，中國文明也會隨之消散，中國種族也會滅亡。所以中國必須以儒教立國。

最後，中國失去「國魂」是共和危機和亂象的根源。康有為以中國古代的政治變革和意大利為例，認為國家一時衰弱，國魂不亡，仍有再次強大的希望，但是一個國家一旦失去國魂，國家永遠也不會強大。而孔子之教是中國之魂，共和國的建立不僅進行了「教化革命、紀綱革命、道揆革命、法守革命、禮俗革命、人心革命」，更可怕的是還進行了「國魂革命」，所以導致「四萬萬之人，行不知所住，言不知何從，倀倀何之，茫茫無適，是謂之喪心病狂，國為離魂」。〔註 112〕所以康有為認為，中國當務之急是推動將孔教立為國教，以國教挽救共和之危機。

2.5.3　小結

在漢娜·阿倫特看來，法國革命和美國革命的不同之處是法國革命要解決社會問題，所以同時進行了政治革命和社會革命。而美國革命以自由立國，並不需要解決社會問題。所以法國革命後帶來專制，而美國革命則建了立憲

〔註 110〕康有為：《孔教會序》，載姜義華、張榮華（編校）：《康有為全集》（第九集），中國人民大學出版社 2020 年版，第 339 頁。

〔註 111〕參見康有為：《孔教會序》，載姜義華、張榮華（編校）：《康有為全集》（第九集），中國人民大學出版社 2020 年版，第 341 頁。

〔註 112〕參見康有為：《〈中國學會報〉題詞》，載姜義華、張榮華（編校）：《康有為全集》（第十集），中國人民大學出版社 2020 年版，第 18 頁。

的國家。〔註113〕但阿倫特可能沒有注意到，美國革命並不是沒有社會問題要解決，而是把最大的社會問題奴隸制擱置了起來，等到南北戰爭後才解決了這個社會問題。辛亥革命作為政治革命必然伴隨著社會革命，康有為認同或者說接受辛亥革命政治革命的成果，但對社會革命持堅決的批評態度，所以他把民國成立後的亂局，歸結為由「國魂革命」帶來的道德敗壞，對共和政體的批判和對君主立憲政體的鼓吹成了他流亡回國後的主要聲音之一，在多篇文章和演講中語重心長地申述自己的觀點，為共和時代的危機尋找解決辦法並呼籲吶喊。

但問題也許不僅如此，所有的傳統國家革命之後，都面臨著重新建立政治合法性和權威的問題，這時都可能出現亂局。如果傳統國家是以較為緩慢、溫和的方式轉型或解體，亂局可能不會出現，而革命是劇烈的政治變革，所以出現亂局是必然的事情。因此康有為所論的共和危機只是一面的敘事，在革命派那裡，故事就是另一種完全不同的講法，比如孫中山就認為革命有其必然性。而且中國失去孔教是否就意味著國家失去正當性，甚至民族和國家滅亡，中國近百年的歷史已經回答了康有為的顧慮。

康有為把建立國教當成挽救共和危機的方式，是極為深刻地認識到了現代國家世俗政治的危機。傳統型權威解體，傳統的政治和社會共同體不斷弱化，人的心靈無處安放，國家性的宗教是一種解決方式。美國雖然沒有國教，但是總統就職儀式上也要把手按在聖經上宣誓，所以盧梭認為美國是一個有「公民宗教」（civil religion）的國家。〔註114〕但是儒教是否能適合現代中國，這個問題實在過於複雜，但是看看五四新文化運動的健將們對傳統文化的批判就知道儒教在中國難以成為國教。不過康有為和這些五四的激進派們有一個共同點——都是希望「用思想文化解決問題」〔註115〕。在國家走向現代化的過程中，政治、經濟、文化和宗教領域是可以分開的，相互之間會影響，並

〔註113〕參見（美）漢娜・阿倫特：《論革命》，陳周旺譯，譯林出版社 2007 年版，
　　　　 第 124～164 頁。
〔註114〕參見任軍鋒：《「神佑美利堅」——「公民宗教」在美國》，載《思想與社會
　　　　（第五輯）：現代政治與道德》，上海三聯書店 2006 年版，第 58～93 頁；
　　　　（美）羅伯特・貝拉：《美國的公民宗教》，陳勇譯，載《原道》（第十三輯），
　　　　 首都師範大學出版社 2007 年版，第 123～141 頁。
〔註115〕這個觀點是林毓生提出的，參見林毓生：《中國意識的危機：「五四」時期激
　　　　 烈的反傳統主義》（增訂再版本），穆善培譯，貴州人民出版社 1988 年版。

沒有決定作用。〔註 116〕

1913 年，康有為為新共和國擬定了一部憲法草案，該草案包括憲法條文和解釋性內容，洋洋灑灑 6 萬餘言，第二條名為「主權在國」，體現他的「以國為重」和中央集權的思想。為了讓國家保持強大的國家能力，促進中央集權，遏制地方割據，在三權之中他設計了單一制下的強勢行政權。總統掌握強勢行政權來保持國家政局的穩定、引導國家的發展，但弱勢的議會仍掌握了一些重要權力，擁有制約總統的能力。〔註 117〕而另一方面康有為把國教寫入了憲法草案，希望用國教來挽救國家道德危機，促進國家整合。他認為國教可以解決人心問題，促進國民的整合、提高國家的正當性，但是儒教在中國很難發揮這種作用。

2.6　國家和憲法的未來

《大同書》是康有為 20 世紀初在印度完成的著作。〔註 118〕他很早就開始醞釀該書，並受到科學觀念和空想社會主義等思想的影響，但在完成後十年才正式出版。雖然該書寫作並不是在康有為的晚年，但是卻是康有為設計的未來世界的政治藍圖。而在未來的升平世，世界大同以後，國家和憲法的作用都發生了變化，立國與立憲也呈現出另外一番圖景。

2.6.1　破國界去國義

在《大同書》中，康有為基於對人生的苦難和不平等之體察，主張在未來進行激進的社會改革，比如提高婦女地位、廢除婚姻和家庭，進而廢除國家、消滅階級等。而在政治和法律問題上，康有為尤其指出國家之害處，他認為雖然國家是人類的最高組織，但縱觀中西歷史上國家之間的爭鬥，不僅國家之間恃強凌弱，還給人民帶來無限的苦難。他進而認為要袪除國家之害，

〔註 116〕 參見（英）艾倫・麥克法蘭：《現代世界的誕生》，管可穠譯，上海人民出版社 2013 年版，第 7 頁。

〔註 117〕 參見康有為：《擬中華民國憲法草案》，載姜義華、張榮華（編校）：《康有為全集》（第十集），中國人民大學出版社 2020 年版，第 51 頁。亦參見章永樂：《共和的諍友：康有為〈擬中華民國憲法草案〉評注》，載《中外法學》2010 年 2 期。

〔註 118〕 關於《大同書》的成書時間和寫作經過頗多爭議，參見房德鄰：《〈大同書〉起稿時間考——兼論康有為早期大同思想》，載《歷史研究》1995 年第 3 期。

必須從「弭兵破國」開始。國家常常驅使人民服兵役，並花大量財力養兵，軍隊的作用無非是「爭地殺人」，因此他希望各國如果要永久和平，就要逐漸弭兵去國。

康有為不像自由主義者那樣認為國際貿易、溝通與合作可以帶來國際社會的和平，〔註119〕他是堅定的現實主義者，認為只有消滅了人類暴力最集中體現的軍隊，才可能帶來和平。在康有為看來，國家的良性功能只在亂世時才可以發揮作用，和平時期國家只有害處，他言：「國者，在亂世為不得已而自保之術，在平世為最爭殺大害之道。」所以要天下太平，「求大同之公益，其必先自破國界去國義始」。〔註120〕因此康有為認為弭兵去國後「天下為一，大地大同」，乃是仁人志士之理想，就像孔子設想的大平世，並不是不可實現的烏托邦。

康有為認為當時世界上出現國家之間分久之後的合併與民權在各國的普及等現象，是兩個進化的過程，乃是大同之先驅。此後會伴隨著現存政治制度和權威的解體，他言：「故民權之起，憲法之興，合群均產之說，皆為大同之先聲也。若立憲，君主既已無權，亦與民主等耳；他日君銜亦必徐徐盡廢而歸大同耳。」〔註121〕而國家逐漸從聯盟到聯邦，再設立公議會，各國共同受制於公政府。於是軍隊廢除，國界廢除，各國變成了州郡（康有為認為對「國」的認同會讓人們產生仇恨，阻礙走向大同之路），文字、語言和曆法統一，種族和階級被消除，財產逐漸公有，由公舉的議員和行政官會員統治大同的世界，最後達到「無邦國，無帝王，人人相親，人人平等，天下為公」的新世界，也就是進入太平世之後的「大同」。

2.6.2　無國，但有憲法

康有為設計的到大同之世的途徑是一個進化過程，在初級階段，雖然有國家間的聯合，但是人民仍然服從舊政府，然而總趨勢是人民漸漸脫離舊政

〔註119〕關於國際政治的自由主義理論，參見（美）詹姆斯·多爾蒂、小羅伯特·普法爾茨格拉夫：《爭論中的國際關係理論》（第五版），閻學通、陳寒溪等譯，世界知識出版社 2013 年版，第 444～447 頁。

〔註120〕康有為：《大同書》，載姜義華、張榮華（編校）：《康有為全集》（第七集），中國人民大學出版社 2020 年版，第 128 頁。

〔註121〕康有為：《大同書》，載姜義華、張榮華（編校）：《康有為全集》（第七集），中國人民大學出版社 2020 年版，第 129 頁。

府，受制於統一的公政府。各國還有自治權限，但公政府可以徵用各國人民官吏，公政府亦有干預各國法律的權力。這種趨勢逐漸發展，公議院出臺的條例會成為公法，公法之位階要高於各國的法律，各國法律不得違背公政府的法律。接下來，各國的法律統歸公政府，「各國聽公議會之法令審判」，各國的法律需要公議會之法律「證明」。〔註122〕

在各國簽訂了聯盟條約之後，「各國半條約半憲法」，「無國，但有憲法」。也就是聯盟之後，國家已經消失，統治各國的一般是國際之間的條約，但本國的憲法仍起著作用。而隨著國際社會往大同之路前進，公政府會逐步擴大管轄權，最後憲法也會被公政府的法律取代，天下大同，所有人都擁有自由，只受「公議法律之限制」。〔註123〕在大同世界，國家已經消失，憲法也已取消，只有公政府的法律。

2.6.3　小結

康有為的超前之處在於他不僅在民族國家的範圍內思考問題，而且立足於中國思想，接受來自西方的思想資源，為人類發展設計藍圖。但康有為也知道這些理想藍圖在當時還太遙遠，大同是到了升平世時的理想圖景，而當前仍處於據亂世。不過從康有為對大同世界的描述可以看出，在未來的世界，國家消滅，憲法也逐漸消失，人類處於一種理想康樂的狀態。這是一種烏托邦式的歷史終結。

但康有為是一個現實主義者，他對大同世界的設計也具有極深的現實關懷，關涉到經濟、政治、社會和人民的衣食住行等各方面，並不是簡單空洞的「烏托邦」。〔註124〕他也知道理想只是理想，他多次提到大同在當時的據亂世無法實現，需要經過升平世，才能達到太平世的大同。在康有為設計的公有化的大同世界，物質極大豐富，人們過著康樂的生活，這是一種去政治化的極樂世界，國家和憲法也就自然沒有了意義。

〔註122〕康有為：《大同書》，載姜義華、張榮華（編校）：《康有為全集》（第七集），中國人民大學出版社 2020 年版，第 145 頁。

〔註123〕康有為：《大同書》，載姜義華、張榮華（編校）：《康有為全集》（第七集），中國人民大學出版社 2020 年版，第 144～153 頁。

〔註124〕關於烏托邦的政治意義，參見陳周旺：《正義之善：論烏托邦的政治意義》，天津人民出版社 2003 年版。

2.7　結語

在流亡之前的半生，康有為大力提倡新法，但是在他走過許多西方發達國家和變革中的發展中國家之後，回到新中國，生活在新的共和政體之下，他卻在為舊法鼓吹吶喊，對新時代決絕地放棄舊法接受新法而感到痛徹心扉。康有為對革命持反對態度，但是他自己對儒學的闡釋不啻具有思想革命的效果。康有為就是這樣一個矛盾的人，他看到新時代立國和立憲的使命，針對時代的變遷為國家設計更好的政制，從而解決中國的現實問題。從公車上書開始，康有為就主張對中國的制度進行根本性的變革，而這種根本性的變革在法律上的體現就是一部憲法。在戊戌變法時期，他主張開議院讓上下同心，議院吸納人民的力量，進行國家整合。此時在他的視野中立憲法是國家轉型、重塑新國家制度的工具。而到了海外之後，他著重論述君主立憲制和虛君共和之優點，主張將國內的所有民族統一成一個國族，每個人擁有平的中華國民身份，反對以革命派的民族革命以及他們試圖以革命的方式立憲建立共和國的企圖。而民國成立以後，共和國已成事實，他站在時代的反面，批評共和制帶來的混亂和道德敗壞，因此他提倡建立國教，並主張將孔教寫入憲法。同時他一直主張中央集權和廢除省制，進行小範圍的地方自治，保護中央政府的權威，讓國家推動社會與經濟的發展。而到了他為人類設計的社會發展最高階段——大同世界，國家和憲法都將消失。

縱觀康有為的立國和立憲思想，他把憲法的地位放得並不是很高，雖然權力分立受到重視，但是他特別關注的是建設一個強大、集權、統一的國家。在他看來，只有擁有強勢行政權的國家（甚至領導人）才能挽救國家的亂局，因而在他擬定的《中華民國憲法草案》裏，大部分篇幅都在規定強勢總統之權力和議會之運作，而關於人民基本權利之條款篇幅極小，〔註 125〕所以在他眼中憲法是對政治秩序的安排，注重國家制度設計，而忽視人民權利，在很大程度上有錢端升所言的「政府組織法」意味。〔註 126〕康有為又言：「夫所

〔註 125〕現代憲法一般由「統治機構規範和憲法權利規範兩個主體部分構成」，「前者主要定立政治權力與政治過程的規範，涉及國家統治機構的組織和授權；而後者主要規定人、人民、國民或公民在憲法上的基本權利」。參見林來梵：《從憲法規範到規範憲法——規範憲法學的一種前言》，商務印書館 2017 年版，第 75 頁。

〔註 126〕這是錢端升對民國憲法的評價，參見錢端升：《評立憲運動及憲草修正案》，載《東方雜誌》第 31 卷第 19 期（1934 年），第 5～14 頁。

謂政黨、議會、民權、憲法，乃至立憲、共和、專制，皆方藥也。」〔註127〕康有為是與時俱進的，這些都是方藥，而病是國家不夠強大統一，國家能力虛弱，人民貧困，所以首先要做的事情是立國。因此，在康有為看來憲法或立憲只是手段，所以在他的思想裏，歷史不會終結在他十分推崇的「虛君共和國」，而是終結在未來的大同世界。

　　康有為曾言：「中國危矣，非空文之憲法所能救也。」〔註128〕痛哉斯言！他深刻地認識到憲法僅僅是法律，如果沒有國家的統一和足夠強大的國家能力，政治權威樹立不起來，憲法無法挽救國家危機，無法給中國帶來富強。所以他的思想裏立國處在第一位，而憲法本身是立國的制度性工具。

〔註127〕康有為：《中國以何方救危論》，載姜義華、張榮華（編校）：《康有為全集》
　　　　　（第十集），中國人民大學出版社 2020 年版，第 37 頁。
〔註128〕康有為：《擬中華民國憲法草案》，載姜義華、張榮華（編校）：《康有為全集》
　　　　　（第十集），中國人民大學出版社 2020 年版，第 38 頁。

第 3 章 孫中山：革命、建國與立憲

　　孫中山的立國與立憲思想和康有為所針對的語境有重合之處，他們都面臨著一個衰弱的帝國如何轉型並重組政制的問題。但是孫中山和康有為對國家和憲法的看法極為不同，他設計了另一條迥異的立國與立憲道路。康有為是經學家和理論家，孫中山是職業革命家和政治家，除了《建國方略》和《三民主義》等專門的著述之外，他大部分關於立國與立憲的思想都體現在他的演講、談話和信件之中，因此經常有前後不一致之處，需要從中梳理出一條他立國與立憲思想的線索。

3.1　生平述略

　　孫中山一生頗具傳奇色彩，出生於中國鄉村，在海外求學多年，開始是專業醫生，後來投身革命事業，在海外發動革命，成為職業革命家。武昌起義後，孫中山回國被推舉為臨時大總統，開始了革命政治家生涯，直至去世。〔註1〕孫中山的人生可以分為三個階段：第一階段從他出生到 1895 年廣州起

〔註 1〕孫中山的傳記較多，較有代表性的有吳相湘：《孫逸仙先生傳》，遠東圖書公司 1982 年版；茅家琦：《孫中山評傳》，南京大學出版社 2001 年版；（美）韋慕庭：《孫中山：壯志未酬的愛國者》，楊慎之譯，新星出版社 2006 年版；（以色列）史扶鄰：《孫中山與中國革命》，丘權政、符致興譯，山西人民出版社 2010 年版；黃宇和：《三十歲前的孫中山：翠亨、檀島、香港 1866～1895》，生活·讀書·新知三聯書店 2012 年版。法國學者白吉爾所著《孫逸仙》與以往的中文著作對孫中山的評價不同，參見 Marie-Claire Bergère, Sun Yat-sen, Translated by Janet Lloyd, Stanford University Press, 2000。桑兵教授主編的十二大卷《孫中山史事編年》（中華書局 2017 年版）亦是非常詳盡的傳記材料。

義失敗後流亡日本。這一階段他離開鄉村，從一名接受過西化教育的醫生變成一個徹底的革命者。第二階段，從流亡日本開始到 1911 年中華民國成立。在這期間孫中山是職業革命家，他到世界各地為革命籌款、宣傳。第三階段，從回國擔任臨時大總統到二次革命。這段時間孫中山著重考慮國家建設問題，以西方民主國家政治人物為榜樣行事，把工作重心放在國家發展問題上，一定程度上放棄了過去的種族主義言論，進而主張五族共和。第四階段，從二次革命直到去世。當袁世凱篡奪了革命果實之後，孫中山意識到自己原來的立國與立憲思想並不能解決中國的根本問題，因此對黨在立國與立憲中的作用有了新的認識，繼而提出新的三民主義和立憲政治的階段性理論。

孫中山 1866 年出生於廣東省香山縣，家族以務農為生。孫中山幼年在家鄉接受傳統的基礎教育，1878 年，孫中山隨母親到夏威夷投奔在當地做生意的長兄孫眉。此前幾年，孫中山就有跟隨兄長離開家鄉的願望，但是沒有得到父母允許。在夏威夷，孫中山入讀英國傳教士創辦的伊奧拉尼書院（Iolani College），該校的教師基本上都是英國人，以英文開設的課程有數學、生理學、歷史、拉丁文與繪圖等科目，學校生活也包含宗教學校常見的祈禱、唱詩和集體勞動等。該校學生中僅有 10 名中國人，〔註 2〕孫中山在這裡開闊了眼界，認識了基督教，並耳濡目染了「盎格魯撒克遜人的立憲政府觀念」，學習了英國人做派；而該書院支持「夏威夷的獨立事業」，對美國的吞併多有抨擊，這影響了孫中山對西方帝國主義的看法（後來他對帝國主義侵略亞洲持堅決的批評態度），也可能由此激發了孫中山的民族主義思想。〔註 3〕1882 年孫中山以優異的成績從該校畢業，進入美國人開設的奧阿厚書院（Oahu College）就讀，他對政治和醫學都感興趣。該校是大學預科，讀完該校有望進入美國大學

〔註 2〕參見黃宇和：《三十歲前的孫中山：翠亨、檀島、香港 1866～1895》，生活·讀書·新知三聯書店 2012 年版，第 195 頁。孫中山在一篇自述中言自己曾在國內跟一位傳教士學會了英語〔參見孫中山：《我的回憶——與倫敦〈濱海雜誌〉記著的談話》，載廣東省社會科學院歷史研究室、中國社會科學院近代史研究所民國史研究室、中山大學歷史系孫中山研究室（編）：《孫中山全集》（第一卷），中華書局 1981 年版，第 547 頁〕，但是並沒有足夠的資料支持他自己的說法。黃宇和等人提供的更可信的證據表明，他在入學伊奧拉尼書院時完全不懂英語，參見黃書第 213 頁。關於孫中山在夏威夷求學的情況，參見 Irma Tam Soong, Sun Yat-sen's Christian Schooling in Hawaii, *The Hawaiian Journal of History*, Vol. 31 (1997), pp. 151～178.

〔註 3〕參見（以色列）史扶鄰：《孫中山與中國革命的起源》，丘權政、符致興譯，中國社會科學出版社 1981 年版，第 11～12 頁。

繼續深造。但是孫中山受宗教思想的影響，和兄長產生了衝突，被送回國內。

此後孫中山輾轉求學於香港和大陸幾所學校，雖然都沒有拿到文憑，但是通過認識大英帝國統治下較為先進的香港社會，讓他開始反思中國與西方制度之異同。他還結識一些充滿反滿情緒的青年，不少人之後成為他的革命夥伴。孫中山於 1887 年轉入香港華人西醫書院學習，並最終獲得了文憑，在此期間他認識了西化的改革思想家何啟和鄭觀應。不過從香港華人西醫書院畢業後，孫中山的執業生涯卻並不順利。因為該校不被香港醫學會承認，孫中山無法在香港行醫。雖然孫中山學習的是西醫，但是他只能從事不需要文憑的中醫工作，此後在澳門和廣州行醫也遇到同樣的問題。在廣州期間，孫中山萌發了上書李鴻章的想法，帶著一封主旨在人盡其才能使國家強盛的信去了天津，但並沒有什麼結果。此後他放棄改良的想法，轉入地下與會黨和海外華僑合作，並建立了種族主義團體「興中會」，希望推翻清政府實現國家富強。第一個階段直至「興中會」組織的廣州起義失敗。

孫中山流亡日本後，被日本人稱為「革命黨領袖」。孫中山和他的革命夥伴們先前並沒有使用這一詞語，因為在中國傳統思想裏，革命代表著天命轉移，是古代王朝更替通常使用的詞語。但是日本人把革命與英文詞語revolution 對譯，賦予該詞現代意義。現代意義的革命是一種劇烈和完全變革的代名詞，與前現代的叛亂和暴動極為不同，帶有一種正義凜然的「必然性」（necessity）。〔註4〕孫中山也認可「革命黨這個稱呼」，這標誌著他職業革命家生涯的開始。作為職業革命家，孫中山有許多優勢，他有革命家不拘小節的理想主義和不計成本的奉獻精神，〔註5〕有革命家的勇氣、豪邁和熱情，還有極好的語言能力，熟練掌握英語、粵語和國語，周遊全世界，演講誇張而富有煽動性，極富個人風度和魅力，許多青年學生見到他之後都被他的魅力所折服。〔註6〕孫中山在海外各地的華人社會之間遊走，用許諾一個強大的新

〔註4〕關於現代革命的必然性，參見（美）漢娜‧阿倫特：《論革命》，陳周旺譯，譯林出版社 2007 年版，第 35～46 頁。

〔註5〕孫中山在一封致吳稚暉的信中表明了自己的革命決心，言自己革命並不為利祿，革命前他的社會地位和經濟狀況都很好，革命讓他失去了「謀生之地位」。參見孫中山：《致吳稚暉函》，載廣東省社會科學院歷史研究室、中國社會科學院近代史研究所民國史研究室、中山大學歷史系孫中山研究室（編）：《孫中山全集》（第一卷），中華書局 1981 年版，第 420～421 頁。

〔註6〕許多人對孫中山的初次印象都證明了這一點，參見（美）韋慕庭：《孫中山：壯志未酬的愛國者》，楊慎之譯，新星出版社 2006 年版，第 4～7 頁。

中國作為吸引華僑捐款的手段，起初並不順利，還要面對海外康有為等保皇立憲派的競爭。但是倫敦事件讓孫中山成為一個世界範圍的公眾人物，清廷的官員只想把他除之而後快，沒想到反而使孫中山名揚海內外。《倫敦被難記》讓世界認識了他，他也開始醞釀三民主義。孫中山是一個實用主義者，他周旋於海外各地華人與留學生之間，組織成立同盟會，還參與組織過國內的暴動，與保皇派和國內的開明大臣都有過接觸。1906 年孫中山在東京與黃興和章太炎編制了《革命方略》，在該書中，他們認為革命後國家要經過軍法之治、約法之治和憲法之治三個時期來治理。1911 年武昌起義爆發後，孫中山在美國得到消息，隨即搭船回國。〔註7〕這是他人生的第二階段。

新成立的共和國需要一個總統，孫中山是一位具有國際聲譽的革命家，回國後即被推舉為共和國的臨時大總統。《中華民國臨時約法》頒布後，孫中山辭去大總統，不久袁世凱在北京就職擔任大總統。孫中山改組國民黨，並在國內主持鐵路修建工作。雖然《臨時約法》因人立法，但還是不能控制政治強人袁世凱，國民黨雖然贏得議會大多數席位，但是國民黨的政治新星宋教仁遭到暗殺，約法被終止，孫中山領導了二次革命，失敗後流亡日本。按孫中山最初的設想，議會內閣制的政府可以控制袁世凱，他就一心致力於國家建設，不問政治，但是事與願違，他再次成為革命者流亡海外。這是他人生的第三階段。

到第四階段，二次革命後，孫中山認識到民主國家的政黨模式並不適合中國，所以他把國民黨改組為列寧主義政黨中華革命黨，希望以更嚴密的黨組織領導國家走向統一，並明確提出軍政、訓政、憲政三階段的「革命方略」。袁世凱稱帝後，孫中山發動了護法運動，但是孫中山並沒有軍隊，不得不依靠軍閥，最後無果而終。1919 年孫中山又將中華革命黨重組為中國國民黨，希望擴大黨員的規模。此後又領導了第二次護法運動，並提出「聯俄容共」的策略，為了實現國家統一，他帶領軍隊掃蕩軍閥，但終未成功。

1925 年孫中山在北京逝世，留下「革命尚未成功，同志仍須努力」之遺言。這位革命家生前並沒有看到國家形式上的統一，雖然一生思想多變，但終其一生都在革命，他的立國和立憲思想中設想的第一步也未能在他有生之年完成。不過去世後，孫中山成為一個政治符號，以「國父」這個光環繼續影

〔註7〕參見唐德剛：《晚清七十年》（第五冊），遠流出版事業股份有限公司 1998 年版，第 240～242 頁。

響著中華民國的立國與立憲。〔註8〕

3.2　思想淵源

　　孫中山的立國與立憲思想中，中國思想是一些問題的起點，但是西方思想的淵源可能要大於中國思想。因為他接受的教育基本上都是用英文授課的西方式教育，並長期在西方社會生活，所以受西方思想的影響很大。但是也不能低估中國思想對他的影響，因為他是一個民族主義者，而且成長、遊走於世界各地的華人社會之中，所以中國傳統思想亦對他的立國與立憲思想有不少影響。與康有為不同，孫中山並不是專業的思想家，他的一些思想來自書本，但更多的可能來自他的社會交往和親身經歷。

3.2.1　中國思想

　　孫中山幼年時僅在家鄉接受過幾年發蒙教育，古漢語水平很有限。因為接受的中文教育較少，孫中山在香港和檀香山求學期間都曾專門找人補習中國經史，但此後在他發動的廣州起義中，興中會會員之間的通信都用英文，他們大部分人不能熟練地使用文言文。〔註9〕語言是掌握思想文化的基本工具，因為孫中山的中文水平較低，因此他閱讀中文古典著作需要參考英譯本，〔註10〕但孫中山是一個民族主義者，所以一生都對民族文化深有感情。

　　孫中山的民族主義思想受西方影響較大，但是辛亥革命前的種族主義思想早已在幼年時期埋下了伏筆，他與宮崎寅藏的一次談話中提到自己革命的動機是幼年時與「鄉關宿老談話」時引發的，〔註11〕而這些人都曾參加過漢人底層知識分子發動的太平天國運動，持反清的種族主義立場。這種明清以

〔註 8〕參見李恭忠：《中山陵：一個現代政治符號的誕生》，社會科學文獻出版社 2009年版；陳蘊茜：《崇拜與記憶：孫中山符號的建構與傳播》，南京大學出版社2009 年版。

〔註 9〕參見（以色列）史扶鄰：《孫中山與中國革命的起源》，丘權政、符致興譯，中國社會科學出版社 1981 年版，第 17 頁、第 48 頁。

〔註10〕參見桑兵：《孫中山與傳統文化》，載氏著：《孫中山的活動與思想》，中山大學出版社 2001 年版，第 321～326 頁。

〔註11〕參見孫中山：《與宮崎寅藏的談話》，載廣東省社會科學院歷史研究室、中國社會科學院近代史研究所民國史研究室、中山大學歷史系孫中山研究室（編）：《孫中山全集》（第一卷），中華書局 1981 年版，第 581 頁。

來的種族主義觀念，是他初期希望「驅除韃虜」建立一個漢人共和國的思想根基，也影響了他一生。

　　孫中山一生對中國文化都有很大興趣，據熟悉他的人回憶，他讀過《史記》《漢書》和《資治通鑒》等史籍，對中國古代的王朝交替的歷史尤為感興趣。作為革命家，孫中山對中國歷史更替的關注點主要在人民反抗、民族問題的解決和國家從分裂到統一等方面，〔註12〕他在演講和訪談中多次提到這些問題。對地理問題的興趣體現在他早年編繪了《支那現勢地圖》一書，在該書的跋中，他認為通曉地圖是「實學」之要。〔註13〕另外，孫中山對中國傳統政治的專制主義多有批判，但同時認為中國古代極為發達，領先於世界，因此他對中國悠久的歷史和文化充滿自豪感（特別是在一些對外國人發言的場合），認為中國上古的政治極為良善，三代之治就是天下為公的共和政治，而近代中國落後了，所以需要「再造中華，以復三代之規，而步泰西之法」。〔註14〕

　　孫中山早年接受的初級傳統教育主要是背誦，雖然他對傳統文化有較為廣泛的瞭解，但是極為有限和淺顯。需要注意的是，正因為孫中山的海外背景，他對中國傳統文化並沒有當時西化知識分子普通具有的那種痛徹心扉的態度，亦不會考慮「以思想文化來解決問題」，所以態度更平心靜氣。因此他對五四新文化運動的反傳統思潮反應也較為冷淡，〔註15〕在西化思潮和反傳統主義的聲音之下，他才會在西方傳統的三權分立思想之外，加入了考選權和糾察權，形成自己的五權憲法思想。

3.2.2　西方思想

　　孫中山一生受過12年的英語教育，英文水平要高於中文，根據桑兵教授

〔註12〕參見桑兵：《孫中山與傳統文化》，載氏著：《孫中山的活動與思想》，中山大學出版社2001年版，第330～331頁。

〔註13〕孫中山：《〈支那現勢地圖〉跋》，載廣東省社會科學院歷史研究室、中國社會科學院近代史研究所民國史研究室、中山大學歷史系孫中山研究室（編）：《孫中山全集》（第一卷），中華書局1981年版，第187～188頁。

〔註14〕孫中山：《復翟理斯函》，載廣東省社會科學院歷史研究室、中國社會科學院近代史研究所民國史研究室、中山大學歷史系孫中山研究室（編）：《孫中山全集》（第一卷），中華書局1981年版，第47頁。

〔註15〕參見桑兵：《胡適與孫中山——從新文化運動到國民革命》，載氏著：《孫中山的活動與思想》，中山大學出版社2001年版，第287～318頁。關於五四時期的反傳統主義思想，參見林毓生：《中國意識的危機：「五四」時期激烈的反傳統主義》（增訂再版本），穆善培譯，貴州人民出版社1988年版。

的考證，孫中山的英語口語非常流利，閱讀能力極好（勝過中文閱讀能力），但寫作差強人意，寫信需要英文熟練的人幫忙潤色，〔註 16〕因此孫中山的閱讀當以英文為主。張國燾曾回憶他與孫中山會面的情況，言孫中山對社會主義頗有見解，研究過社會主義各派的理論，房間裏放著「滿架的英文書」。〔註 17〕所以孫中山接受的國家理論和憲法思想有一部份來自學校和閱讀英文書籍。這是孫中山思想中西方思想的直接淵源。

孫中山與當時一些瞭解西方思想的中國知識分子的交往，讓他間接接受了一些特定的西方思想。他在香港華人西醫書院結識了不少有反滿傾向的青年，同時也受到改良思想家何啟的影響。何啟在英國阿伯丁大學取得醫學和法律學位，是香港的執業律師，同時又在西醫書院授課。他主張學習西方改革中國，孫中山受到他的影響，也主張改革。孫中山還認識了另一位著有《盛世危言》的改革思想家鄭觀應。何啟和鄭觀應的著作中都有很大篇幅介紹西方的立憲政治，孫中山在和他們的接觸中應當也受到影響。孫中山在倫敦還結識了著名的翻譯家嚴復，此後兩人有多次思想交鋒。嚴復回國後把赫胥黎（Thomas Henry Huxley）和密爾（J. S. Mill）等人的著作譯成中文，他本人認同自由主義和個人主義，對孫中山的思想也產生了影響。〔註 18〕另外，有西方學者亦指出，在日本期間，瑞士學者伯倫知理（Bluntchli Johann Caspar）的思想也影響了孫中山，特別是他對民主可能會降低政府權威和主權等問題的觀點。〔註 19〕

在中國民間反滿種族主義思想的影響下，青年孫中山成為一個種族主義者。這種種族主義的根源是傳統的華夷之辨，但是並不能完全站得住腳。因為傳統的華夷觀念是建立在文化之上，只要邊疆的少數民族接受中國文化就不再是蠻夷。滿族人幾乎已經完全接受了中國文化，所以孫中山的反滿論述主要針對滿清政府的政治腐敗和對漢族人的壓迫。民國成立後，新國家基本上繼承了清王朝的疆域，西藏、新疆和內蒙古都保留在中國疆域之內，所以

〔註 16〕 參見桑兵：《孫中山與傳統文化》，載氏著：《孫中山的活動與思想》，中山大學出版社 2001 年版，第 321～326 頁。

〔註 17〕 參見張國燾：《我的回憶》（上），東方出版社 2004 年版，第 62 頁。

〔註 18〕 參見王憲明：《知識・習俗・政治——民國初年孫中山與嚴復對建國問題的反思與探索》，載《清華大學學報（哲學社會科學版）》2002 年第 1 期。

〔註 19〕 參見 Audrey Wells, The Political Thought of Sun Yat-sen: Development and Impact, Palgrave Macmillan, 2001, pp. 31～34。

建立單一的漢民族國家就等於要分裂國家，已經不現實。孫中山一定程度上放棄了他的種族主義觀念，接受了現代西方的民族主義（nationalism），〔註20〕從而提出「民族統一」，以中華民族統合中國境內的各民族。

不過，以往的一些學者高估了西方思想對孫中山的影響，孫中山對西方文化可能很熟悉，但是他畢竟不是專業的學者，對西方政治和法律著作的閱讀有限，對西方政治思想的認識並不深刻。

3.2.3　在東西方世界的經歷

孫中山一生一半以上的時間都在海外度過，在美國生活 9 年多，在日本生活近 8 年，香港 8 年多，澳門 5 個月，同時在歐洲英、法、德等國旅行 1 年零 8 個月。在這些地方，他切實地感受到西方的歷史、社會、文化和經濟制度等與中國之不同，特別是對立憲民主等西方政治制度印象深刻，對比中國落後腐敗的狀況，他萌生了參酌西方經驗改變中國的想法。

孫中山最早接觸西方社會是在夏威夷，但是他當時除了在教會學校學習之外，生活的圈子主要是華人社會。和康有為一樣，西方制度和理念最早讓孫中山深有感觸的是香港。在香港求學期間，香港的市政建設和行政管理對孫中山留下了深刻印象，與自己家鄉香山縣有天壤之別，而兩地相距僅 80 公里左右。孫中山回鄉後深感改良無望，由對香港市政的觀察出發進而研究政治，激發了他重新設計中國政制的念頭，進而種下了立國和立憲思想的種子。香港對他思想發展的作用，孫中山也在此後的演講中提及，言他的革命思想是從香港而來。〔註21〕

孫中山在西方國家旅行對他的思想也有很大影響。在歐洲期間，孫中山常常將西方國家的政治制度與中國作比較，三民主義與五權憲法也就是在這樣的背景下完成的。孫中山還在美國體驗了風起雲湧的民粹主義運動（populist movement），這一運動的理論導師亨利·喬治（Henry George, 1839～1897）的單一稅制（single tax system）理論對他有很大影響。尤其是該理

〔註20〕唐德剛認為主要是加富爾（Count Di Cavour）、加里波的（Giuseppe Garibaldi）和俾斯麥（Ottovon Bismarck）的現代民族主義觀念。參見唐德剛：《晚清七十年》（第五冊），遠流出版事業股份有限公司 1998 年版，第 190 頁。

〔註21〕參見孫中山：《在香港大學的演講》，載廣東省社會科學院歷史研究室、中國社會科學院近代史研究所民國史研究室、中山大學歷史系孫中山研究室（編）：《孫中山全集》（第七卷），中華書局 1985 年版，第 115～116 頁。

論中「對土地的『無勞增值』（unearned increment）和『漲價歸公』諸要點」
〔註 22〕對孫中山立國的三民主義理論之提出有極大影響。另外在倫敦期間，
他還與一些俄國的流亡人士接觸，瞭解社會主義思想，這影響了他對許多
問題的看法。

　　孫中山既有強烈的種族—民族思想，又有著長期的西方生活經歷，在中
西方之間的遊走，讓他對西方的政治等方面並不盲目推崇，而是較為平和地
看待，吸取西方思想中他需要的成分進入自己的思想。

3.3　以革命建立共和國

　　早期的孫中山持改良主義，但是上書李鴻章失敗後，他與會黨接觸，激
活了他早年接受的種族思想，進而主張用革命推翻滿人對中國的統治。在孫
中山看來，革命推翻清王朝建立新國家具有歷史的必然性（historical necessity）
〔註 23〕，不推翻清王朝，中國無法富強。而他對國家政制的設計也是建立一
個漢人的立憲民主共和國。

3.3.1　革命的必然性

　　在早年的《上李鴻章書》中，孫中山的改良思想尚未涉及國家的具體政
制層面，他希望國家重視人才，並列舉了一些國家走向富強的例子以及國家
具體的發展方式。當然這些改革的前提是在國家的基本制度保持不變的情況
下進行。但是當他放棄改良思想走向革命之後，他的主張已經變成了「驅除
韃虜，恢復中國，創立合眾政府」。〔註 24〕改良派和立憲派主張在既有的國家
框架內通過改革讓國家走向富強，所以孫中山著重論證為什麼必須推翻滿清
政府，為什麼要對這個舊國家發動一場革命。

　　在孫中山看來，不以革命的方式推翻清王朝，任何改革都是不可能的，
寄希望於清政府進行自我改革，就類似把一頭豬餵養得再好，豬也不會像主

〔註 22〕參見唐德剛：《晚清七十年》（第五冊），遠流出版事業股份有限公司 1998 年
　　　　版，第 190～191 頁。unearned increment 現一般譯為自然增值。

〔註 23〕參見（美）漢娜・阿倫特：《論革命》，陳周旺譯，譯林出版社 2007 年版，第
　　　　35～46 頁。

〔註 24〕孫中山：《檀香山興中會盟書》，載廣東省社會科學院歷史研究室、中國社會
　　　　科學院近代史研究所民國史研究室、中山大學歷史系孫中山研究室（編）：《孫
　　　　中山全集》（第一卷），中華書局 1981 年版，第 20 頁。

人一樣善於耕作。〔註25〕所以他認為：「不完全打倒目前極其腐敗的統治而建立一個賢良政府，由道地的中國人來建立起純潔的政治，那麼，實現任何改進就完全是不可能的。」〔註26〕因為從他的種族主義的立場看，必須區分中國人和中國政府，漢人是真正的中國人，滿人是外國人，清政府是外國政府。這個極度腐敗無能的政府由占中國人口比例極少的滿人主導，因而對占多數的漢人採取「防禦家賊之政策」，而且閉關鎖國，禁止中國人與外界接觸，鼓勵「排外思想」，其統治下的官吏皆為清廷之爪牙，並無改革之意願，只會壓制漢人的改革思想。此外滿人在歷史上對漢族人進行了長期的種族壓迫，壓制人民思想和言論自由，掠奪人民財產，不按法律任意剝奪人民之性命。〔註27〕因此滿清入主中原以來中國人多持種族觀念，滿人改變了「中國人治中國」的傳統，推翻滿清政府是「光復」的行為。所以孫中山認為革命最大的意義在於「恢復中華」，因為中國應該是中國人的中國，「中國之政治，中國人任之」。〔註28〕

在孫中山看來，滿清政府推動的立憲不過是掩人耳目、籠絡人心之策，並不是真立憲，其本質上是要進行中央集權，〔註29〕所以君主立憲政體不可能在中國建立。而且共和政體是未來政制的發展方向，建立君主立憲政體是走回頭路，因此該政體不合適當時的中國。所以必須推翻清王朝才能建立自由民權的立憲共和政體。但是參考各國的立憲經驗，只有流血犧牲的革命方式才能進行真正的立憲。而且革命本身就是破壞，破壞後才能立

〔註25〕 參見孫中山：《與〈倫敦被難記〉俄譯者等的談話》，載廣東省社會科學院歷史研究室、中國社會科學院近代史研究所民國史研究室、中山大學歷史系孫中山研究室（編）：《孫中山全集》（第一卷），中華書局1981年版，第86頁。

〔註26〕 孫中山：《中國的現在和未來——革新黨呼籲英國保持善意的中立》，載廣東省社會科學院歷史研究室、中國社會科學院近代史研究所民國史研究室、中山大學歷史系孫中山研究室（編）：《孫中山全集》（第一卷），中華書局1981年版，第88頁。

〔註27〕 參見孫中山：《支那問題真解》，載廣東省社會科學院歷史研究室、中國社會科學院近代史研究所民國史研究室、中山大學歷史系孫中山研究室（編）：《孫中山全集》（第一卷），中華書局1981年版，第244～247頁。

〔註28〕 參見孫中山：《中國同盟會革命方略》，載廣東省社會科學院歷史研究室、中國社會科學院近代史研究所民國史研究室、中山大學歷史系孫中山研究室（編）：《孫中山全集》（第一卷），中華書局1981年版，第297頁。

〔註29〕 參見孫中山：《與芙蓉華僑的談話》，載廣東省社會科學院歷史研究室、中國社會科學院近代史研究所民國史研究室、中山大學歷史系孫中山研究室（編）：《孫中山全集》（第一卷），中華書局1981年版，第291頁。

憲，而民主政體才是建設。〔註30〕所以革命具有「必然性」，中國必須以革命的方式重整國家，建立立憲政府。孫中山認為只有在破壞異族的舊制度之後，才能建立新的立憲政體。漢娜・阿倫特曾看到現代革命中自由對「必然性」的屈從，〔註31〕在孫中山的思想發展中我們也看到了這樣的實例，下文會詳述。

孫中山同時認為革命本身並不是什麼大事、難事，也不需要大聖人或大英雄才能完成，常人也能完成，所以要勇敢地面對和參與革命。但革命的意義重大，「革命者乃神聖之事業，天賦之人權，而最美之名辭也」，從國際形勢上來說，國家之間以強力競爭，清政府腐敗無能，讓國家面臨著分裂的危險，因此革命本身也是救亡的過程。〔註32〕孫中山還認為建立一個共和的新國家對西方各國是有利的，所以多次呼籲西方國家支持自己的革命行動。

3.3.2　建立立憲的共和國

孫中山論述了革命的必然性和意義之後，對革命後的國家和政制作出了說明，在他看來，革命後要建立的是一個與西方發達國家類似的立憲共和國。但是這個共和國在政制設計和政權建設上既有西方色彩，同時又有中國特色。

（1）共和國

在興中會時期，孫中山的初步設想是革命後建立「合眾政府」。這個想法與他在美國的經歷有關，這個名稱基本上是模仿美利堅合眾國（United States of America）。而到日本後，孫中山將革命的目標定位為建立共和國，對於共和政治，他言：「余以人群自治為政治之極則，故於政治之精神，執

〔註30〕孫中山言：「且世界立憲，亦必以流血以得之，方能稱為真立憲。」孫中山：《在東京中國留學生歡迎大會的演說》，載廣東省社會科學院歷史研究室、中國社會科學院近代史研究所民國史研究室、中山大學歷史系孫中山研究室（編）：《孫中山全集》（第一卷），中華書局 1981 年版，第 88 頁；亦參見孫中山：《駁保皇書》，載廣東省社會科學院歷史研究室、中國社會科學院近代史研究所民國史研究室、中山大學歷史系孫中山研究室（編）：《孫中山全集》（第一卷），中華書局 1981 年版，第 235 頁。

〔註31〕參見（美）漢娜・阿倫特：《論革命》，陳周旺譯，譯林出版社 2007 年版，第 48 頁。

〔註32〕參見孫中山：《在舊金山麗嬋戲院的演說》，載廣東省社會科學院歷史研究室、中國社會科學院近代史研究所民國史研究室、中山大學歷史系孫中山研究室（編）：《孫中山全集》（第一卷），中華書局 1981 年版，第 442 頁。

共和主義。」〔註33〕孫中山此時理解的共和也就是人民參與國家的治理，改變一個階級、一個種族把持政治的狀況。這可能來自孫中山對美國政治的觀察，托克維爾就曾指出美國民主共和中最重要的就是基層小鎮的自治。〔註34〕孫中山認為滿人入主中國以來以一個種族統治中國幾百年，共和主義的自治可以改變滿人「愚弄漢人」的狀況。而對於有些人認為中國比較落後，共和政治不適合中國，孫中山認為共和政治在中國古已有之，三代之治深得共和政治之精髓，所以共和是「我國治世之深髓，先哲之遺業」。而對於中國人民的程度問題，孫中山言，中國許多落後偏遠的鄉村都有自治，共同商議村政，防禦賊盜，這正是共和在中國最底層的實踐。

對共和的具體設計，初期孫中山認為是「與華南人民商議，分割中華帝國的一部分，新建一個共和國」。〔註35〕這是從種族主義立場出發，建立一個漢人的共和國。不過在民國成立後，孫中山放棄了這種想法。對共和國的政制，他認為中央政府統一管理軍政和外交，各省設立自治政府，設立省議會，由本省人管理本省事務，但是中央會派駐總督到各省，各省除了需要向中央交稅之外，其他一律自治，除了警察之外，各省還可以擁有自己的民兵隊。〔註36〕這是革命前孫中山對共和國政制的初步設計，是一種籠統的模仿美國的鬆散聯邦制，中央的權力較小，對地方僅有有限的控制力。

孫中山同時論述了共和與革命的關係，在他看來，中國古代的改朝換代不僅會造成社會動盪，還往往會形成豪強爭雄，讓人民受苦，正是因為沒有共和思想，因而也不會頒布一部共和憲法。而當時的政治和社會的問題，必須用迅雷不及掩耳的革命這一方法來解決。但這可能會產生群雄並爭的局面，控制群雄野心的方法，可以用共和理念為之，「充其野心之方法，唯做聯邦共

〔註33〕孫中山：《與宮崎寅藏平山周的談話》，載廣東省社會科學院歷史研究室、中國社會科學院近代史研究所民國史研究室、中山大學歷史系孫中山研究室（編）：《孫中山全集》（第一卷），中華書局1981年版，第172頁。

〔註34〕參見（法）托克維爾：《論美國的民主》（上卷），董果良譯，商務印書館1989年版。

〔註35〕孫中山：《離橫濱前的談話》，載廣東省社會科學院歷史研究室、中國社會科學院近代史研究所民國史研究室、中山大學歷史系孫中山研究室（編）：《孫中山全集》（第一卷），中華書局1981年版，第189頁。

〔註36〕孫中山：《致港督卜力書》，載廣東省社會科學院歷史研究室、中國社會科學院近代史研究所民國史研究室、中山大學歷史系孫中山研究室（編）：《孫中山全集》（第一卷），中華書局1981年版，第193頁。

和之名下，其夙著聲望使為一部之長，以盡其材，然後建立中央政府以駕馭之，而作聯邦之樞紐」，這正是「共和政治有革命之便利者也」。〔註37〕所以革命成功之後，專制制度廢除，須效仿美國之制，舉行總統選舉，實行共和政治。

孫中山對共和政治的關注點在自治，這與西方18世紀「多於一人之治」的共和主義傳統關係密切。〔註38〕他認為共和政治可以對革命後的國家進行整合，把各種政治勢力吸納入共和政府，讓中央政府負責國家的事務，有一定的實際意義。孫中山雖然反對清廷中央集權，但在對革命後共和國的政制設計中，他並沒有地方分權的想法。而對革命後的各種革命家，他希望給他們行政職務來化解他們的野心。民國成立後的政治實踐證明了這種措施並不有效，革命中的群雄和地方勢力成了軍閥，問題可能還在國家的權威沒有建立起來，國家能力不足，所以孫中以後的思想也發生了變化。

（2）從軍法到憲法

在孫中山看來，革命的目的是為了獲得「民權」，但是革命是暴力活動，所以革命時期更為注重兵權，民權為其次，因為二者可能會有牴觸。兵權集中才有行動能力，而革命後之軍政府大權在握，讓其放棄兵權以伸張民權，可能性不大。美國革命後民權伸張，華盛頓才不做皇帝，但是法國大革命後，拿破崙手握兵權，並非不知民權之意，而是因為「不掌兵權，不能秉政權，不秉政權，不能申民權」。蓋因兩國形勢不同，華盛頓到了法國也會成為拿破崙那樣的人物，所以革命者雖然常常有高尚的目標，但是結果總是不免重蹈覆轍，並未達到申民權之目的。而為了解決這個問題，孫中山認為需要在「革命之際先定兵權與民權之關係」，確定這兩者之間關係的就是「約法」。革命時期建立軍政府，兵權貴專，民權初創；而革命後，軍政府掌握政權，但是需要「解兵權以授民權」。因此當軍政府佔領了一個縣，「軍政府與人民相約，凡軍政府對於人民之權利義務，人民對於軍政府之權利義務，其犖犖大端者悉規定之」，是為約法。依據約法，軍政府組織地方的行政治理，人民自行組織地方議會來判定軍政府是否遵循約法。每個縣皆以此建立約法，各縣共守

〔註37〕孫中山：《與宮崎寅藏平山周的談話》，載廣東省社會科學院歷史研究室、中國社會科學院近代史研究所民國史研究室、中山大學歷史系孫中山研究室（編）：《孫中山全集》（第一卷），中華書局1981年版，第172～173頁。

〔註38〕參見劉訓練：《共和主義：從古典到當代》，人民出版社2013年版，第14頁。

約法，來監督軍政府，最終形成十八省的議會，軍政府亦無法專權。這樣既可以讓人民形成「共和國民之資格」，以後約法會發展為憲法，並以憲法作為民權立憲政體的基礎。〔註39〕孫中山對約法的設計重點在對革命形成的多種軍事集團的控制，〔註40〕在保持革命軍政府革命能力的前提下，保障民權，可謂用心良苦。這種約法是軍民之間的契約，從小範圍的縣開始，逐步發展到全國。但是問題在於如果軍政府的權力是人民授予的，這種契約可能有效，但是現實的情況是在軍政府面前，人民沒有任何談判的條件，所以孫中山設想的約法不過是一種可能的道義約束，能否起到實際作用很令人懷疑。

1906 年在《中國同盟會革命方略》中，孫中山對革命過程及以後國家政權建設和治理方式的進程有了新的闡述。革命的第一期是軍法之治。這個時期軍隊是國家的主導，軍政府掌握全部地方行政權，掃除弊端。軍隊和人民破除舊的政治、風俗之害，進行教育和公共基礎設施等各方面的建設。各縣至少實行三年軍法之治，如果早有成效，則可以早日解除軍法，公布約法。第二個時期是約法之治，也就是軍政府把自治權交還給地方人民，軍政府仍具有軍權和中央的行政權，管理國家事務，但地方議員和行政官員都要由人民選舉。這時軍政府並不解散，但是要和人民、地方官員、議員一起遵守約法。約法之治的時間為六年。第三個時期是憲法之治。這一時期，軍政府解散，交出兵權和行政權，還政於民，全體國民公開選舉總統和議員，開國會，行共和政治，一切國家或政治事務都要依據憲法而行之。孫中山希望通過這三個循序漸進的過程，養成國民「自由平等之資格」，此乃中華民國之根本。〔註41〕

孫中山設計的這三個步驟首先是用掌握專制性權力的軍政府來建立秩序、完善國家政權建設，再通過人民自治，伸張人民的權力，最後當人民程

〔註39〕參見孫中山：《與汪精衛談話》，載廣東省社會科學院歷史研究室、中國社會科學院近代史研究所民國史研究室、中山大學歷史系孫中山研究室（編）：《孫中山全集》（第一卷），中華書局 1981 年版，第 289～290 頁。

〔註40〕關於軍人和軍隊在國家發展和轉型中的角色，參見（美）塞繆爾‧亨廷頓：《軍人與國家：軍政關係的理論與政治》，李晟譯，中國政法大學出版社 2017 年版。

〔註41〕參見孫中山：《中國同盟會革命方略》，載廣東省社會科學院歷史研究室、中國社會科學院近代史研究所民國史研究室、中山大學歷史系孫中山研究室（編）：《孫中山全集》（第一卷），中華書局 1981 年版，第 297～298 頁。不過在一些反對立憲派的文章或演講中孫中山又認為中國人民的程度並不低。

度提高，地方自治形成，地方有了較多的自主性，軍政府的權力自然會被削弱，憲法之治也是水到渠成的事情。所以孫中山通過三個步驟把革命後產生的暴力集團紛爭導向更有秩序的統治，讓國家實現憲法之治。這是一個先立國後立憲的過程，不過整個過程仍然比較粗略，對與民族相關的諸問題仍持種族主義立場。如果不解決民族和國家的整合問題，很可能出現革命後專制或巴爾幹化（Balkanization），〔註 42〕也就是在清王朝版圖的基礎上形成許多相互敵對的國家或統治區，從而使軍政府統治區域的權力也隨之碎片化，這對立國和立憲都會產生負面影響。

（3）五權分立

　　五權憲法是孫中山對革命後共和國憲法之治的制度設計。分權學說在西方源遠流長，被認為是「西方立憲主義全部格局的核心」。〔註 43〕三權分立是由法國法學家孟德斯鳩以英國憲政經驗為基礎提出的政權系統分工學說，雖然有對英國的誤讀成分，但是該學說在美國憲制中被嚴格執行，可以說美國立憲的根本就是立法、司法和行政的三權分立之制，這也影響了世界上許多國家。孫中山對美國的憲政比較瞭解，但他在通常的三權之外增加了考選權和糾察權。

　　孫中山認為，增加考選權是因為國家需要一個嚴密、公平的考試制度來選拔人才。一般的民主共和國中，哪個政黨在選舉中獲勝，國務就由哪個政黨包辦，每次選舉都會有大小行政人員被替換，所以選舉任命官員本身尤為不公平，還會導致政治像美國一樣腐敗散漫。另外，政治選舉主要靠口才，這就會讓一些口才不佳但是有真才實學、思想高尚的人失去從政的機會。口才不能代表能力，美國國會中有許多愚蠢的議員混跡其中就是證明。因此孫中山認為考選權能避免這兩個弊端。不過孫中山可能對美國等西方國家的政治選舉稍有誤解，美國在 1883 年就立法禁止了政黨分贓制，選舉獲勝政黨只替換政務官員，事務性官員一般不會被替換，而且事務性官員在大多數民主國家不能加入任何黨派，需要保持政治中立。對於糾察權，孫

〔註 42〕 關於巴爾幹化，參見 Predrag Simic, Balkans and Balkanisation Western Perceptions of the Balkans in the Carnegie Commission's Reports on the Balkan Wars from 1914 to 1996, *Perceptions*, Vol. 18, Issue 2 (2013), pp. 113~134。

〔註 43〕 參見（英）維爾：《憲政與分權》，蘇力譯，生活·讀書·新知三聯書店 1997 年版，第 15 頁。

中山認為可以彌補共和政治之不足，因為一般的立憲國家糾察權都歸議會掌管，議會權力過大，出現的問題是：「裁判人民的司法權獨立，裁判官吏的糾察權反而隸屬於其他機關之下」，這極為不當，因此需要在政權系統中單設糾察權。〔註44〕

孫中山認為這兩種權力都是中國古代創造的優良制度，只是在古代考選制度被政府濫用，稽查制度又被長期埋沒。憲制的設計要採納國內外的良法，因此他在共和政治中重新納入了這兩個制度，形成五權分立，創立一個前所未有的政治學說和新政體，從而使五權的各個機關能充分發揮它們的作用。

孫中山在西方經典的三權分立之中加入了考選權和糾察權這兩個他認為的中國固有的制度，除了認為可以補救西方引進的共和制度之不足外，可能還有民族主義因素。他對五權憲法之理論並無多少闡述。不過從國家的政制設計來講，立法、司法和行政是構成國家機構的基本權力，但考選和糾察並不是。孫中山要求設計專門的考選和糾察部門，不能隸屬於行政部門和立法部門，前者從目前各國的情況來看，雖隸屬於行政部門，但運行良好；後者確實有許多國家設立獨立的糾察部門，起到了原來糾察部門沒有的效果。

3.3.3 小結

孫中山革命的對象是滿清政府，滿人幾百年的統治在種族上極為不平等。滿人入住中原後，對占大多數的漢人實行了半隔離的政策，並通過文字獄等形式壓制漢人知識分子，而滿人自身有極多的特權，所以所謂「滿漢平等」也是建立在人數極為懸殊的兩個族群之上，其本質是實質性的不平等。〔註45〕所以孫中山和革命派以種族視角論述革命的必然性在當時很有煽動性，解構了清王朝自我改革的進程。〔註46〕而這個階段孫中山認為革命的目標是建立

〔註44〕參見孫中山：《與該魯學尼等的談話》《復魯賽爾函》，載廣東省社會科學院歷史研究室、中國社會科學院近代史研究所民國史研究室、中山大學歷史系孫中山研究室（編）：《孫中山全集》（第一卷），中華書局1981年版，第319～320頁、第330～331頁。

〔註45〕參見（美）路康樂：《滿與漢：清末民初的族群關係與政治權力（1861～1928）》，王琴、劉潤堂譯，中國人民大學出版社2010年版，第11～88頁。

〔註46〕革命青年鄒容在小冊子《革命軍》中以極為煽動和誇張的口吻把對滿清政府的革命宣揚為一種漢人的復仇行為，引起許多青年人的共鳴，一時洛陽紙貴。關於清末立憲時期的反滿民族思想，參見金欣：《論晚清立憲中的內在矛盾》，載《人大法律評論》2010年第1期，第150～154頁。

一個共和國，而這個共和國的政府是以漢人為主體、地方自治的聯邦政府。
對國家政權的發展，他提出了軍法之治、約法之治到憲法之治三步走的過程，
將國家的權力逐漸分給地方。而在憲制的設計上，孫中山主張五權憲法。孫
中山看到了立國中國家專制性權力的重要性，所以必須經過軍法之治時期，
這個時期軍政府掌握極大的專制性權力，來推動國家的建設和發展，而最終
在國家權力從強大的專制性權力變為基礎性權力的過程中，權力法治化，進
而實現立憲政治。

3.4　革命後的國家建設

　　民國成立後，孫中山回國擔任臨時大總統，他的目標是國家統一，在中
國建立並實行立憲共和制度。隨著國家局勢的發展，他辭去大總統專心國家
建設，任中國鐵路總公司總理。這時孫中山認為政治革命已經完成，需要進
行社會革命和國家建設，對於如何過渡到立憲國家，他對政黨、人民和國家
的關係也有所論述，同時他的民族觀念發生了變化，由種族主義變為民族統
一的中華民族主義。他特別強調民族革命的意義，認為民族革命後平等的人
民才能建設民權主義，繼而才能進行民生主義之建設。

3.4.1　社會建設與國家整合

　　1912 年孫中山辭去中華民國臨時大總統，致力於社會改革和鐵路建設，
他認為這是「更為重大之事務」，比黨務和政治更吸引他。在他看來，清王朝
滅亡，中華民國成立，民族和民權主義已經實現，政治革命完成，但民生問
題沒有解決，中國大部分人民仍然貧窮落後，所以需要社會革命（他有時候
也稱之為經濟革命）。歐美許多國家雖然是富強的立憲共和國，但是貧富差距
過大，所以產生了許多想要革命的社會黨。因此他認為不經過社會革命，國
家只會給少數資本家來帶來利益，「人民不能全數安樂」，所以中國需要進行
一場社會革命。孫中山也看到歐美各國的社會革命都是以暴力的方式進行，
但是他認為中國不需要進行暴力的社會革命，因為中國社會普遍比較貧困，
資本家階層尚未出現，正是進行和平社會革命的好時機。而社會革命主要是
平均地權，孫中山看到因為土地不均導致許多人極度貧困，因此他希望以國
家徵收土地稅和印契稅的方式，增加國家收入，然後把這些資金用於救助貧

困人口；他也主張將鐵路、航運和運河等一些重要的交通事業歸為國有，這樣可以防止資本家的壟斷。〔註47〕可以看出，孫中山設計的社會革命其實是國家起著主導作用的社會和經濟改革，屬於國家發展，只不過因為當時的革命話語環境，他用革命這個詞語來表述。他還認為一些壟斷行業應該國有化，方能造福全體人民，國家亦可以保護普通人不被資本家壓榨。這是一種良好的願望，但是忽略了國家本身可以作為實現某種目的的工具，國家並不是總會為大多數人的利益服務，還可以為控制它的階層或集團服務。〔註48〕

孫中山辭去臨時大總統後，在北京對袁世凱說自己要在10年內修20萬里鐵路，被媒體報導後落下個「孫大炮」的諢名，〔註49〕但孫中山對鐵路對立國促進作用的認識卻完全沒有錯。孫中山認識到鐵路對國家工商業發展和國家整合的重要作用，因而設想了橫貫中國東西南北的鐵路動脈。在孫中山看來，鐵路運輸能力強大，利於實業貨物的運輸，農業、工業、礦業和商業這些使國家富裕的行業都需要良好的交通運輸，所以鐵路是國家富強的重要保障。此外，中國地大物博，鐵路可以擴大商品的市場，也利於人口和勞動力之流動。對於借款修鐵路和外包給外國人修鐵路，他並不介意，但堅持鐵路必須國有。他認為美國的問題就是鐵路開始就私有，導致後來鐵路歷程太長，國家已經無力將之公有化。〔註50〕孫中山也看到鐵路對國家整合的作用，在

〔註47〕 參見孫中山：《在南京同盟會會員餞別會的演說》，載廣東省社會科學院歷史研究室、中國社會科學院近代史研究所民國史研究室、中山大學歷史系孫中山研究室（編）：《孫中山全集》（第二卷），中華書局1982年版，第319～323頁。他亦言「民生主義」就是「國家社會主義」。「民生主義」並不是均富主義，而是「以國家之力，發達天然實利，防資本主義之專制」。參見孫中山：《在上海南京路同盟會機關的演說》《在北京共和黨本部歡迎會的演說》，載廣東省社會科學院歷史研究室、中國社會科學院近代史研究所民國史研究室、中山大學歷史系孫中山研究室（編）：《孫中山全集》（第二卷），中華書局1982年版，第339頁、第442頁。

〔註48〕 參見關於國家的工具性，參見（英）帕特里克·鄧利維、布倫登·奧利里：《國家理論：自由民主的政治學》，歐陽景根、尹冬華等譯，浙江人民出版社2007年版，第144～145頁、第164～168頁。

〔註49〕 參見唐德剛：《袁氏當國》，遠流出版事業股份有限公司2002年版，第89～91頁。唐德剛根據《人民日報》的數據指出，直到1998年，中國的鐵路歷程尚未超過10萬里。

〔註50〕 參見《與上海〈民立報〉記者的談話》《在北京鐵路協會歡迎會的演說》，載廣東省社會科學院歷史研究室、中國社會科學院近代史研究所民國史研究室、中山大學歷史系孫中山研究室（編）：《孫中山全集》（第二卷），中華書局1982年版，第382～384頁、第420～421頁。

他看來，鐵路的通行讓中國不同地區的民眾之間的交流增多，消除各地之間的隔閡和衝突，相互之間形成「民族意識」和共通之國語，進而增加整個民族的實力和自信。〔註51〕孫中山對鐵路的設想在當時看來似乎過於不切實際，但是他對鐵路的認識卻極為深刻，鐵路在促進實業發展的同時，還可以促進國家整合和民族整合。讓人民不僅可以形成「想像的共同體」（imagined community），還可以進一步成為交往的共同體（communicated community），〔註52〕這是對國家整合十分深刻的認識。試看今日中國高鐵之發展，當知孫中山所想不僅不是好高騖遠，而是遠見卓識。

孫中山認為清帝退位，袁世凱當上大總統，新共和國的政制已經基本穩定。但他看到西方各國的社會問題，因此認為一個國家如果不能解決民生問題，提高普通人的生活水平，這個國家一定不會穩定發展，因此他提出中國的發展需要繼續進行社會革命。這種看法很有見地，因為革命本身就面臨著政治問題和社會問題，法國大革命希望把兩個問題一起解決，卻帶來了國家長期的動盪，而美國革命先解決政治問題，完成了立憲共和制的構築，推遲了社會問題的解決，直到南北戰爭才解決了奴隸制這個最大的社會問題。孫中山熟悉美國歷史，但對中國政治革命的判斷失誤，才導致他準備把自己的全部精力放在社會革命上。而對於鐵路，康有為也認識到它對國家整合的作用，同樣希望改善交通促進國家經濟發展，增強人民對國家認同。但在國家政權建設沒有完成的情況下，解決這兩方面的社會問題不過是良好的願望，好似拆東牆補西牆，並不能解決實質性問題。因此，此後孫中山也從社會建設領域抽身，繼續進行革命運動和國家政制建設的探索，直到晚年在《建國方略》中才重提鐵路問題。

〔註51〕 參見孫中山：《中國之鐵路計劃與民生主義》，載廣東省社會科學院歷史研究室、中國社會科學院近代史研究所民國史研究室、中山大學歷史系孫中山研究室（編）：《孫中山全集》（第二卷），中華書局1982年版，第491頁。

〔註52〕 「想像的共同體」是美國學者本尼迪克特‧安德森提出的著名概念，意指一個國家的人民可能一生都不會彼此相識，但是通過共同的閱讀、接受共同的歷史等，「想像」他們同屬一個民族。參見（美）本尼迪克特‧安德森：《想像的共同體：民族主義的起源與散佈》（增訂版），吳叡人譯，上海人民出版社2011年版。也有學者的研究顯示，不同族群民眾雜居的多樣性和交往可以減少民族衝突和矛盾。參見 Katharina Schmid, Ananthi Al Ramiah, and Miles Hewstone, Neighborhood Ethnic Diversity and Trust: The Role of Intergroup Contact and Perceived Threat, *Psychological Science*, Vol. 25, Issue 3 (2014), pp. 665～674。

3.4.2 民族的統一與整合

辛亥革命前，孫中山堅持的是清初以來流行於民間的種族主義，主張建立一個漢人的單一民族國家。但是正如筆者在導論中所討論，民族國家這種範式來自歐洲的概念，對大部分現代世界的國家來說一個民族一個國家是不可能的，所以國家一般都會建構一個全國性的（national）的、高於國境內其他民族的國家民族（國族），其他原本的民族變成去政治化的族群（ethic group），〔註 53〕形成多族群的民族國家。民國繼承了清王朝多民族的版圖，因此立國本身首先面臨著國家與民族整合的問題，孫中山這時放棄了他的種族性民族主義，主張一種更利於國家整合和民族整合的國族主義，使「民族統一」，進而形成中華民族。

在中華民國成立後，孫中山在《臨時大總統宣言書》中宣告：「國家之本，在於人民。合漢、滿、回、藏諸地為一國，即合漢、滿、蒙、回、藏諸族為一人。是曰民族之統一。」〔註 54〕這一宣告可以歸納為兩點，首先宣示幾個清王朝的邊疆區域皆屬於新成立的共和國，表明了新的共和國對清帝國領土的繼承性；其次，這五族之人民一律平等，各族人民集合為一體，成為一個統一的民族。這一點常常被誤讀為「五族共和」，這並不正確，五族共和是清末立憲時期清廷官員提出的概念，意在應對當時的反滿和民族不平等言論，孫中山主張「民族統一」，重點不是各族的獨立性，而是一體性和統一性。在孫中山看來，新共和國的制度不同於清王朝的民族不平等制度，在新共和國裏，國民是國家的主體，這些民族的人民擁有一個共同的身份就是中華民國的國民，國民一律平等，都是國家的主體，以參政的方式成為國家的主人翁，建設強大的國家是各族人民的共同責任。〔註 55〕對於「民族統一」之具體情形，此時孫中山並沒有給出具體解釋，但是這種「民族統一」的思想與弱化民族屬性，強調國民身份的民族整合策略則與康有為「民合於一」

〔註 53〕 參見馬戎：《理解民族關係的新思路——少數族群問題的「去政治化」》，載《北京大學學報（哲學社會科學版）》2004 年第 6 期。

〔註 54〕 孫中山：《臨時大總統宣言書》，載廣東省社會科學院歷史研究室、中國社會科學院近代史研究所民國史研究室、中山大學歷史系孫中山研究室（編）：《孫中山全集》（第二卷），中華書局 1982 年版，第 2 頁。

〔註 55〕 參見孫中山：《在北京蒙藏統一整治改良會歡迎會的演說》，載廣東省社會科學院歷史研究室、中國社會科學院近代史研究所民國史研究室、中山大學歷史系孫中山研究室（編）：《孫中山全集》（第二卷），中華書局 1982 年版，第 30 頁。

的思想極為類似，他們都看到了國內各民族之身份對構建一個現代國家的危害性，所以主張用國民身份代替民族身份。此後孫中山也提到過「五族共和」，〔註 56〕但是他基本上沒有闡述這一詞語的含義，而是著重建構作為中國國族的中華民族。

孫中山在此後的多次表述中並未放棄種族（民族）革命的說法，在他看來辛亥革命作為種族革命的意義在於消除了民族間的不平等，建立了民族平等的共和政體，但民族主義並未成功。孫中山認為民族主義是「民族之正義之精神」，中國古代亡於「胡元」和「滿清」，漢人甘受奴役，是「有民族而無民族主義」。民族主義的範圍，有的看重共同的血統和宗教，有的看重共同的歷史習慣和語言文字，但「最文明高尚之民族主義」則以共同之意識為核心。〔註 57〕因此在對「民族統一」的進一步論述中，他認為民初舊黨和宗社黨提出的「五族共和」有分裂國家的危險，而中國境內各民族有共同之意識，應該將其他民族同化進漢族，形成新的國族中華民族，以實現完全的民族統一，形成一個「大民族主義國家」。這種同化並不是壓迫，而是漢族犧牲的血統、歷史和自尊自大的名稱，與其他各族人民「相見與誠，合為一爐而治之」，形成新的中華民族。在他看來，中國人的絕大多數都是漢人，其他民族人口所佔比例較少，漢族應該幫助他們自立自強。孫中山還舉了瑞士和美國的例子。瑞士雖有不同民族，但是以統一的瑞士民族立國，蓋因該國雖有日耳曼、法蘭西和意大利各民族，但各族有共同的意志，皆「愛自由，尚自治」，「共圖直接民權之發達」，所以達成民族之統一。而美國則更有代表性，人民皆是外來不同民族之移民，亦有黑白種族之別，但美國採取民族熔爐政策，將這些不同的民族融為美利堅民族，發展民權，造就了美國今日之強大地位，因此中國應該以美國為榜樣，實行這種積極的民族主義。中國邊疆各民族長期被迫依附於外國，今將他們同化於漢族，一起組織建國，同

〔註56〕比如在《在張家口各界歡迎會的演說》中，孫中山言：「此五族共和之所以可貴，而孟子『民為貴，社稷次之，君為輕』之言為不誣也。」參見廣東省社會科學院歷史研究室、中國社會科學院近代史研究所民國史研究室、中山大學歷史系孫中山研究室（編）：《孫中山全集》（第二卷），中華書局 1982 年版，第 451 頁。

〔註57〕參見孫中山：《在中國國民黨本部特設駐粵辦事處的演說》，載廣東省社會科學院歷史研究室、中國社會科學院近代史研究所民國史研究室、中山大學歷史系孫中山研究室（編）：《孫中山全集》（第五卷），中華書局 1985 年版，第 186～188 頁。

時將漢族改為「中華民族」，形成一個「完全的民族國家」。〔註58〕所以民族主義不僅要求中國國內各種族之間平等、統一，還需要中國民族和外國民族之間的平等。而在晚年的《三民主義》一書中，孫中山則認為在中國提民族主義，就等於提倡國族主義。雖然 nation 一詞在外文中有兩層含義，但是在中國卻是統一的，因為中國自秦漢以來民族和國家就是一致的。民族主義是一種自然的凝聚力和認同，因此提倡民族主義有利於團結全國人民，對國家建設作用甚大。〔註59〕

　　孫中山對中國國族之建構立足於國家整合，看到了作為情感性共同體的民族對國家建設之意義，也看到了民族整合對國家統一和國家發展的重要作用，他以「共同意志」作為民族構成的基礎，有其敏銳之處，但是能否成立也值得懷疑。〔註60〕他主張的民族整合方式也過於簡單，忽略了各民族的特點和獨立性，將其他民族同化為漢族也過於一廂情願。相比而言，康有為提出「民合於一」只強調人民的國民身份，逐漸形成中華的統一民族則更有合理性。

3.4.3　小結

　　孫中山初期對革命後的國家較為樂觀，因此他退出政壇，一心致力於社會建設，希望通過社會革命給普通人帶來福利。因此他大膽設想通過鐵路的修築促進國家的經濟發展，同時讓鐵路帶來的交通便利促進國家和民族的整合。此時他關於民族的觀點也發生了改變，從種族主義轉變為國族主義，希望構建一個囊括中國內部所有民族的中華民族國族，讓中國成為一

〔註58〕參見孫中山：《在中國國民黨本部特設駐粵辦事處的演說》，載廣東省社會科學院歷史研究室、中國社會科學院近代史研究所民國史研究室、中山大學歷史系孫中山研究室（編）：《孫中山全集》（第五卷），中華書局1985年版，第472～475頁。在晚年孫中山不再用「同化」這一表述，而言「民族之融化」。參見孫中山：《復馬文元函》、《致馬麟函》，載廣東省社會科學院歷史研究室、中國社會科學院近代史研究所民國史研究室、中山大學歷史系孫中山研究室（編）：《孫中山全集》（第七卷），中華書局1985年版，第38頁、第39頁。

〔註59〕參見孫中山：《三民主義·民族主義》，載廣東省社會科學院歷史研究室、中國社會科學院近代史研究所民國史研究室、中山大學歷史系孫中山研究室（編）：《孫中山全集》（第九卷），中華書局1986年版，第185～189頁。

〔註60〕在現存的各種民族主義範式當中並沒有「共同意志」，相關研究參見（英）安東尼·史密斯：《民族主義：理論、意識形態、歷史》（第二版），葉江譯，上海世紀出版集團2011年版，第48～66頁。

個名副其實的民族國家。

3.5　政黨與立國立憲

　　袁世凱當權後，國民黨在國會選舉中獲得多數席位，成為兩院第一大黨，但有望成為國務總理的國民黨代理事長宋教仁遇刺身亡。此後孫中山相繼發動了二次革命和護法運動，國民黨被解散，這時他認識到國家的政治革命並未徹底，以民主政黨的形式參與政治運作並不適合中國，因此他放棄社會革命，繼續進行政治革命，把西方式的議會政黨改造為列寧主義的革命黨。繼而探索了政黨在立國中的作用，以及政黨如何帶領人民和國家走向立憲政治。

3.5.1　政黨與國家

　　孫中山看重政黨對國家的作用，不僅是因為反對「革命軍起，革命黨消」的提法，〔註 61〕更是看重政黨在一個國家能力不足的國家建設統一有執行力的國家權力的作用，他也認為雖然主權在民，但是人民需要先知先覺的人士去引領，而革命黨就能發揮這樣的作用。一般的民主政黨是靠選票獲得執政權而統治國家，但列寧主義的革命黨則是依靠暴力手段獲取執政權或者顛覆現有憲制，〔註 62〕孫中山所論的政黨顯然是後者。

（1）人民與國家

　　在同盟會時期，孫中山就描述了民國應該是「國家為人民之公產，凡人民之事，人民理之」，人民選舉國會議員代表人民議定租稅，制定法律。〔註 63〕而「國家的責任，是設立政府，為人民謀幸福」，國家的行政人員不過只是人民的服務員。與專制制度不同，在共和制之下，國家好比公司，公民如股東，行政官員就如公司之工作人員，因此總統、官吏皆為國民之公

〔註 61〕　參見楊天宏：《政黨建置與民初政制走向——從「革命軍起，革命黨消」口號的提出論起》，載《近代史研究》2007 年第 2 期。
〔註 62〕　關於兩種政黨的區別，參見（英）安德魯·海伍德：《政治學》（第三版），張立鵬譯，中國人民大學出版社 2013 年版，第 168 頁。
〔註 63〕　參見孫中山：《中國同盟會革命方略》，載廣東省社會科學院歷史研究室、中國社會科學院近代史研究所民國史研究室、中山大學歷史系孫中山研究室（編）：《孫中山全集》（第一卷），中華書局 1981 年版，第 318 頁。

僕。〔註64〕雖然國家由領土、人民和主權構成，但是僅有這些立國還不夠，孫中山認為國人常常忙於生計，只顧自己的私事，不知道自己與國家的關係，而國家與每個人的關係就像「身體之於髮膚，刻不可無」。〔註65〕因此，立國必須要培養人民的國家意識，「須知民國何由發生，亦只發生於國民之心」。〔註66〕人民的國家意識和國家認同是國家鞏固的基礎，而人民的國家意識是一個演進的過程。在《臨時大總統宣言書》中，孫中山認為「國家之本，在於人民」，而民族統一的基礎就因為五族之人民皆是平等的國家主人。他亦言共和國與專制國不同，共和國的主體是人民，「國家為人人共有之國家」，是人民的國家，所以人民共享國家的權利，人民也要共同承擔國家的義務。共和國是人民之國家，因此人民有責任合群力來促進國家之發展和富強。〔註67〕這一點與康有為的「國為公有」之論類似。

孫中山認為中華民國的統治權屬於人民，這是國家正當性之所在。因為主權在民，人民是國家的主人，民國雖處於國家建設的大好時機，但是因為民智未開，人民被野心家利用，不但不能戮力建設國家，而且使「立國之基礎，亦遭動搖」，〔註68〕國家只是個形式上的國家。所以孫中山認為要使人民

〔註64〕 參見孫中山：《在廣州全國青年聯合會的演說》，載廣東省社會科學院歷史研究室、中國社會科學院近代史研究所民國史研究室、中山大學歷史系孫中山研究室（編）：《孫中山全集》（第八卷），中華書局1986年版，第318頁；孫中山：《在桂林廣東同鄉會歡迎會的演說》，載廣東省社會科學院歷史研究室、中國社會科學院近代史研究所民國史研究室、中山大學歷史系孫中山研究室（編）：《孫中山全集》（第六卷），中華書局1985年版，第55頁。

〔註65〕 參見孫中山：《在中國同盟會葛侖分會成立大會的演說》，載廣東省社會科學院歷史研究室、中國社會科學院近代史研究所民國史研究室、中山大學歷史系孫中山研究室（編）：《孫中山全集》（第一卷），中華書局1981年版，第523頁。

〔註66〕 孫中山：《在滬歡送國會議員宴會上的演說》，載廣東省社會科學院歷史研究室、中國社會科學院近代史研究所民國史研究室、中山大學歷史系孫中山研究室（編）：《孫中山全集》（第三卷），中華書局1984年版，第318頁。

〔註67〕 參見孫中山：《在張家口各界歡迎會的演說》，載廣東省社會科學院歷史研究室、中國社會科學院近代史研究所民國史研究室、中山大學歷史系孫中山研究室（編）：《孫中山全集》（第二卷），中華書局1982年版，第451頁；孫中山：《在紹興商會的演說》，載廣東省社會科學院歷史研究室、中國社會科學院近代史研究所民國史研究室、中山大學歷史系孫中山研究室（編）：《孫中山全集》（第三卷），中華書局1984年版，第349頁。

〔註68〕 參見孫中山：《在杭州督軍署宴會上的演說》，載廣東省社會科學院歷史研究室、中國社會科學院近代史研究所民國史研究室、中山大學歷史系孫中山研究室（編）：《孫中山全集》（第三卷），中華書局1984年版，第341頁。

有能力鞏固國家，首先需要從地方自治入手，地方自治是國家建設的基礎，也是完善政治的必要條件。其次，守護和鞏固共和國的職責在國民黨，需要從整頓該黨的黨務開始。〔註69〕有執行力的黨可以引領立國。亦要向民眾宣傳國民黨的三民主義，〔註70〕以三民主義改造人民的思想。這是典型的父愛主義國家觀念，在人民主權中，如果沒有民主參與機制，人民就被抽象化，〔註71〕變成了某種政治黨派為民做主。所以孫中山對人民的看法充滿了威權主義色彩。

（2）黨守護國家

民國成立初期，孫中山就透露出對強有力政黨的青睞，他指出共和立憲政體需要「強健而良善之政黨」，但也認為政黨輪替是人之常情。〔註72〕而且「中華民國是以人民為本位，而人民之憑籍則在政黨。國家必有政黨，一切政治始能發達」。國家的成立和運行要靠政治，國民不可能全部直接參與政治，所以需要政黨作為代表，專門從事政治工作。政黨的目的是要與其他黨爭勝，因此「一國之政治，必賴有黨爭，始有進步」，所以「黨事即為國事」。〔註73〕此時孫中山尚對新的共和國充滿樂觀，而他眼中的政黨基本上屬於現代社會的民主政黨。但孫中山也多次強調，中華民國之建立，是革命黨的功勞，而且共和國初成立，國民黨佔優勢，所以保持革命精神對國家建設有利。

在二次革命後，孫中山意識到在軍閥面前國民黨的脆弱性，認為要救國應該有黨的領導，因此必須建設一個強大的政黨，而國民黨黨員必須完全服從黨

〔註69〕 參見孫中山：《在浙江省議會的演說》《復郭標函》，載廣東省社會科學院歷史研究室、中國社會科學院近代史研究所民國史研究室、中山大學歷史系孫中山研究室（編）：《孫中山全集》（第三卷），中華書局 1984 年版，第 345 頁、第 382 頁。

〔註70〕 參見孫中山：《在廣州國民黨講習所開學典禮的演說》，載廣東省社會科學院歷史研究室、中國社會科學院近代史研究所民國史研究室、中山大學歷史系孫中山研究室（編）：《孫中山全集》（第十卷），中華書局 1986 年版，第 349〜352 頁。

〔註71〕 關於人民主權，參見聶露：《人民主權理論述評》，載《開放時代》2002 年第 6 期。

〔註72〕 參見孫中山：《中華民國》《國民黨宣言》，載廣東省社會科學院歷史研究室、中國社會科學院近代史研究所民國史研究室、中山大學歷史系孫中山研究室（編）：《孫中山全集》（第二卷），中華書局 1982 年版，第 293 頁、第 297 頁。

〔註73〕 參見孫中山：《在上海國民黨茶話會的演說》《在橫濱國民黨支部歡迎會的演說》，載廣東省社會科學院歷史研究室、中國社會科學院近代史研究所民國史研究室、中山大學歷史系孫中山研究室（編）：《孫中山全集》（第三卷），中華書局 1984 年版，第 4〜5 頁、第 39 頁。

魁的孫中山之命令。此前的國民黨黨員如一盤散沙，「既無團結自治之精神，復無奉令承教之美德，迨乎外侮之來，立見崩潰，患難之際，疏如路人」，蓋因為「當時之黨未嘗以統一號令、服從黨魁為條件耳」。〔註74〕1914年，孫中山在日本將中國國民黨改組為「一個純粹的革命黨」，〔註75〕名為中華革命黨。基於前述國民黨之問題，他特別反對此前同盟會和國民黨中有人主張的「自由平等之說」，而是認為黨員對於一個黨來說，並不像國民與國家，國民可以向國家爭取平等自由，但黨員卻不可以向黨爭取平等自由。因為黨員之於黨，就像「官吏之於國家」，官吏是國民的公僕，「必犧牲一己之自由平等，為國民謀自由平等，絕對服從國家，以為人民謀自由平等」。對黨員和黨來說亦如此，只要加入革命黨，就要把救國救民作為自己的責任，就應該犧牲個人的自由平等去為國民謀取自由平等，所以必須要服從黨魁之命令，為國民犧牲自己的權利。因此重組後的革命黨「首以服從命令為唯一之要件」，黨內是人治，而不是法治。孫中山還特別強調，中華革命黨是一個秘密政黨。〔註76〕該黨的黨章亦極為嚴格，違背黨的意志不僅自己會受到處罰，介紹人也要受到處罰。

　　革命黨的目的在於奪回國家的統治權，對於奪回統治權後國家的治理，孫中山認為將來該黨的黨員是參政的主體。在一封給海外國民黨人的信中，他認為第一次革命時「度量太寬」，讓許多反對黨混入革命隊伍，所以此次革命「非本黨不得干涉政權，不得有選舉權，將來各埠選舉代表，非本黨人不可」。〔註77〕孫中山亦設想了黨在革命成功後的立國進程中的作用，他言：「民國有如嬰孩，其在初期，惟有黨人立於保姆之地位，指導而提攜之，否則顛墜如往者之失敗矣。」〔註78〕孫中山認為國民黨人未必都有政治才能，但是

〔註74〕參見孫中山：《致南洋各埠洪門同志函》，載廣東省社會科學院歷史研究室、中國社會科學院近代史研究所民國史研究室、中山大學歷史系孫中山研究室（編）：《孫中山全集》（第三卷），中華書局1984年版，第105頁。

〔註75〕參見鄒魯：《中國國民黨史略》，商務印書館1947年版，第69頁。

〔註76〕參見孫中山：《致陳新政及南洋同志書》，載廣東省社會科學院歷史研究室、中國社會科學院近代史研究所民國史研究室、中山大學歷史系孫中山研究室（編）：《孫中山全集》（第三卷），中華書局1984年版，第92～93頁。

〔註77〕參見孫中山：《批伍曜南函》，載廣東省社會科學院歷史研究室、中國社會科學院近代史研究所民國史研究室、中山大學歷史系孫中山研究室（編）：《孫中山全集》（第三卷），中華書局1984年版，第104頁。

〔註78〕孫中山：《致吳敬恆書》，載廣東省社會科學院歷史研究室、中國社會科學院近代史研究所民國史研究室、中山大學歷史系孫中山研究室（編）：《孫中山全集》（第三卷），中華書局1984年版，第151～152頁。

一定是熱心愛護民國之人。而且根據「知難行易」的學說，國民黨是先知先覺之士，所以負有教化人民的責任。黨外之人未必不愛國，但是可能滋生事端，所以國家先應由國民黨來守護，黨負責「訓練國民使用政權」〔註 79〕，等將來適當的時候再還政於民。這時孫中山眼裏的政黨已經不再是國家政治的組成部分，而是高於國家和人民的國家守護者。

　　而在晚年，孫中山認為革命黨先於民國成立，民國本為該黨所造，維護民國是該黨的責任和權利。他深感民國成立多年仍「只有一塊假招牌」，所以希望中國國民黨能消滅一切反對黨，「使全國的人都化為革命黨，然後始有真中華民國」，他認為這是中國國民黨的責任。他還明確指出國民黨不是「政黨」，而是「一種純粹的革命黨」。而中華民國之「發生」當以「革命黨為根本」，中華民國好比一棵大樹，革命黨的就是這棵樹的根本，所以要用心建設黨。〔註 80〕這時孫中山不僅覺得黨要守護和領導國家，還把黨和國捆綁在一起，所以他明確提出「以黨治國」的理念。以黨治國並不是黨員治國，而是以中國國民黨的主義來治國，只有「全國人都遵守本黨的主義，中國然後才可以治」。「到了全國的人心都歸化於本黨，就是本黨的革命大告成功」之時。〔註 81〕這就是以國民黨本黨的主義來統領全國，形成一種黨國秩序。在這種秩序下，黨和國是兩個「相互維持且相互強化的組織」〔註 82〕。

　　可以看出民國成立之初，孫中山雖然強調國民黨的革命性，但對於政黨的看法基本上是基於常態政治的民主政黨理念，但到了二次革命後，他認識到中國仍處於非常狀態，不繼續革命無以完成立國，所以他把國民黨重組為秘密的革命黨，以圖用黨來拯救國家，改造國家，恢復共和，用三民主義改造人民的思想。此後他更強調需要列寧主義的政黨來守護國家的發展，其實就是讓黨成

〔註 79〕這是孫中山追隨者們的表述，參見《訓政綱領》，載夏新華、胡旭成等（編）：《近代中國憲政歷程：史料薈萃》，中國政法大學出版社 2004 年版，第 803 頁。

〔註 80〕參見孫中山：《在上海中國國民黨黨本部的演說》《在中國國民黨本部特設駐粵辦事處的演說》，載廣東省社會科學院歷史研究室、中國社會科學院近代史研究所民國史研究室、中山大學歷史系孫中山研究室（編）：《孫中山全集》（第五卷），中華書局 1984 年版，第 262～263 頁、第 472 頁。

〔註 81〕參見孫中山：《在廣州中國國民黨懇親大會的演說》，載廣東省社會科學院歷史研究室、中國社會科學院近代史研究所民國史研究室、中山大學歷史系孫中山研究室（編）：《孫中山全集》（第八卷），中華書局 1986 年版，第 282 頁、第 286 頁。

〔註 82〕（意）G. 薩托利：《政黨與政黨體制》，王明進譯，商務印書館 2006 年版，第 72 頁。

為國家非常時期的決斷者，自然可以超越實在法和現有的政治秩序。〔註83〕他進而認為黨是國家之雛形，以黨治國，構建一個黨國的治理秩序。因為黨如此之重要，所以他認為國家的一切事務之解決首先要從黨務開始。

3.5.2 走向立憲的國家

孫中山設計了一條用革命建立秩序，先由黨立國並守護共和國，再逐漸還政於民，最終實現立憲政治的政治發展道路。他首先論述了憲法和國會之價值，同時認為憲法是立國之基礎，但是在中國當時的情況下，要立國不可能立刻實行立憲政治，因此他設計了從軍政到憲政的立憲國家的發展道路。

（1）憲法的價值

相比康有為，孫中山對憲法的認識更為清晰，更接近立憲主義的原意，他言：「憲法者，國家之構成法，亦即人們權利之保障書也。」又言，憲法好比一個大機器，用來調和自由與統治。〔註84〕孫中山看到了現代憲法應該具有的兩方面主要內容：統治機構的規範和人民權利的規範。〔註85〕這兩者之間的關係中最重要的是人民的自由和政府統治關係之調和，這關涉國家權力如何分配這樣的根本問題。基於此，孫中山認為憲法是國家的根本大法，「與國之存亡相始終」，「蓋憲法成立，國之根本，庶難搖動」，因此「憲法成，國本斯固」。〔註86〕憲法與國家共存亡，可穩固國本。

而對憲法與立國的關係，孫中山認為憲法是立國之基礎，因此「國家憲

〔註83〕非常時刻的決斷這一概念被德國公法學家卡爾·施米特重點闡述，在他看來法律秩序就來自非常狀態的決斷，因為「規範證明不了什麼，而非常狀態卻能決定一切：它不僅確認規範，而且確認規範的存在，因為規範只能來自非常狀態。」參見（德）卡爾·施米特：《政治的概念》，劉宗坤等譯，上海人民出版社2004年版，第11頁。

〔註84〕孫中山：《〈中華民國憲法史〉前編序》《在廣東省教育會的演說》，載廣東省社會科學院歷史研究室、中國社會科學院近代史研究所民國史研究室、中山大學歷史系孫中山研究室（編）：《孫中山全集》（第五卷），中華書局1984年版，第319頁、第494頁。

〔註85〕關於憲法的結構和主要內容，參見張千帆：《憲法學導論——原理與應用》（第三版），法律出版社2014年版，第15～19頁；林來梵：《從憲法規範到規範憲法——規範憲法學的一種前言》，商務印書館2017年版，第75頁。

〔註86〕參見孫中山：《在宴請美領事會上的講話》，載廣東省社會科學院歷史研究室、中國社會科學院近代史研究所民國史研究室、中山大學歷史系孫中山研究室（編）：《孫中山全集》（第四卷），中華書局1985年版，第400頁。

法強，則國強；憲法不良，則國弱」，國家強弱，關鍵在憲法。〔註 87〕對於為何如此，他並未深入論述，但是他看重的是作為國家「根本法」的憲法對國家政制的確立和對國家建構的作用。而憲法之確立是一個進化的過程，當國家之國體初步確立、國際地位穩定後，則可以由憲法取代約法，亦可將初次制定之憲法逐漸修改完善。但憲法的修正必須以特定之程序，國會直接解散亦是，如此才是「遵循法治軌道之行為」，「國本」才不會動搖，政治才能進化。〔註 88〕對國會中矛盾之調停孫中山並不反對，但他認為應該堅持的是國家的「根本大法」，否則會不斷因一兩個政治勢力的意願而撕毀現有法律或制定新法，國會是共和精神之依託，如此則「國本已傾」，也就更談不上共和了。因此一個國家要想政治清明，社會穩定，只有全國人人都尊重憲法才可以，憲法乃是國家「永久和平之基礎」。〔註 89〕

　　對於立憲政制下的國會與法律和憲法的關係，孫中山認為《臨時約法》是民國的最高法，在憲法未公布之前，起著憲法之作用。《臨時約法》、國家和國會有著相互依存的關係，國會雖由約法而產生，但「法本空文，專賴合法機關之合法行為為之表現。約法為民國命脈，國會為法律本源。國會存，則民國存；國會亡，則民國亡．」〔註 90〕國會對民國的立憲體制十分重要。因此在他看來「共和政治，以法律為綱」，所以護法、保護國會都是維持國本之行動，而國內的各種政治爭端以法律來解決是最簡單有效的辦法。〔註 91〕

〔註 87〕　參見孫中山：《宴請國會及省議會議員時的演說》，載廣東省社會科學院歷史研究室、中國社會科學院近代史研究所民國史研究室、中山大學歷史系孫中山研究室（編）：《孫中山全集》（第四卷），中華書局 1985 年版，第 331 頁。

〔註 88〕　參見孫中山：《明正段祺瑞亂國盜權罪通令》，載廣東省社會科學院歷史研究室、中國社會科學院近代史研究所民國史研究室、中山大學歷史系孫中山研究室（編）：《孫中山全集》（第四卷），中華書局 1985 年版，第 207～208 頁。

〔註 89〕　參見孫中山：《致岑春煊函》《與蘇贛督軍代表的談話》《通告全國各界主張和平尊重國會電》，載廣東省社會科學院歷史研究室、中國社會科學院近代史研究所民國史研究室、中山大學歷史系孫中山研究室（編）：《孫中山全集》（第四卷），中華書局 1985 年版，第 207 頁、第 264～265 頁、第 347 頁。

〔註 90〕　參見孫中山：《通告護法各省軍政首領支持軍政府電》《復頭山滿犬養毅函》，載廣東省社會科學院歷史研究室、中國社會科學院近代史研究所民國史研究室、中山大學歷史系孫中山研究室（編）：《孫中山全集》（第四卷），中華書局 1985 年版，第 349 頁、第 421 頁。

〔註 91〕　參見孫中山：《申張討逆護法令》《復李純電》，載廣東省社會科學院歷史研究室、中國社會科學院近代史研究所民國史研究室、中山大學歷史系孫中山研究室（編）：《孫中山全集》（第四卷），中華書局 1985 年版，第 240 頁、第 248 頁。

張勳復辟失敗後，北京政府被鎮壓復辟的軍閥段祺瑞控制，段拒絕恢復《中華民國臨時約法》，亦不願召開國會。孫中山因此發動護法運動，但此後他參與成立的廣州政權的合法性依據來自不夠法定人數的非常國會，因此孫中山在強調憲法之價值的同時也特別強調了國會之價值，他言「民國根本在於約法，而中心在於國會」，「國會亡則中國亡矣」。〔註92〕另外，孫中山對憲法之構成和價值之認識極為準確，但是他又認識到當時中國處於非常時期，革命建國是最高的價值，所以他在強調政治問題要用憲法和法律解決的同時，又認為為了一個更為宏大的目標可以打破法律和憲法的框架。在一次談話中，他言第二次護法運動是「超乎法律民情之上」的，〔註93〕但這是行使革命權，是救中國之行動，也就具有了正當性。

（2）通往立憲政治之路

在 1914 年的《中華革命黨總章》中，孫中山提出了中華革命黨建設國家的三個時期，分別為軍政時期、訓政時期和憲政時期，三個時期分別有不同的政權建設方式。這是對他在 1906 年提出的軍法之治、約法之治和憲法之治的進一步發展，對三個時期的具體論述也有一些改變。軍政時期是用武力統一國家，奠定民國的基礎。在接下來的訓政時期，暴力消退，要以「文明治理，督率民國，建設地方自治」。在地方自治完備之後進入憲政時期，「由國民選舉代表，組織憲法委員會，創制憲法。憲法頒布之日，即為革命成功之時」。從軍政階段到憲法頒布立憲開始，這中間的時段是「革命時期」，革命時期的「一切軍國庶政」皆由中華革命黨全面負責，該黨戮力為全國人民創造「無窮之幸福」。〔註94〕這是孫中山初步設想的通往立憲政治之路，是要建

〔註92〕 參見孫中山：《復徐孝剛鍾體道等電》《停止招撫事宜令》，載廣東省社會科學院歷史研究室、中國社會科學院近代史研究所民國史研究室、中山大學歷史系孫中山研究室（編）：《孫中山全集》（第四卷），中華書局 1985 年版，第 351 頁、第 259 頁。

〔註93〕 參見孫中山：《與全國各界聯合會代表周□□的談話》，載廣東省社會科學院歷史研究室、中國社會科學院近代史研究所民國史研究室、中山大學歷史系孫中山研究室（編）：《孫中山全集》（第五卷），中華書局 1985 年版，第 541 頁。

〔註94〕 參見孫中山：《中華革命黨總章》，載廣東省社會科學院歷史研究室、中國社會科學院近代史研究所民國史研究室、中山大學歷史系孫中山研究室（編）：《孫中山全集》（第三卷），中華書局 1984 年版，第 97 頁。1920 年的《中國國民黨宣言》的論述與此基本相同，不同之處在於《中華革命黨總章》言：「本黨以實行民權、民生兩主義為宗旨。」《中國國民黨宣言》則為：「本黨以創立五權憲法為目的。」

立一種黨—國一體的秩序，以後孫中山還有進一步論述。

軍政時期，實行軍法統治，是破壞時期，消滅舊專制的制度和社會陋習，同時由黨帶領一支被主義指導的軍隊，以革命軍用武力統一國家。孫中山看來，主義對軍隊極為重要，「軍隊的靈魂是主義。有主義的軍隊，是人民和國家的保障」。〔註95〕這種軍隊的意識形態化是黨控制軍隊的基礎，這一支黨軍，服從黨的領導，執行黨的意志。在孫中山看來，軍政是立國的必要步驟，沒有軍政就無法收束國家內部存在的其他形式的非法暴力，國家無法統一，立國的進程也就無法展開。

孫中山接著論述的是訓政時期。他言訓政就是中國國民黨包攬所有的政治事務，這並不是國民黨有意為之，而是不得不然。因為民國雖成立有年，但是人民尚不完全理解共和之真意，因此需要黨進行再革命。從前的革命是為了破除舊的「惡劣政治」，這個革命完成後，就要用「革命的手段去建設」，此所謂「訓政」。「訓政」這一名稱來自《史記》中對商朝老臣尹伊教訓昏庸暴虐的君主太甲的記載，雖然太甲是皇帝，尹伊是大臣，但尹伊不僅對太甲百般勸諫，甚至還對他採取強制措施，著書教育他，三年後最終使太甲認識到自己的責任，以後成了有為之君。在孫中山看來，在共和國裏，人民就如皇帝，革命黨如大臣，所以大臣訓導皇帝讓其走向正道，亦是合理之事。之所以如此，是因為人民長期受專制欺壓，故深有「奴隸性」，革命黨「只好用些強迫的手段，迫著他來做主人，教他練習練習」。〔註96〕而且訓政時期，非黨員沒有「國民資格」，也就是說沒有政治權利。國民資格只能在憲法頒布後從憲法中獲得，此時所有國民才能一律平等。〔註97〕可以看出，訓政時期與約法之治的不同之處在於，後者的設計中約法是各方的行為規範，但是在訓政時期國民黨是一切的主導，黨來訓導人民，可以不受約法之約束。

〔註95〕孫中山：《在廣州陸軍學堂的演說》，載廣東省社會科學院歷史研究室、中國社會科學院近代史研究所民國史研究室、中山大學歷史系孫中山研究室（編）：《孫中山全集》（第五卷），中華書局1985年版，第486頁。

〔註96〕參見孫中山：《在上海中國國民黨本部會議的演說》，載廣東省社會科學院歷史研究室、中國社會科學院近代史研究所民國史研究室、中山大學歷史系孫中山研究室（編）：《孫中山全集》（第五卷），中華書局1985年版，第400～401頁。

〔註97〕參見孫中山：《中華革命黨總章》，載廣東省社會科學院歷史研究室、中國社會科學院近代史研究所民國史研究室、中山大學歷史系孫中山研究室（編）：《孫中山全集》（第三卷），中華書局1984年版，第98頁。

孫中山認為訓政時期最重要的是「訓導人民，實行地方自治」，並發展民權，此乃專制到共和必要之過渡。他希望在三年的訓導後有一半以上的人民能瞭解三民主義思想並認同民國，人口和各種基礎齊備，人民選舉縣級官員，成為完全之自治團體。革命政府只能按約法之規定對自治團體行使訓政之權力。在縣自治完成後，各縣派代表組成國民大會，制定五權憲法，以五權之劃分組織中央政府。全國實行大選，革命政府將權力移交給民選的總統，即為訓政之終結。〔註98〕

孫中山主張以縣作為地方自治的基本單位，反對以省作為自治單位。首先，如果以省作為自治單位，舊有的官治狀態會被延續，因而無法打破專制舊習。縣自治才能「移動官治於民治」。其次，未經訓導的人民對中央和省的事務並不熟悉，但對縣內事務卻極為關心，以縣作為自治單位，可以讓自治名副其實。再次，人口清查和戶籍釐定都是以縣為單位，此乃自治之先務。最後，人民有了縣自治的訓練和經驗，進而可以參與國事之決策，蓋因其中原理相同也。〔註99〕黨國體制與次級政治體系的自治有天然的矛盾，〔註100〕所以縣級的自治運行效果並不好，最終成了黨的派系之間的博弈和鬥爭。孫中山也對很多人提出的聯省自治提出批評，許多人認為中國可以學習美國的聯邦制，孫中山認為這種想法大謬至極。因為中國傳統上一直是統一時強盛，分裂時混亂。美國之富強並不是因為原來各邦自治獨立，而是因為後來形成了統一的國家。〔註101〕孫中山雖然主張縣域自治，但是仍然堅持建立單一制的中央集權國家。這與康

〔註98〕 參見孫中山：《建國方略》，載廣東省社會科學院歷史研究室、中國社會科學院近代史研究所民國史研究室、中山大學歷史系孫中山研究室（編）：《孫中山全集》（第六卷），中華書局1985年版，第204～211頁。

〔註99〕 參見孫中山：《中國革命史》，載廣東省社會科學院歷史研究室、中國社會科學院近代史研究所民國史研究室、中山大學歷史系孫中山研究室（編）：《孫中山全集》（第七卷），中華書局1985年版，第67頁。1921年孫中山的看法與此略有出入，他認為中央可以分權給省，各省制定省憲自治，省再分權給縣，最後國家再以聯邦主義結合。參見孫中山：《就任大總統職宣言》，載廣東省社會科學院歷史研究室、中國社會科學院近代史研究所民國史研究室、中山大學歷史系孫中山研究室（編）：《孫中山全集》（第五卷），中華書局1985年版，第531頁。

〔註100〕 參見（意）G. 薩托利：《政黨與政黨體制》，王明進譯，商務印書館2006年版，第72頁。

〔註101〕 參見孫中山：《三民主義·民權主義》，載廣東省社會科學院歷史研究室、中國社會科學院近代史研究所民國史研究室、中山大學歷史系孫中山研究室（編）：《孫中山全集》（第九卷），中華書局1986年版，第303～304頁。

有為對中央集權和自治的看法極為相似，但是康有為的設計中並沒有政黨。

相對而言，孫中山對憲政階段的論述並不多。他只是粗略地設想憲法頒布實行憲政後，各縣人民行使直接民權，對本縣的政治有選舉權、創制權、復決權和罷官權，但對於國家的政治參與僅有選舉權，其他權力皆委託國民大會代表來行使。〔註 102〕孫中山設計出了五權分立的憲法制度，但是他認為需要先建設一個專制性權力強大的國家，再逐漸還政於民，此時實現立憲政治將會水到渠成。這個通往憲政的道路是一個階段性的過程，需要從軍政開始，經過訓政，最終達到立憲政治。

3.5.3　小結

政黨是現代政治必不可少的政治力量，孫中山從當時中國的現實狀況出發，希望用革命黨來改造國家，消滅其他的非法暴力，建設國家能力，實現國家的統一和秩序，再由黨帶領國家走向立憲政治。孫中山對人民與國家關係的認識接近古典的民主（democracy）含義，也就是人民的統治，〔註 103〕但他認為當時人民的程度尚不夠，因此需要地方自治的鍛鍊和黨的引導。他主張縣域的地方自治，但是堅持中央政府權力集中，國家保持強大的專制性能力。國家由軍政和訓政先立國，再進入憲政的立憲階段。

在孫中山看來，黨是立國過程中國家的守護者，黨高於國家，引領國家。他對憲法的認識符合立憲政治的要求，但是他認為黨在立國和立憲的非常時期可以超越憲法。從軍政到憲政的立國與立憲的過程是將黨的意志與國家意志融為一體，黨本身是立國的主導者和國家的守護者，是非常時期的決斷者，黨訓導人民經過兩個階段走向立憲政治。

3.6　結語

民國成立初期，孫中山過於樂觀地估計了民國的立國進程，因此以理想

〔註 102〕　參見孫中山：《建國方略》，載廣東省社會科學院歷史研究室、中國社會科學院近代史研究所民國史研究室、中山大學歷史系孫中山研究室（編）：《孫中山全集》（第六卷），中華書局 1985 年版，第 205 頁。

〔註 103〕　英文 democracy 一詞來自古希臘文 dēmokratía，dêmos 意為人民，是一個抽象的集合概念，kratos 意為政府或統治。參見（美）薩托利：《民主新論》，馮克利、閻克文譯，上海人民出版社 2009 年版，第 21～37 頁；閻小駿：《當代政治學十講》，中國社會科學出版社 2017 年版，第 74 頁。

主義的姿態放棄實際政治，致力於國家發展和社會建設，希望用鐵路促進經濟發展和民族整合。但國家形勢變化後，他看到社會問題的解決不能解決中國的根本問題，於是設計出了中國的階段性政治和憲政發展計劃，並注重黨在立國和立憲中的作用。在這個階段性憲政發展計劃中，軍政和訓政都是立國的階段，是要建立一個強有力的國家，最後才能進入憲政階段。

在孫中山的立國與立憲思想中，立國是一個非常狀態，因此他希望首先進行權威化的立國，增加國家（黨）的專制性權力，進而逐漸分散權力，最終實現立憲政治的遠景，這樣通過立國走向立憲的階段性設計有一定的合理性。〔註104〕但是這種設計中，孫中山將原來的民主政黨改造為一個列寧主義政黨，讓黨守護國家立國，一黨主導的權威化的立國過程開始的兩個階段必然是黨國秩序，國家具有強大的專制性權力，人民的自由受到抑制。這種黨國體制一旦確立，就壓制了競爭性政黨體系的形成，是否還會如孫中山樂觀預計的那樣還政於民，最終實行憲政，頗讓人懷疑。但是孫中山設計的地方自治會讓人民的權利和自治意識增強，繼而形成一種社會力量，可能推動國家從非常狀態走向正常狀態，在立國完成之後走向立憲的國家。

孫中山立憲思想的特點是立國在立憲之先，他認識到如果不能建立一個具有足夠專制性權力的國家，立憲秩序將無法建立。同時他也認為立憲秩序的建立必須有較高的公民素養，因此他力主發展地方自治，這也是立國思想在國家基層的體現。完成了這些立國工作，只要設計出一個完備的憲法，立憲秩序自然會形成。所以在孫中山看來，立憲不過是立國的最終結果，因此他對憲政時期的論述相對較少。

〔註104〕參見任劍濤：《為建國立規——孫中山的建國理論與當代中國政治發展》，載《武漢大學學報（哲學社會科學版）》2009 年第 5 期；荊知仁：《中國立憲史》，聯經出版事業公司 1984 年版，第 381～383 頁。

第4章 張君勱:立國與立憲的中道

張君勱的立國與立憲思想所針對的是國家政權初步建立,但中央政府並沒有能力消除國內非法暴力的政治和社會情境。和康有為、孫中山不同,張君勱言說的語境是一個已經初步受立憲思想啟蒙的社會,因而他對立憲和立國的論述已經並不需要進行理論論證,而更多的是具體技術因素。張君勱希望修正西方的立憲和國家建設思想,將它們適用於中國,進而把中國建設成一個國家能力較強的立憲民主國家。作為一個學者和政治活動家,張君勱對立國與立憲都有專門的著述,此外他還為許多報刊撰寫了大量文章,這些也是研究他立國與立憲思想的重要材料。

4.1 生平述略

張君勱出生於清末,受過較為完整的現代教育。與革命家孫中山不同,張君勱是一個學者兼政治活動家。雖然張君勱與康有為同為學者,但極為不同,康南海是傳統的經學家,張君勱是現代意義上的學者。張君勱雖與康有為一樣熱衷於政治,也曾在政府任職,但總是處於政治的邊緣地帶。雖然參與立憲派之活動,一生關注憲法,亦主持起草《中華民國憲法草案》,被稱為「中華民國憲法之父」,〔註1〕但是他始終沒有掌握實際的政治權力,因此只能算政治活動家。正因為他是學者兼政治活動家,所以思想較為獨立,1949年後,海峽兩岸的政權都不怎麼歡迎他。晚年,張君勱在世界各

〔註 1〕張君勱在 1946 年曾言:「我從二十歲左右起,熱心憲法問題,中間也從事過憲法草案,隔了四十年後,所從事的還是一部憲草。」張君勱:《中華民國民主憲法十講》,載氏著:《憲政之道》,清華大學出版社 2006 年版,第 242 頁。

地講學，終老於美利堅。〔註2〕

　　張君勱，本名嘉森，字君勱，1887 年出生於江蘇嘉定（今屬上海市），家族行醫兼經商。張君勱幼時入家塾接受啟蒙教育，閱讀傳統經典。1899 年進入上海廣方言館學習；該館開辦於洋務運動時期，教授外國語言文字，開設英文、國文和現代科學等課程，每週中四天讀英文，三天讀中文，這為張君勱打下了堅實的語文基礎。張君勱在此期間閱讀了大量古籍和宋明理學著作，對中國古典和儒家有了初步認識。而此時正值戊戌變法期間，改革派的領導人康有為和梁啟超也成了張君勱的偶像。1902 年，張君勱中秀才，後入震旦學院，學習拉丁文、德文和英文。因家資不夠支付學費而退學，轉入費用較低的南京高等學校，但因參加學生運動被該校除名。

　　1906 年張君勱以寶山官派留學生的身份到日本留學，入讀早稻田大學。該校主要教材皆用英文，考試亦可用英文作答，張君勱的日文僅達到入門程度，但是英文很好，所以學習較為順利。在這裡，張君勱的憲法老師是日本著名的憲法學家有賀長雄，此人在辛亥革命後撰寫了《革命時統治權移轉之本末》一文，提出民國的疆土和政權是從清王朝的統治權轉移而來，後又擔任袁世凱的憲法顧問。〔註3〕其時日俄戰爭在中國東北爆發，立憲國日本戰勝了歐洲強國，讓張君勱受到很大震動，他因此開始鑽研各國憲法。〔註4〕張君勱在日本還學習了三年德文，閱讀了大量的西方政治、法律和經濟的著作，打下了自己學術思想的基礎。在日本期間，因為張君勱私自換專業，導致無法繼續得到官費資助。他參與了在日的維新派領袖梁啟超等人組織的活動，

〔註2〕關於張君勱的傳記主要有江勇振：《中國歷代思想家（五三）：張君勱》，臺灣商務印書館 1979 年版；鄭大華：《張君勱傳》，中華書局 1997 年版；許紀霖：《無窮的困惑：黃炎培、張君勱與現代中國》，上海三聯書店 1998 年版；鄭大華：《張君勱學術思想評傳》，北京圖書館出版社 1999 年版；劉義林、羅慶豐：《張君勱評傳》，百花洲文藝出版社 2010 年版。鄭大華書較為機械，但內容全面，許紀霖書是比較研究，頗多教科書式的論斷。英文傳記有 Roger B. Jeans, Democracy and Socialism in Republican China: the politics of Zhang Junmai (Carsun Chang), 1906～1941, Rowman & Littlefield Publishers, 1997。鄭大華（編）：《兩栖奇才：名人筆下的張君勱　張君勱筆下的名人》（東方出版中心 1999 年版）亦是可資借鑒的傳記資料。
〔註3〕參見張學繼：《論有賀長雄與民初憲政的演變》，載《近代史研究》2006 年第 3 期；尚小明：《有賀長雄與民初制憲活動幾件史事辨析》，載《近代史研究》2013 年第 2 期。
〔註4〕參見張君勱：《我與憲法》，載氏著：《憲政之道》，清華大學出版社 2006 年版，第 5 頁。

並為他們的《新民叢報》撰寫文章，以稿費維持學業。這段時間張君勱作為梁啟超思想的擁護者，支持立憲，反對革命，並編譯、撰寫了《穆勒約翰議院政治論》和《論今後民黨之進行》等文章，初顯其理論功底。

　　1910 年，張君勱從日本留學歸國，正值全國立憲運動的高潮時期，張君勱參與了梁啟超等人發起的立憲運動團體政聞社，並參加了清廷專門針對外國留學獲得學位者的甄選考試，中法政科進士，授翰林院庶吉士。不過就在同年底，武昌起義爆發，風雨飄搖的清王朝不久落下帷幕，這一功名也就失去了實際意義。民國成立後，張君勱短暫在政府部門任職，因撰文抨擊袁世凱，受到監視。1913 年他進入德國柏林大學研究政治和經濟，其間對德國的憲法、文官制度和地方自治諸問題頗為關注。第一次世界大戰爆發後，張君勱放棄學業，專心觀察各國戰情，並到英國居住半年。1915 年，袁世凱稱帝後，張君勱回國加入倒袁之役，並在媒體撰文反對中國實行聯邦制。1918 年，張君勱隨梁啟超再訪歐洲考察政治，走訪歐洲各國，他仍對憲法感興趣，次年將瑞士憲法譯為中文，對德國魏瑪憲法亦多有關注，並感歎德國在極為混亂的情況下仍起草了憲法，而中華民國成立多年仍無憲法。此後張君勱留在德國隨哲學家倭鏗（Rodolf Eucken）學習哲學，自述由社會科學轉入哲學的原因首先是因國內政治之觸動，其次是不滿社會科學解決不了實際問題和一些深層次的追問。《巴黎和會》後，他對國際法極為失望，決心把所藏「國際法書籍付諸一炬」，而專心研究道德、智識和經濟等一個民族立國之基本力量之學問。〔註 5〕

　　1922 年，張君勱回到中國，在上海與章太炎為國是會議起草憲法，撰《國憲議》闡釋該憲法草案。次年他在清華大學發表人生觀演講，演講稿發表後引起了知識界一場關於人生觀的大討論。在五四後的科學主義思潮之下，張君勱雖然受科學思想影響極大，但他認為科學並不是全部知識，科學不能解決人生觀（human life）問題，引起許多知識分子的批評。〔註 6〕此後張君勱

〔註 5〕參見張君勱：《我從社會科學跳到哲學之經過》，載氏著：《義理學十講綱要》，中國人民大學出版社 2006 年版，第 176～177 頁。

〔註 6〕該爭論的文章後來輯錄為《人生觀之論戰》和《科學與人生觀》二書，重印版見張君勱等：《科學與人生觀》，遼寧教育出版社 1998 年版。張君勱對這場論爭的回顧參見張君勱：《人生觀論戰之回顧》，載氏著：《民族復興之學術基礎》，中國人民大學出版社 2009 年版，第 79～93 頁。對這場爭論的簡要評述，參見（美）沙培德：《戰爭與革命交織的近代中國（1895～1949）》，高波譯，中國人民大學出版社 2016 年版，第 210～212 頁。

致力於教育，在大學任教和講學，並出版《民族復興之學術基礎》和《明日之中國文化》等著作。1932 年，張君勱與張東蓀等人成立中國國家社會黨，提倡國家社會主義。抗日戰爭全面爆發後，他出版《立國之道》，繼續詳細闡釋國家社會主義的立國之道。此後寫公開信給毛澤東，呼籲軍隊國家化，暫時停止階級鬥爭，以蔣介石政府為中心齊心抗日。〔註 7〕張君勱也參與了不少政治活動，加入民盟，並於 1945 年出席聯合國會議，次年代表中國簽署《聯合國憲章》。國共內戰期間，張君勱代表中國民主社會黨參加制憲會議，起草《中華民國憲法》，並撰述《中華民國民主憲法十講》介紹該憲法。此後他提出《和平建國綱領》，在兩黨之間斡旋，希望組成聯合政府。最終，因為對現實政治的不滿，他與國民黨和中共都保持了距離。

1949 年中華人民共和國成立時，張君勱在印度講學，後移居美國，並在世界各地講學。1958 年元旦，漂泊海外的張君勱與在香港的唐君毅、牟宗三和在臺灣的徐復觀以新儒學家的身份聯名發表《為中國文化敬告世界人士宣言》，在中國文化花果飄零的時代，為中國文化發聲、吶喊。晚年張君勱對大陸上的變故感到頗為震驚，自己一心鑽研和闡釋儒家思想，用英文寫出不少著作。1969 年在美國加州舊金山去世。

4.2　思想淵源

張君勱受過較為完整的傳統教育，同時也受過紮實的西學基礎教育，所以中西方思想都對他有極大的影響。但是從心性來說，他極為認同儒家之倫理與觀念，在晚年面對世事的變故，曾專門撰文闡發儒家倫理和道德操守。而從年幼時就學習外語，也為他打開了一扇瞭解西方世界的門，在日本和德國留學，更有機會專門學習西方文化和思想。

但是與康有為和孫中山不同，張君勱對西方的瞭解主要是理論性的，從書本到書本，因為他從小熟悉西方語言，熟讀西書，所以在世界各地的遊歷頂多不過是印證了書上所講的理論，反而並沒有像康有為和孫中山那樣受到的震動大。所以筆者認為張君勱立國與立憲思想的主要淵源是中國思想和西方思想。進而言之，主要是中國傳統的儒家思想、英國自由主義和德國唯心主義哲學思想。

〔註 7〕參見張君勱：《致毛澤東先生的一封公開信》，載《再生》第 10 期（1938 年）。

4.2.1　中國思想

張君勱幼時接受的教育為他打下了較好的舊學根基，此後雖在上海廣方言館學習西洋語言文字，但並未放棄傳統學問。當時科舉尚未取消，參加科舉考試是進入該校學生的目標之一，因此學生要在教師的指導下做策論。張君勱留學、移居海外多年，但是一生闡述儒家思想，對儒家的人生哲學極為推崇，他的大部分著作都是在宣揚和闡釋儒家思想，想讓它在現代社會開出新花。但張君勱並不是一個盲目守舊的儒者，他主張吸取中西文化之精華，改造中國傳統文化。他對中國傳統政治制度的批判也極為猛烈，他認為君主專制導致了中國歷史上極多的政治病症，也是一些現代中國政治問題的根源：「凡西方所謂獨立人格、勇於負責為國犧牲之精神，在吾絕無所聞，絕無所見。自近年政體改革以還，憲政之難行、選舉之舞弊與夫『做官欲』之強、權利心之熾，謂為皆君主專制政治之造孽可焉。」〔註 8〕

不過在西化思潮和五四運動帶來的反傳統主義思潮背景之下，雖然在建制上民國去古不遠，但中國文化在實際上已經日薄西山，再加上面臨著外敵的侵略，國家和民族都處在危機之中，張君勱以一種民族主義的心態看待中國文化，在他眼中的中國文化不僅是文化本身，更是中國作為一個民族國家立國之重要精神因素，所謂「民族國家本位」即為此。但是他非常推崇西方的法律與政治制度，基本上持自由主義之立場，以此對照中國傳統政治和制度，所以對中國傳統政治的批判尤為激烈。

4.2.2　西方思想

張君勱雖然在日本留學四年，但是日本之立國與立憲思想對他的影響並不大。一方面因為他的日文水平有限，主要閱讀的仍是英文著作。另一方面因為當時日本仍處於向西方學習階段，張君勱在日本大學所學基本上都是從西方轉手而來的東西，在國家和憲法思想上，主要來自德國。對張君勱影響比較大的是德國的政治哲學思想和英美的自由主義思想，張君勱在早稻田大學的課上學習了德國著名公法學家拉班德（Laband）的理論，也接觸到了著名的行政法學家邁耶（Otto Mayer）的理論。這都為他以後去德國學習憲法和

〔註 8〕張君勱：《明日之中國文化：中印歐文化十講》，中國人民大學出版社 2006 年版，第 76 頁。亦參見張君勱：《中國專制君主政制之評議》，弘文館出版社 1986 年版。

哲學打下了思想基礎。〔註9〕在日本期間，因為對憲法的興趣，他還閱讀了穆勒、洛克、聯邦黨人的著作，也閱讀了不少現代政治科學和憲法的著作，專門譯述穆勒著作，撰寫《穆勒約翰議院政治論》一文，介紹英國自由主義立憲思想。〔註10〕到德國以後，他對黑格爾的哲學，特別是國家哲學極為推崇，撰寫了一系列文章給國人介紹黑格爾的國家理論。這是他立國思想的重要淵源之一。

　　張君勱在西方國家學習、遊歷和時間較長，所以西方政治和法律思想是他立國與立憲思想的基礎，他也多次表明需要引進西方的制度思想以補中國固有思想文化之不足。因為，在理性上他推崇西方的制度和思想，但他又是一個自由民族主義者，對中華民族之文化充滿感情，中國文化在他看來是安頓人生與人心的學問，立國必須有精神成分，因此需要中國文化之支撐。

4.3　立國與立憲思想的基本理論

　　張君勱立國與立憲思想的基本理論是西方早期現代的政治思想，具體說是密爾的代議立憲政府思想和黑格爾的國家哲學。J.S.密爾（John Stuart Mill）是英國 19 世紀的自由主義思想家，他的著作《論自由》尤其著名。承接前賢邊沁（Jeremy Bentham）的功利主義思想，在密爾看來，自由的政府要以自由的社會為基礎。而在《代議制政府》一書中，密爾闡述了代議制立憲政府的基本原理。〔註11〕黑格爾（G. W. F. Hegel）則是重構現代思想的德國偉大哲學家，在他的國家哲學中，國家是一種神聖性的存在，「國家只會帶來絕對精神（absolute mind），並使之成為可能」，〔註12〕所以國家不僅是一個政治和法律的構成，更是一個絕對精神的集合體。英國的自由主義立憲思想和歐陸的唯心主義國家思想融化在張君勱的立國與立憲思想中，下文將會詳細論述。

　　1906 年，《穆勒約翰議院政治論》發表在立憲派的報刊《新民叢報》上，

〔註 9〕參見張君勱：《我從社會科學跳到哲學之經過》，載氏著：《義理學十講綱要》，中國人民大學出版社 2006 年版，第 173 頁。

〔註10〕參見張君勱：《穆勒約翰議院政治論》，載《新民叢報》第 18 號（1906 年）。

〔註11〕參見（美）喬治·薩拜因：《政治學說史》（下卷），托馬斯·索爾森修訂，鄧正來譯，世紀出版集團、上海人民出版社 2010 年版，第 397 頁；陳鴻瑜：《約翰密爾的政治理論》，臺灣商務印書館 1987 年版，第 109～151 頁。

〔註12〕參見 Leo Strauss, Joseph Cropsey (eds.), History of Political Philosophy, University Of Chicago Press, 1987, p. 733。

是張君勱公開發表的第一篇文章。這篇文章的絕大多數內容摘譯自密爾的《代議制政府》一書（並未完全按照原文），並添加了一些評論和按語。〔註 13〕該文撰寫的背景是立憲派與革命派的論戰，張君勱作為梁啟超的追隨者，堅定地站在立憲派的立場上，所以有研究者亦指出，張君勱對洛克的《政府論》同樣熟悉，之所以不編譯《政府論》，是因為《政府論》裏包含了革命思想，密爾的《代議制政府》裏則沒有。〔註 14〕

在這篇編譯文中，張君勱首先介紹了關於政體〔註 15〕的器械派和有機派兩種學說，前者認為政治制度在於人的創造和選擇，後者則認為在於自然之演化。密爾則認為二者都有一定道理，但是其根源在於人的意志，也就是說政體必須與國民的性情相符合，人民才願意以行動維持之，人民需要有公德心才能創造和選擇政體。所以決定政體的三個主要要素是民智、民德和民力。而對立憲政體的要素，張君勱總結說專制政體是君主一人的品德決定一個政府良善與否，沒有確定性，而且缺乏自由。良好的政治制度應是主權屬於集體、人民有最終決定權的政府，也就是立憲政體。各國之所以趨向立憲政體的原因主要有兩點：「（一）凡權利必得自力自保，乃得安全；（二）社會之旺盛，隨其智力之發達，而大增進。」〔註 16〕立憲政體可以保護人民之自由，因此促進個人與社會之進步。同時在立憲政體下，人民有了議政之權，也就會熱衷於公共事務，各項事務自然會井井有條。此外，立憲政體還可以提升人民的道德水平。但是國民的許多素養可能與立憲政體不相容，會讓一個國家沒有能力實行立憲政治，這些特點有「愚昧無知，固守舊習」、「野蠻暴橫，不識秩序」、「徒知服從」、「國民智參差」、「保持地方思想」和「功名心過重」等。密爾的原文並沒有列舉這些條件，可以看出是張君勱針對中國當時的狀

〔註 13〕張君勱：《穆勒約翰議院政治論》，載《新民叢報》第 18 號（1906 年）。該文有翁賀凱點校版，參見張君勱：《穆勒約翰議院政治論》，載《政治思想史》2010 年第 1 期。亦參見（英）J.S. 密爾：《代議制政府》，汪瑄譯，商務印書館 1982 年版。

〔註 14〕參見王本存：《「立憲」的隱微與顯白——評張君勱的〈穆勒約翰議院政治論〉》，載《現代法學》2007 年第 5 期。

〔註 15〕「政體」一詞密爾的原文是 forms of government，參見 John Stuart Mill, On Liberty, Utilitarianism and Other Essays, Oxford University Press, 2015。商務本譯作「政治制度」。

〔註 16〕張君勱：《穆勒約翰議院政治論》，載《新民叢報》第 18 號（1906 年）。參見 J.S. 密爾：《代議制政府》，汪瑄譯，商務印書館 1982 年版，第 44 頁。這一部分原文是論述代議政府，張君勱將之改為立憲政體。

況總結出來的，〔註17〕目的是反駁革命派先革命後而進行立憲的主張。

接著，張君勱述譯了密爾原書對代議政府缺點的論述，並在按語中指出「憲法政治之實施，人民不可不出多少之代價」，〔註18〕並舉了議會費用的例子。最後，張君勱譯述了密爾對立憲與民族（nation）的看法。張君勱在這裡使用的是「國族」一詞，所謂國族在密爾的視野裏，是一種情感的凝聚，因情感而共同受制於一個自主的政府之下的一群人就是國族。而對主體民族之外的民族，密爾的觀點是同化。張君勱也在按語中舉了滿人同化於漢人的例子，在他看來中國國內各民族雖有差異，但是都是炎黃子孫。對聯邦制，張君勱看重的是密爾論述聯邦制的特點：各邦有共同情感，各邦兵力不會過強，各邦之權力大致相等。這些特點可以使國家保持統一，各邦的權力不會對中央政府的權威造成威脅。他同時也注意到法院在調節中央與地方權力劃分中的重要作用。密爾的代議制政府思想在張君勱的譯述中有取捨，被他重點闡釋的這些地方以後都在他關於立憲制度的論述中有體現。

張君勱接受黑格爾的國家哲學思想是在他轉向哲學研究之後。在張君勱看來，黑格爾出生於 18 世紀到 19 世紀交替的德國，因此對當時的德國國將不國的狀況深有感觸，故而深入探索國家的哲學理論。黑格爾的國家哲學與當時的政治學家或社會學家的對國家形成原理和歷史的探討完全不同，他的國家觀是一種道德論，他認為「國家是人類精神之表現」，因此道德法律與政治制度也是人類精神的產物。也就是說國家是人類精神的產物。因此，個人與國家的關係表現在以下兩方面：首先個人與國家在各方面都息息相關，「國家為小我之放大，而小我即國家之縮形也」；〔註19〕其次，國家之成立與構造皆是人類意志和理性的產物，所以在國家面前，個人要犧牲小我之私利以成就國家之大我，「個人之真價值，在乎國家團體之中」。〔註20〕人生而具有的自覺性或理性，表現在內是人的思考、記憶和想像，表現在外則是家族（家庭）、社會和國家，所以「國家者，精神之發動於外，融家庭社會於一爐之制

〔註17〕參見 J. S. 密爾：《代議制政府》，汪瑄譯，商務印書館 1982 年版，第 56～67 頁。

〔註18〕張君勱：《穆勒約翰議院政治論》，載《新民叢報》第 18 號（1906 年）。

〔註19〕張君勱：《黑格爾之哲學系統與國家觀》，載氏著：《民族復興之學術基礎》，中國人民大學出版社 2006 年版，第 140 頁。

〔註20〕張君勱：《黑格爾之哲學系統及其國家哲學歷史哲學》，載氏著：《民族復興之學術基礎》，中國人民大學出版社 2006 年版，第 156～157 頁。

度也」。〔註21〕因而對國家來說，對內「輯和其人民」，對外捍衛疆土，乃是立國應有之義，這是國家的道德基礎。雖同為客觀精神之具體表現，但國家與家庭和社會不同，家庭以親緣為基礎，是同質性的，社會中個人有不同之利益，因而是異質性的，但是國家是對這兩者的超克，吸收了兩者的優點，克服了它們的缺點，國家的特點在於「對外之一體而不失其互同，以其分子之自由獨立而不失其互異」。〔註22〕國家是人類最高之團體，是道德之統一體，全體國民因國家而團結。人類精神活動是為了實現自由，而國家正是實現自由之方式。但國家帶有神聖性，「國家為民族生死與共之體，非保護個人權利之機關」，也就是說國家本身是目的，而不是手段。

　　總之，在張君勱對立國和立憲的論述之中，都能看到密爾和黑格爾立憲和國家論述的影子，雖然也有其他思想之影響（比如德國的法律實證主義），但是這兩種思想的影響是基礎性的。

4.4　立國之道

　　張君勱對國家的認識受德國哲學和法學思想的影響很大，立憲思想雖然對西方的民主政治有所修正，亦吸收了社會主義的因素，最終希望建立一個國家能力強大，同時又能保障人民的權利的立憲民主國家。

4.4.1　民族本位和以道德與法治建國

　　張君勱提出立國之道之時正值日本侵略中國，因此他關注的首要問題是國家民族之存亡。在張君勱看來，中國之立國應該以民族文化為本位，因為中國有悠久的歷史傳統，在歷史的長河中以中國的「祖宗以文化之標準為立國之基礎」，〔註23〕因此形成了一種寬容不同種族的政策，而各民族也可以因接受中華文化而融入主流民族，這樣的例子在歷史上不勝枚舉。所以中華民族是由歷史上許多民族融合而成。但是這種以文化來劃分夷夏和內外的態度，讓中國人只有天下觀念而無國家觀念。在現代世界，國家觀念對國家之生存

〔註21〕張君勱：《黑格爾之哲學系統與國家觀》，載氏著：《民族復興之學術基礎》，中國人民大學出版社 2006 年版，第 142 頁。

〔註22〕張君勱：《黑格爾之哲學系統與國家觀》，載氏著：《民族復興之學術基礎》，中國人民大學出版社 2006 年版，第 142～143 頁。

〔註23〕參見張君勱：《政制與法制》，清華大學出版社 2008 年版，第 10 頁。

發展極為重要，所以中華民族之復興一方面要以中國文化為根本，保持民族文化自信，同時也要學習西方的長處，把西方優良的制度移植到中國。張君勱的這些認識現在看來並無新意，在當時卻與國家危難和民族主義高漲的語境相呼應。

張君勱對國家和民族的認識較為獨特。中國傳統上家國同構，皇帝相當於家長，國家為皇帝一家所有，作為天子，皇帝擁有國家的一切，臣民在整個國家體系中都處於屈從地位。國家的最高權力在天命之子皇帝身上，從皇帝延伸出的官僚體系統治整個國家。雖然皇權不下縣，但是在社會底層有吏等國家的非正式行政分支來統治。〔註24〕這是中國傳統帝國的模式，但是清末帝國體系已經開始解體，民族主義傳入中國，民族國家（nation-state）、民族建國等詞在中國極為流行，張君勱認為這是因 nation 一詞有多重含義，容易讓人產生誤解。該詞既有民族之意，又有國家之意。語言、風俗和歷史可以作為構成民族的要素，但不能作為構成國家之要素，一個民族並不能嚴格對應一個國家。他引歐洲德語政治學家伯倫知理（Bluntchli）之言曰：「國家者，有政治組織之人民，居於一定領土之上者也。」〔註25〕民族起源於種族，因語言、習慣等不同而形成，而國家則由法律、秩序和政治機構等組成。在人類國家發展的歷史上，民族和國家常常互為因果。從部落社會開始，政治組織就能促進民族的形成，政治機構也可以為民族的發展提供條件。而對中華民族來說，幾千年來，風俗、語言和文字等民族要件早已具備，但是中國之所以在近代喪權辱國、人民生活困苦，就是因為國家之組織機構不夠健全。所以張君勱認為，在中國談民族國家或民族建國，應該把重點放在國家，而不是民族上。張君勱論述隱含的意思是，民族是一種文明單位，國家是政治的組織和單位；中國傳統的民族和國家比較鬆散，以文明整合，但是現代民族國家權力更集中，消除了國內所有的非法暴力，中國的立國要從前者向後者轉變。

在張君勱看來，國家行政和組織之完善對立國極為重要，但是需要從國家的兩大源頭做起，確立了這兩大源頭，國家基礎才能確立，民族才能生存。國家的第一大源頭是法律。作為無數人民集合體的國家，法律是一種統治手

〔註24〕參見（日）守屋美都雄：《中國古代的家族與國家》，錢杭、楊曉芬譯，上海古籍出版社 2010 年版；蕭公權：《中國鄉村：論 19 世紀的帝國控制》，張皓、張昇譯，聯經出版事業公司 2014 年版。

〔註25〕張君勱：《政制與法制》，清華大學出版社 2008 年版，第 18 頁。

段。私法調整人們的日常生活和經濟生活，此外亦有「維持社會的公安與秩序」的「刑法與違警法」，還有「規定行政機關組織權限及其發號施令與公務人員之進退等等」的行政法。但是更為重要的是這一切法律之上的根本法，也就是「規定國家最高機關之權限與其執掌，如行政、立法、司法等機關之權限及其相互之關係，並人民之根本權利及其保障」的憲法。〔註26〕對於國家之構成，有契約論、階級論和權利客體（主體）等各種學說，張君勱在這裡持一種德國法律實證主義的國家法秩序說，也就是認為國家是由自憲法而下不同位階的法律構成的一個整體，這一學說在現代最有代表性的論說者是奧地利法學家漢斯・凱爾森（Hans Kelsen）。〔註27〕這種國家法秩序說的核心是法律的最終淵源從何處得來，凱爾森認為法律秩序從「基礎規範」（Grundnorm）中產生，也就是說基礎規範賦予了憲法效力，進而從憲法延伸出整個國家的法秩序。〔註28〕而基礎規範就像宗教體系中的上帝一樣，是被預設的。基礎規範雖然有正當性（legitimacy）的約束，但是革命建立的新秩序等於重建了基礎規範，卻不受約束。所以在這種國家的法秩序體系中，憲法本身的良善與否、法律本身的質量如何非常重要，如憲法不能保護人民權利，法律質量低下，那麼作為國家構成的法秩序本身也會產生問題。張君勱注意到憲法對國家政制的設計和人民基本權利的保障，同時看到法律本身對人民影響重大，因此強調法律變動需要經過特定的程序，人民代表必須參與，他還提出了五條原則，來保障法律的優良。第一，鄭重立法。立法本身必須嚴格、有普遍性，政府首先尊重立法。第二，嚴格遵守。國家社會要尊重法律的神聖性，一旦頒布新法，必須嚴格遵守，仔細運用。第三，公平執行。也就是法律面前人人平等，不能因為不同人和不同地區而差別對待。第四，正確解釋。對法律的解釋要慎重、認真。第五，改革以漸。社會是不斷發展變化的，為了不使法律與社會脫節，法律也需要以一定的程序進行修改，以適應社會之變遷。

國家的第二大源頭是道德。張君勱這裡講的道德是集體道德，在他看來國家之強盛不僅僅在武力，還在集體道德。他舉了日本的武士道精神對日本人約束的例子，並言中國人通常只看到帝國主義之武力侵略，並未注意到集體道德

〔註26〕參見張君勱：《政制與法制》，清華大學出版社 2008 年版，第 21 頁。

〔註27〕關於各種國家學說，參見林來梵：《憲法學講義》（第二版），法律出版社 2015 年版，第 159～170 頁。

〔註28〕參見（奧）漢斯・凱爾森：《法與國家的一般理論》，沈宗靈譯，中國大百科全書出版社 1996 年版，第 131 頁。

是他們「政治人格之健全的基礎」。因此，張君勱認為「一個個政治家的善良操守，構成其集體道德——或曰國家道德」。〔註 29〕他認為這種集體道德對國家政治的改善極為重要，有道德的政治家會嚴懲貪官污吏，國家政治也就會清明。雖然張君勱引西人之言論述這種國家是一個道德共同體的思想，但是卻有儒家的深厚淵源。在儒家的政治思想中，政治是一種德性的政治（virtue politics），簡而言之就是修身、齊家、治國、平天下。儒家思想中極為重要的道統和對政統的約束就是一種道德壓力，但是在強權面前道統漸漸失去約束力，而且滿人建立清王朝後，希望把道統和政統都收束在統治者手裏。〔註 30〕所以國家日益專制，政治日漸腐敗。因此，公民道德提高，形成公民文化，可能會促進一個國家政治發展，但是政治人物只靠道德約束，恐怕結果只會事與願違。但是張君勱並沒有停留於此，他的意思是在法律秩序之外，政治也需要政治人物的善良操守，二者結合，才會使立國有效進行。此外，張君勱推崇黑格爾的國家觀，認為國家是道德的統一體，也就說「國家內部之團結，必以政府與全體國民相親相愛為前提」。〔註 31〕這是道德作為國家兩大源頭之一的另一方面。

張君勱認為法治習慣和集體道德是民族建國之最高原則，關係到國家之存亡。但法秩序的國家觀和集體道德本身在一定程度上是矛盾的，法秩序的國家觀是一種法律實證主義的立場，將道德排除在國家之外，但是張君勱卻呼籲提高集體道德。這是對德國法律實證主義和儒家「內聖外王」思想的一種雜糅。在張君勱看來，打造國家的這兩個方面，則國家能立，人民和民族之品性可形成，國家亦可強盛。基於此，張君勱以一種父愛主義的觀點看待國家：「全國人民既整個操之於國家手掌之中，國家自應負撫養與領導之責，」〔註 32〕人民在國家的撫養與督促之下程度不斷提高，國家的國防可以增加，人民也可以監督國家，上下一體，國家必將長存發展，終至富強。

4.4.2 修正的民主政治與立國

在張君勱看來，近代中國自晚清改革到民國的政治運動，不同政見或黨

〔註 29〕參見張君勱：《政制與法制》，清華大學出版社 2008 年版，第 24 頁。

〔註 30〕參見葛兆光：《中國思想史》（第二卷），復旦大學出版社 2001 年版，第 390 頁。

〔註 31〕張君勱：《黑格爾之哲學系統與國家觀》，載氏著：《民族復興之學術基礎》，中國人民大學出版社 2006 年版，第 143 頁。

〔註 32〕張君勱：《政制與法制》，清華大學出版社 2008 年版，第 25 頁。

派的人士「都有一個共同的願望，即是把我們國家造成一個近代式的國家」。
〔註 33〕德國和日本都是這樣的「建國大業」之先例，但是中國不但沒有建成一個近代式的國家，反而丟失了東北。其中原因在張君勱看來有三點：首先，中國傳統的帝制思想深入人心，在中國這樣一個大國的混亂時期，必然會有許多人想要稱王稱霸，因此導致軍閥割據。民國雖然成立，但人民和政治人物還不甚理解共和民主政治的真正含義，依然受帝王思想的影響。其次，中國學習西方的憲法和議會政治，並未學習到它們的精髓，依然是中國的習慣，憲法不過是舞文弄墨的工具，政黨則成了朋黨。最後，歐洲思想對中國影響極深，但是歐洲思想本身充滿分歧，中國不同的政治派別接受不同的政治思想，因而產生矛盾和鬥爭。因此，在日寇侵略、國家民族生死存亡的時刻，應該舉國一致，增強政府力量，同時發動人民，以後的立國方針則需要從長計議。

張君勱認為許多西方國家立國中的政治改革不僅改革了制度，還把制度融化到普通人的生活中，讓人民形成習慣。但是中國人長期生活在君主專制之下，沒有民主生活的心理和習慣，如果立即實行民主政治，進行地方自治和選舉，則較為困難。民主政治的兩個主要內容是權力和自由。古代國家偏重權力，現代民主國家偏重自由。政治家行使權力，要遵守法律，也要基於自己的良心，還要兼顧各方面的利益之平衡。自由是指「在某種範圍之內，不受政府之干涉」，包括公民自由、信仰自由等各方面，個人的自由發展可以增強國家的力量。中國處於戰時，要以國家利益為重，人民的自由在一定程度上受到了限制，戰後需要恢復。對中國來說，民主政治之主旨是平衡權力與自由之間的關係，權力與自由對立國都極為重要，「個人自由寄託於國家身上，國家全體亦賴個人自由而得其牢固之道。此即今後立國之要義」。
〔註 34〕張君勱看到了民主政治社會化（political socialization）的效果及其對民主本身發展的作用。他對民主的看法較為特別，並不注重政治參與，而是重點關注平衡國家權力與人民自由，〔註 35〕這是因為他雖然討論的是民主，但是著眼點在立國，是一種較為精英化的民主發展思路，政治參與是立國之

〔註 33〕 張君勱：《政制與法制》，清華大學出版社 2008 年版，第 48 頁。
〔註 34〕 張君勱：《政制與法制》，清華大學出版社 2008 年版，第 58 頁。
〔註 35〕 自由與權力（freedom and power）的關係是英國自由主義的一個重要議題，後人選編的阿克頓勳爵的文集即名為《自由與權力》（Lord Acton, Essays on Freedom and Power, Gertrude Himmelfarb (eds.), The Beacon Press, 1948）。

後政治繼續發展的結果。

　　接著，張君勱討論了歐美各國民主政治的特點，把重點放在了憲制上。首先，「民主國家必須有憲法，憲法上規定如主權屬於人民全體，國家各機關之組織關係及權限，人民行使權力與政府主持大計，非有憲法上之根據或先例不可，否則便是違法。要不違法，非修正或另作解釋不可」。〔註36〕其次，是三權分立。立法、司法和行政各部門獨立行使權力。最後，為了保護人民權利，相關立法事項需要規定到憲法之中。也就是說，未經國民自身的同意，其基本權利不得受到限制。張君勱認為從英國、法國和美國的經驗來看，這樣的民主政治可以帶來的好處是：國內安定，人民受法律之保護，可以安居樂業，國家農工商業都有前所未有的發展，雖經歷世界大戰，也能平穩渡過，經濟恢復較好。

　　張君勱談的民主政治更像是立憲政治的代名詞，注重憲法對政治的規範作用和對人民基本權利的保護。不過當時的世界潮流是專政勃興，以德國、蘇俄和意大利為代表，中國許多知識人對獨裁政治充滿好感和期待。張君勱認為現代獨裁國家時日尚短，還不能判斷它們未來的發展前景。他仔細考察三國的獨裁政治發展狀況，以憲法來分析蘇俄的政治結構，蘇俄憲法中規定了「黨與國家機關完全分開，但共產黨與政府人員本為同一人，可以指導訓令使政府中之共產黨員根據這訓令以實現於國家政策之中」，〔註37〕各級的公務人員都是共產黨黨員，所以國家由黨控制；張君勱再以自己的親身體驗認為意大利國家發展並不好，在政治上墨索里尼實行一黨獨裁，把法西斯大會凌駕於憲法和國家機關之上，國家一切事務操縱在法西斯政黨手裏；而在德國，希特勒領導的民族社會黨統治國家，〔註38〕解散了其他政黨，擴張軍備。張君勱認為三國的經驗表明，獨裁政治的前景並不樂觀，專政國家要統一人民的意見也不現實，必然出現內部紛爭。此外，雖然獨裁政治在當時往往會得到人民的喝彩，但是獨裁政治是人治，「純在法律軌道之外」，〔註39〕不是政治的常態，只能短期維

〔註36〕張君勱：《政制與法制》，清華大學出版社2008年版，第62頁。

〔註37〕張君勱：《政制與法制》，清華大學出版社2008年版，第74頁。

〔註38〕民族社會黨（National Sozialistische Deutsche Arbeiter Partei），即納粹黨，也譯為國家社會黨，張君勱為了將其和自己主張的國家社會主義區分開來，所以譯為民族社會黨。參見張君勱：《政制與法制》，清華大學出版社2008年版，凡例第12頁。

〔註39〕參見張君勱：《法治與獨裁》，載氏著：《憲政之道》，清華大學出版社2006年版，第379頁。

持，可以解決一時之危機，不具有持續性，很可能會崩潰，所以政治人物不可為一時顯赫之功而實行獨裁，要為國家長治久安計。

美國學者亨廷頓認為人類歷史上至今有三次民主化浪潮，每次浪潮過後都會有一個向專制回潮的逆民主化時期。第一次民主化浪潮發生在 1820 年到 1926 年間，以歐洲發達國家為主的 29 個國家進入了民主時代。〔註 40〕20 世紀 30 年代正處於第一波民主化浪潮的衰退期，獨裁和專制勃興。而在張君勱撰寫《立國之道》的前幾年，中國的思想界發生了一場「民主與獨裁論戰」，這場論戰就是受到世界獨裁政治發展的影響。該爭論的起因是「福建事件」，地方軍隊借抗日反對蔣介石政權。參與論戰的有蔣廷黻、胡適、丁文江和錢端升等人，他們都曾在西方留學，但論戰中的大多數人主張民主或革命都不利於建國，鑒於世界性的民主衰退，加之中國政治不統一的現狀，國家政權建設和國家能力不足，特別是中國人民程度不足，中國要強盛，需要補上獨裁專制這一課，實行開明專制。反對派胡適、張佛泉等自由主義知識分子則主張中國需要在民主中學習民主。〔註 41〕雖然這場爭論在自由派知識分子的吶喊中結束，並沒有分出勝負，但是現實的情況是國家在當時實行孫中山設計的訓政，也就是黨國統治，因此支持獨裁的一方在實際上勝出。張君勱分析歐洲的三種獨裁政治也是在回應這場爭論，雖然他不主張獨裁，也不主張自由主義知識分子提倡的民主，而是提出「修正的民主政治」，來調和二者之間的爭論。

中國人在歐洲大戰前後（第一次世界大戰）多對立憲政治心慕力追，希望中國能效仿。但歐戰結束後，歐洲獨裁政治興起，國人又對獨裁政治多有關注。但是張君勱認為要安定國體，解決國內外的問題，必須考慮兩點。第一，「尊重民國以來之傳統」。尊重孫中山之思想，堅持三民主義立國，堅持有軍政、訓政和憲政三步走的憲政發展理論，抗戰時期人民的一些自由暫時停止，但是將來要結束黨治。第二，「審查各國制度上之純粹意義」。也就是學習各國政治制度之精髓。對政府權力來說，黨派問題是其次，在抗戰時期政府權力首先需要統一和集中，以維持國家的秩序。而在自由之發展上，歐

〔註 40〕參見（美）塞繆爾·P. 亨廷頓：《第三波：20 世紀後期的民主化浪潮》，歐陽景根譯，中國人民大學出版社 2013 年版，第 29～37 頁。

〔註 41〕關於民主和獨裁論戰，參見王天根：《抗日戰爭前夕的學人論政——以〈獨立評論〉的「民主與獨裁論爭」為中心》，載《廈門大學學報（哲學社會科學版）》2006 年第 3 期；張勇：《歷史場景與言外之意：也說「民主與獨裁」論戰》，載《清華大學學報（哲學社會科學版）》2010 年第 6 期。

洲一些獨裁國家把自由看得一文不值，但是張君勱認為這並不是政治上的常態，因為自由意義重大，「自由學說之最大價值，在其能養成獨立之人格與健全公民」，自由對立國之所以重要，是因為自由可以帶來「思想與創造之能力」。歐洲各國在制度上有民主與獨裁之不同，中國人「處於兩種潮流夾攻之中，應毅然決然求得一種適宜於自己之制度」。一味學習他人，可能「陷於糾紛之中不能自拔」，在這種國際形勢之下，立國需要創造一種新的政制。〔註42〕這種新的政制，就是張君勱提出的「修正的民主政治」。

張君勱列出了「修正的民主政治」的十一項基本原則：「一、國家之特徵，在乎統一的政府，應以舉國一致之精神組織之。（軍閥割據局面一日不打破，則統一的民治政府決無成立之望，此點尤應首先解決。）二、國民代表會議，由全體公民每若干萬選出代表一名組織之。凡黨綱公開、行動公開、不受他國指揮之政黨，一律參與選舉。三、中央行政院由國民代表會議選舉行政員若干名組織之，各黨領袖一律被選，俾成為舉國一致之政府。四、第一次國民代表會議，議決五年以內之行政大綱，此大綱與憲法有同等效力，非行政院所能變更。五、國民代表會議之主要職權，在乎監督預算，議訂法律，不得行使西歐國中之所謂信任投票制，以更迭內閣。預算為確立財政計劃與其數字之方法，其通過與否，不生政府責任問題。六、國民代表會議，關於行政大綱之執行，得授政府以便宜行事之權。七、行政院各部長，除因財政上舞弊情形或明顯違背法律外，不宜輕易令其去職。八、行政大綱每過一年或告一段落之際，由國民代表會議，或其他公民團體推舉人員，檢查其實施事項與所宣布者是否相符，若言行相去太遠，得經國民代表會議議決後令其去職。九、文官超然於黨派之外，常任次長以下之官吏，不因部長之辭職而更動。十、國民代表會議之議員，宜規定其中之若干成，須具有農工商技術或科學家之資格。十一、關於行政及經濟計劃，除國民代表會議議定大綱外，其詳細計劃由專家議定。」〔註43〕

概而言之，首先，張君勱最重視國家政權建設，認為統一的政府是國家的主要特徵，所以政府「應以舉國一致之精神組織之」，〔註44〕而且民主政治

〔註42〕參見張君勱：《政制與法制》，清華大學出版社2008年版，第88～89頁。

〔註43〕張君勱：《政制與法制》，清華大學出版社2008年版，第88～89頁。

〔註44〕這一點當是受黑格爾國家觀的影響。參見張君勱：《黑格爾之哲學系統與國家觀》，載氏著：《民族復興之學術基礎》，中國人民大學出版社2006年版，第135～144頁。

就是要謀國家之安定。因此在現階段，中國應該把「國家之利害放在第一位」，政黨利益和紛爭放在次要地位。其次，各黨都參與國家政治治理，制定一個長期的、能提取各黨政見最大公約數的行政大綱，以防國家建設的步伐因政黨的改變而改變。再次，國民代表大會的代表由人民選舉產生，國民代表大會負責制定法律。行政處於較高地位，國民大會立法僅起輔助作用，國民大會不得像歐洲議會那樣以不信任投票的方式更迭內閣。以上兩點是希望用政治參與進行國家整合，同時提高國家統治的正當性。最後，張君勱關注國家發展，認為政務官員任人唯賢，不應有黨派之見，但是文官應該中立，不得參與黨派。對於農業、工業和經濟等較為專業的問題，應請相關專家負責。政府要以法律自我約束，也要受到國民大會的約束。〔註 45〕總之，張君勱這樣的國家政權建設計劃可以提高國家的正當性和國家基礎能力。

在當時民主衰退獨裁勃興的世界局勢下，面對中國的危難，張君勱希望找到一條介於民主與獨裁之間的立國中間道路。他設計出的「修正的民主政治」在根本上仍是一種過渡時期非常狀態的威權統治，與孫中山的訓政思想較為類似，體現在建設統一的國家政權至上，對行政權力的監督不力等方面。但是張君勱基於自由主義立場，在保持國家專制性權力、行政權至上的前提下，希望盡可能地保護人民的自由和基本權利。

4.4.3　立國的文化建設

張君勱在介紹黑格爾國家觀念的文章中提到，德國人認為人類精神創造了道德、法律與政治制度，在此基礎上張君勱認同黑格爾對國家的定義：國家是「人類精神之產物，則國家之成立，人類之理性與意志為之，國家之構造，亦人類理性與意志為之，不獨發念已焉，且就其所思者而實行之」。〔註 46〕因此立國必須具備「精神元素」。張君勱認為文化是一個「社會中精神與物質生活之全部現象」，人類精神就包含在文化之中，因此新文化的建設就是精神元素建設，對立國極為重要。歐洲近代國家是由宗教改革、文藝復興、科學復興等文化的發展與啟蒙，以及民主政治之發展而造就的，〔註 47〕但中國的傳統文化並不適合現代中國的立國。在張君勱看來，中國傳統文化分為

〔註 45〕參見張君勱：《政制與法制》，清華大學出版社 2008 年版，第 88～92 頁。
〔註 46〕張君勱：《黑格爾之哲學系統及其國家哲學歷史哲學》，載氏著：《民族復興之學術基礎》，中國人民大學出版社 2006 年版，第 154～156 頁。
〔註 47〕參見張君勱：《政制與法制》，清華大學出版社 2008 年版，第 154～160 頁。

政治、社會、學術、宗教和藝術等方面，除了藝術之外，其他各方面都存在著很多問題。中國傳統的政治文化是君主專制主義，影響了人民獨立精神和國家觀念的形成；在社會方面是家族主義的，這種家族主義之下人們相互依賴，但是面和心不和，生活中有口是心非之惡習；在學術上因古書難解，產生了校勘訓詁之學，導致許多學者醉心於考據，缺少有理論素養的學者和學術；宗教上主張天人合一，宗教與迷信交雜，人民較為功利，沒有心靈上的虔誠。〔註48〕因此需要建設一種新的文化作為中國立國的文化基礎。

張君勱認為中國應該吸取歐洲文化的精神，而不應該僅僅是形式。精神的吸取並不妨礙中國舊文化的續存。日本就是很好的例子，雖然移植了大量的西方文化，但是其本身的文化並未動搖。張君勱這些論述針對的是當時流行的西化思潮，許多知識分子把中國的落後歸結為中國文化，希望全盤接受西方文化，而革除中國傳統文化。〔註49〕張君勱基於民族主義的立場，希望把西方文化和中國文化集合在一起，修正中國文化中的一些問題，而不是全面放棄中國文化。他也看到政治家和新政治對新文化的推動作用，言：「僅有新文化不以新政治相輔而行之無濟於事」。但中國人要以歐洲之理性思潮作為我們新文化的方向，國人就要在科學上丟掉「差不多」的惡習，〔註50〕講求「實事求是與其正確性」，在哲學方面要糾正舊有的議論縱橫與漫無邊際之惡習，應該理論化和概念化；在政治社會方面，「應尊重人格，抬高民權，一方解除平民疾苦，他方許人民以監督政府之權利，使政界污濁風氣，可以廓清」。〔註51〕文化經過這三方面的改造，中國現代國家的立國進程才有可能成功。

具體到學術上，張君勱認為中國應該注重思想問題，需要思考一些世界性的根本問題，比如宇宙之產生等等。此外還要注重思想之方法，也要思考政治和社會問題的解決之道，因為在變革時代，傳統的思想和學術已經不能解答社會和政治上出現的新問題；而作為學者則要「以學術為終身事業」，

〔註48〕 參見張君勱：《明日之中國文化：中印歐文化十講》，中國人民大學出版社 2006 年版，第 75～84 頁。

〔註49〕 相關研究參見張世保：《從西化到全球化：20 世紀前 50 年西化思潮研究》，東方出版社 2004 年版；趙立彬：《民族立場與現代追求：20 世紀 20～40 年代的全盤西化思潮》，生活·讀書·新知三聯書店 2005 年版。

〔註50〕 「差不多」是民國知識分子對中國人不認真、凡事不求精確、模棱兩可、敷衍了事的一個批評。胡適曾作小小說一篇專門談這一現象，認為「差之毫釐，謬以千里」。參見胡適：《差不多先生傳》，載《生活雜誌》第 2 期（1920 年）。

〔註51〕 參見張君勱：《政制與法制》，清華大學出版社 2008 年版，第 162 頁。

不僅思考和研究實用的問題，更要研究永恆的問題。〔註52〕在張君勱眼裏，學術是一國文化的重要構成，因此他以西方為參照提出了學術建設與發展之策。這可能是受到了德國社會學家馬克斯·韋伯的影響，韋伯在 1919 年發表了分別題為《學術作為一種志業》和《政治作為一種志業》的兩場演講，韋伯在演講中呼籲在高度工業化、祛魅後的世俗社會裏，政治家和學者都要把各自的事業作為一種「志業」（vocation）來經營。〔註53〕韋伯的呼籲是為了挽救時代的精神困頓，張君勱則是以此建立中國的學術，作為中國立國之文化基礎。

　　而在生活上，張君勱希望以西方文化為參考，改進中國國民的生活風氣。通過對英國、德國、法國和日本四國人民生活風氣的分析，張君勱認為「一國的國民生活習慣，與一國的學術政治軍事現象有密切關係」，「西方人是先有了某種生活習慣，然後才產生某種政治法律制度與文化現象」，〔註54〕中國的問題是採用了西方的制度，但是人民的生活習慣仍是延續了幾千年的舊習慣，兩者存在衝突，所以必須提倡新的生活觀念。生活方式和觀念不改變，新的制度也很難形成。新生活觀念的培養，應該注重養成國民的公共觀念，不要只為一己之私而爭鬥，要放棄小聰明心理，踏實做些事情。在法律上，不僅注重法律條文的制定，還需要國民誠實、真摯地遵守法律，國家實在、鄭重地執行法律，讓新的生活習慣成為一種傳統，能世代延續下去。張君勱同時指出新社會風氣的形成，主要由社會自動提倡，政府可以不必參與，因為一旦參與，官僚化的弊病就會滲入整個過程。而新生活之標準不得以黨派之見為標準，應該各派齊心協力共同完成，也要處理好舊道德與新道德之間的關係。

　　最後，張君勱認為中國文化之改造關鍵在民族自信心之建設，同時要建設「以精神自由為基礎之民族文化」。在張君勱看來，在一個國家裏，每個人發揮其精神之自由，日積月累，可以形成該國的政治、道德、法律和藝術。因此「個人自由之發展，而民族之生存得以鞏固。如此謂之民族文化」。精神自

〔註52〕參見張君勱：《政制與法制》，清華大學出版社 2008 年版，第 173～174 頁。
〔註53〕參見（德）馬克斯·韋伯：《學術與政治》，錢永祥譯，廣西師範大學出版社 2004 年版。Vocation 對應德文為 Beruf，亦有譯者譯為「事業」，但是該詞有強烈的宗教背景，馬丁·路德在譯《聖經》時曾使用，意指「奉神所召去從事某事」。參見該譯本第 155 頁譯注。
〔註54〕參見張君勱：《政制與法制》，清華大學出版社 2008 年版，第 177 頁。

由之所以能成為立國的新政治之基礎，首先是因為精神自由可以讓個人形成對團體和國家的責任意識，形成自發的國家意識和國家認同。國家保護人民的自由，人民有參與政治的權利，這樣可以凝聚全體人民，讓人民團結起來一致對外。其次，精神自由可以促進學術和藝術的發展和理性的宗教信仰自由。最後，在強調個人精神自由的同時，亦不能忘記民族之大自由，換而言之，「惟有在民族大自由鞏固之中，而後個人自由始得保存」。〔註55〕張君勱在強調個人自由的同時，又不忘記民族總體自由的重要性，雖然二者關係其實比較複雜。張君勱並沒有具體闡述民族的大自由為國家獨立之資格等方面等問題，但張君勱看到了民族自由獨立（成為自主的民族國家）是個人自由的前提。總之，張君勱看重精神自由對國家整合的作用，因而認為其是立國的重要因素之一，但是同時又不忘記民族整體之大自由。

張君勱希望通過民族文化各方面的改造和人民新生活方式的養成，形成一種「以精神自由為基礎的民族文化」，以此作為立國的文化基礎和精神因素。在他的視野裏，立國不僅是政治、法律制度的建設，更是以文化為基礎的精神之建設。

4.4.4　民族性與國家整合

張君勱作為一個民族主義者，對中國人的民族性極為關注。東三省幾千萬中國人在日本侵略後不能抵抗，抗日熱情亦不高漲，在張君勱看來這是中國人「民族性」的缺陷。有這種缺陷的中國人缺乏民族意識和國家觀念，對國家極為冷漠，覺得國家與自己幾乎毫無關係。〔註56〕張君勱認為民族是「居民之同宗教、同語言、同習慣、同血統，且當共患難者也」，也就是說民族是以某種共性而形成的命運共同體。民族之產生首先在地理和氣候，「其他方則有其宗教學術與政制方面之精神產物」，後者比前者更重要，「人之所以異於

〔註55〕參見張君勱：《明日之中國文化：中印歐文化十講》，中國人民大學出版社2006年版，第85～93頁。

〔註56〕可以看出張君勱所論的民族性（nationality）與近代以來嚴復和魯迅等人批判的國民性（national character）不同，後者是指中國人在心理、精神、觀念、行為習慣等各種方面存在的普遍缺點。關於民族性，參見（英）戴維·米勒：《論民族性》，劉曙輝譯，譯林出版社2010年版。關於國民性，參見張錫勤：《論中國近代的「國民性」改造》，載《哲學研究》2007年第6期；孫強：《國民性概念與理論的歷史性考察》，載《山西師大學報（社會科學版）》2008年第4期。

動物者，在有意識」。所以「民族之所以為民族，亦在於意識。故民族意識，乃民族之第一基本也」。〔註57〕張君勱認為中國立國所面臨的問題是幾千年來中國人只有天下觀念，而沒有民族和國家觀念，所以持一種世界主義的世界觀，而歐洲則在宗教革命後形成了民族國家之觀念。歐洲國家觀念發達，人民作為一個民族參與政治，「以民意為立國之大本」。所以「民族性就是一國國民知道他自己是哪國人，如中國人知道他是中國人，法國人知道他是法國人」，〔註58〕民族意識或民族自覺，就是「民族自知其為民族之謂」。〔註59〕綜上所述，張君勱這裡所論的民族就是國族（國家民族），所以民族性就是國家意識（national consciousness）和國家認同（national identity）。

在張君勱看來，歐洲各民族國家的成立以語言、風俗和歷史三要素為基礎。中世紀宗教一統的局面解體後，英國和法國因地理原因成為民族國家，意大利和德國由國內愛國志士有意促成民族國家。中國如果從政治、文學和藝術等方面提高民族意識，養成民族性，〔註60〕國家之整合自然達成。中國歷史上漢代、唐代和明代「民族力」最為強盛，此後雖有異族長期統治，但是仍能將其他族群同化成漢族。漢族雖然較為保守，但是也在許多時期吸收了外來之文化和思想，但中國四五千年來仍保留著自己的獨特文化，這是中國民族的特點。然而中國雖有自身歷史悠久的國民性、語言和風俗，但卻處處模仿西方，所以必須在這個潮流的夾縫中「求中國之出路，求中國的民族性」。因為「立國于世界上，最要緊的就是在同中求異。所謂『異』，就是各國的特色，各民族的特點，有了這些特點，然後才能立國。民族之所以能為獨立的民族，正以其不同」。〔註61〕而對中國今後民族性的養成，在張君勱看來，首要之基礎是「建築於各國民信仰本族的義務心中」。〔註62〕也就說，從國民義

〔註57〕張君勱：《中華民族復興之精神的基礎》，載氏著：《民族復興之學術基礎》，中國人民大學出版社 2006 年版，第 244 頁。

〔註58〕張君勱：《中華新民族性之養成》，載氏著：《憲政之道》，清華大學出版社 2006 年版，第 359 頁。

〔註59〕張君勱：《中華民族復興之精神的基礎》，載氏著：《民族復興之學術基礎》，中國人民大學出版社 2006 年版，第 244 頁。

〔註60〕張君勱：《中華新民族性之養成》，載氏著：《憲政之道》，清華大學出版社 2006 年版，第 363 頁。

〔註61〕張君勱：《中華新民族性之養成》，載氏著：《憲政之道》，清華大學出版社 2006 年版，第 368 頁。

〔註62〕張君勱：《中華新民族性之養成》，載氏著：《憲政之道》，清華大學出版社 2006 年版，第 371 頁。

務出發，每個國民首先要建立對本國和本族的信心，才可能為國家謀出路。中國歷史上許多思想和人物，都可以作為中國新民族性形成的素材。在思想方面，中國古代的老莊思想不能作為民族性的素材，但孔子知其不可而為之的奮鬥進取精神和儒家入世救民以天下為己任的精神都是新民族性的良好素材；在制度方面，儒家注重教育人民，歷史上以鄉約為代表的鄉村自治制度是很好的民族性素材，相反君主制度和大家庭則不宜保存；在人物方面，張君勱列出了一些安內攘外、變法維新、軍事、理財和科技等方面的古人，認為這些人是「現代國家所必需之人才典型」，應該以他們為學習之榜樣。

民族國家這個國家形式和典範來自歐洲，張君勱對民族國家的內涵有深刻的認識，雖然認識到引進西方制度的重要性，但也看到了民族認同和國家認同的文化基礎，因此在創造和建構新的民族性文化時，要在中國歷史文化中尋找素材，以之形成中國的民族性。這是一種對民族的「永存主義」式理解，〔註63〕所以要從歷史中尋找素材，來建構當代的民族文化。為了鼓舞日寇侵略下的民族士氣，張君勱還翻譯了德國哲學家菲希特對德國人民的演講，〔註64〕讓更多國人認識到民族的重要性。

張君勱對民族的認識和孫中山類似，主張中華民族觀念，認為中華民族是以漢族文化為主，同化了其他族群的文化。張君勱希望結合中西文化構建新的民族性，成為現代中國立國的民族基礎，並建立民族自信心，進而使人民程度逐漸提高，「其後乃由意志之統一（unity of will），終則為行動之統一（unity of action）。如是民族可以自存，國家可以獨立矣」。〔註65〕張君勱雖然主張政治制度和價值的普適性，但是認為國家是「民族的」，民族是意志和行動的統一，一個民族和另一個民族的區別就在於意志和行動之不同，立國所立的乃是「民族的」國家。

4.4.5　社會主義與國家發展

如本書導論所述，國家發展，特別是經濟發展是立國的一個重要方面。

〔註63〕 參見（英）安東尼・史密斯：《民族主義：理論、意識形態、歷史》（第二版），上海世紀出版集團 2011 年版，第 53～55 頁。

〔註64〕 參見張君勱：《菲希德〈對德意志國民演講〉摘要》，載《再生》第 3 期（1932年）。

〔註65〕 張君勱：《中華民族復興之精神的基礎》，載氏著：《民族復興之學術基礎》，中國人民大學出版社 2006 年版，第 248 頁。

張君勱認為立國的進程中，政治非常重要，但經濟亦不能忽視。因為經濟可以影響到政治，人民生活水平的提高可以消除政治上的一些紛爭。張君勱概述了日本和歐洲的經濟發展經驗，認為「政治建設，只須有人才、有法制，即成功，至於經濟建設要資本、要技術家、要科學家，談何容易？」〔註 66〕歐洲 19 世紀自由經濟的發展導致了壟斷和工人運動等社會運動的興起。蘇俄和德國的計劃經濟促進了國家經濟之發展，對世界經濟亦做出了貢獻。兩國計劃經濟的共同點都是社會主義。

　　張君勱在比較了資本主義與社會主義各自的優點和弊端之後，認為中國可以實行國家社會主義之經濟政策。這樣的政策有兩方面的作用：首先，是「民族自活」。也就是商業產品滿足一個民族自身的生存需求。他也特別提到德國經濟思想與英國的世界主義經濟思想不同之處是「以國族為本位」。〔註 67〕其次，是社會公道。張君勱認為實行自由經濟的歐美和日本出現了工業過剩，而歐洲以外的農業國則出現了農業過剩，中國的經濟狀況處於二者之間，因此國家基礎工業和設施需要由國家來推動，而不是私人，但是也要發展私人的工商經濟。私人產業並不公有化，但是要受到國家計劃之監督，按照國家的計劃發展經濟。國家要以民族生存和社會公道為目標，來全盤計劃發展生產事業。國家對金融、農業、國防、對外貿易等行業進行統一的計劃，最終使經濟發展，達到促進人民生活改善和鞏固國防的目標。〔註 68〕

　　國家對經濟發展的推動作用一直是政治經濟學的主要議題，經濟發展和現代國家的崛起有著相互促進的作用，但是在現代國家建立之後，全盤的計劃本身受到許多學者的質疑。〔註 69〕因為信息獲取的有限性，全盤的計劃必然不能周全，而且計劃本身可能導致權力的過度集中，國家自身利益對社會來說是壓倒性的，帶來經濟的不公平，隨之出現權力的尋租和腐敗，讓經濟出現危機，哈耶克稱之為「通往奴役之路」。〔註 70〕不過張君勱所主張的國家

〔註 66〕張君勱：《政制與法制》，清華大學出版社 2008 年版，第 97 頁。

〔註 67〕張君勱：《德國經濟學之特點》，載氏著：《民族復興之學術基礎》，中國人民大學出版社 2006 年版，第 108 頁。

〔註 68〕參見張君勱：《政制與法制》，清華大學出版社 2008 年版，第 133～151 頁。

〔註 69〕參見（英）克里斯多夫·皮爾遜：《論現代國家》（第三版），劉國兵譯，中國社會科學出版社 2017 年版，第 107～145 頁。

〔註 70〕參見（英）哈耶克：《通往奴役之路》，王明毅、馮興元譯，中國社會科學出版社 1997 年版。

社會主義希望首先促進立國中的經濟發展，最終的目標仍是實現立憲政治，是在非常狀態下，暫時抑制立憲政治的發展。但是就算完成了立國的這個步驟，所形成的威權國家可能並不能自然達成張君勱設想的立憲政治，而是需要再一次轉型。

4.4.6　小結

張君勱眼中的國家是一個法律秩序體，但是同時要注重集體道德。在民主衰退獨裁盛行的時代，張君勱提出修正的民主政治希望調和二者，並以之為中國立國的制度基礎。張君勱受黑格爾國家觀的影響，認為國家是精神的構成，因此更注重立國的文化基礎建設，他也看到民族認同之構建對立國的巨大作用。張君勱雖然看到現代憲法的基本結構，但是在立國之中，他仍認為國家就像父親一樣教導人民，是高於人民的存在。〔註71〕而在張君勱言說的特殊時代語境中，他也注重國家的統一性及領袖和黨派的作用，雖然立憲政治是他立國思想的最終歸宿，但是他所述之立國狀況，只會建設一個威權的國家。

4.5　憲制的設計

張君勱對立國的論述著重建設一個民主的強國，同時注重國家政權建設和國族整合，而對立憲設計的論述主要關注的重點在立憲制度設計上的技術因素，並沒有像康有為和孫中山那樣論述立憲政治的意義和必要性。因為在張君勱言說的時代，立憲本身的必要性和意義已經基本上形成了基本共識，不需要再論證。

4.5.1　立憲中的國家結構

民初以來，雖然軍閥割據，但國家的政體皆選擇了中央集權的單一制。袁世凱死後，各地「聯省自治」的呼聲極高，湖南省和浙江省等省先後頒布省憲。1922 年「全國八團體國事會議」在上海召開，全國有 14 個省的 35 位代表出席，該團體支持聯省自治，希望起草一部聯邦制憲法。當時張君勱在

〔註71〕張君勱言：「只要大家不拿人民作工具，教他養他，使他們自由發展，同時又尊重他們的投票，那麼政治問題沒有不能解決的。」張君勱：《中華民國民主憲法十講》，載氏著：《憲政之道》，清華大學出版社 2006 年版，第 139 頁。

上海，作為憲法學家，他受委託起草了《國是會議憲法草案》。〔註72〕張君勱同時撰寫了《國憲議》一書，來解釋該憲法草案的設計原理，並說明其條文意義。在該書中張君勱較為系統地解釋了立憲的制度設計。1946 年張君勱參加政協會議，在憲法草案組，起草了《中華民國憲法草案》。《中華民國民主憲法十講》是張君勱為該憲法草案撰寫的說明書，更細緻地對憲法設計的基本原理進行了分析和說明。兩書都採用了比較憲法的方法，注重規範分析，是研究張君勱立憲思想的核心文本。

國家結構形式是憲法中的重要部分，意指：「國家各部分領土的政治權力之間的關係，主要包括中央與地方的權力關係。」〔註73〕單一制（unitary state）和聯邦制（federation）是中央與地方關係的兩個主要模式，單一制又稱中央集權，地方政府只是中央的分支，而聯邦制則分給地方較多權力，地方政府有較大的自治權，中央和各邦有兩套政府系統。民國初期，張君勱支持單一制，他在梁啟超擔任主編的《大中華雜誌》撰文認為聯邦制不僅不適合中國，還可能給中國帶來混亂，單一制下強有力的中央政府對中國之發展極為有利。〔註74〕當時許多人出於反對袁世凱集權和恢復帝制的目的而主張聯邦制，認為中央政府暴戾，所以希望把政治基礎建立在地方。〔註75〕但是張君勱認為這種認識並不正確，在他看來中國有許多固有的因素使聯邦制不適合中國：澳洲、德國、美國等聯邦制國家都有悠久的自治經驗和歷史傳統，而中國沒有，所以聯邦只會帶來混亂；而且聯邦制國家建立在地方自主權和自治的基礎上，但中國各省缺乏自主權，大致情形相同，自治亦發展不力；聯邦制必然要求省長直接選舉，中國僅議院的選舉就滋生了許多混亂，如果全國的省長直選，會出現更大的混亂；聯邦制需要有效的政黨和議會等因素配合，中國軍閥割據，軍閥是省政的最終決策者，議會並未能發揮應有的作用；聯邦制需要獨立的司法系統來解決中央與地方的權限之爭，中國的司法不具備這方面的能力；與單一制相比，聯邦制的軍隊較弱，美國和加拿

〔註72〕參見鄭大華：《張君勱傳》，中華書局 2012 年版，第 81～83 頁。
〔註73〕參見張千帆：《憲法學導論——原理與應用》（第三版），法律出版社 2014 年，第 217～218 頁。
〔註74〕參見張君勱：《聯邦十不可論（一名省制餘議）》，載《大中華雜誌》第 2 卷第 9 期（1916 年）。
〔註75〕參見胡春惠：《民初的地方主義與聯省自治》，中國社會科學出版社 2011 年版，第 75～76 頁。

大等國有特殊的地緣安全優勢，瑞士全民皆兵，而且是永久中立國，中國如果實行聯邦制，軍隊無法統一，無異於承認軍閥割據之現狀，中央軍隊不可能應對列強之侵略；最後，聯邦制國家採取中央地方分稅的制度，會導致中央政府的汲取能力不足，國家汲取能力是國家能力的重要因素，〔註76〕因此不利於立國。

張君勱總結認為，各聯邦國家的制度都是自然進化之結果，所以基本上都是先有各邦再有國家。當然也有先有國家再有各邦之例，但是這樣的國家往往都是經過數十年之混亂後，才漸入平穩，對中國來說這樣成本太大。另外，單一制國家省的權力來自國家授權，聯邦制國家州或省的權力是自身所擁有的，而中國之各省缺乏這自主權力，不過是一兩個強人專權，所以也缺乏聯邦支持者們所稱的地方之自覺；各位聯邦的支持者之所以支持聯邦，是想以聯邦為手段抗拒中央的權力，當然也有康有為等人主張廢省。張君勱認為兩者都是極端，首先要做的是確定省的國法地位、省內的行政系統、省的立法權、省稅與財產，但中國存在的問題如中央與地方關係、軍隊、財政和司法問題都不是省制可以解決的，最終的解決還是在中央。解決中央和地方的權力劃分，各司其職，是解決問題之關鍵。〔註77〕

到1922年，張君勱在《國是會議憲法草案》中則轉變了看法，主張聯邦制。因為他認為民國以來「集權的成績，徒為中央肆虐之資，散甑亦難復完矣」，因此分權之聯邦制可以消除這些問題，達到救國之目的。具體言之，在張君勱看來，世界各國在憲法上對中央與地方權力的劃分有三種方式：第一種是美國式。美國憲法中只列舉了中央的權力，剩餘權力歸地方。這種中央與地方關係的劃分中，地方權力過大，地方可能對抗中央，比如美國歷史上就發生了南北戰爭等對抗中央的事件。而且中國人對法治觀念不熟悉，地方軍閥擁有軍隊，如果採取這種方式，會成為他們反抗中央之法律依據，國家政局無法穩定。因此這種方式不適於中國。第二種是在憲法中列舉省的權力，剩餘權力皆歸中央。這種模式中，中央在憲法上的權力較大，但實際中不一定有執行力。這是一種理論上的模式，現實中並沒有採取這種模式的聯

〔註76〕 參見王紹光：《國家治理與基礎性國家能力》，載《華中科技大學學報（社會科學版）》2014年第3期。

〔註77〕 參見張君勱：《聯邦十不可論（一名省制餘議）》，載《大中華雜誌》第2卷第9期（1916年）。

邦國家。第三種是加拿大式，也就是在憲法中將中央與省的權力都列舉出來，〔註78〕張君勱認為這種方式有較多優點：「列舉中央權限者，所以保障中央也，列舉各省權限者，所以限制各省，不得以剩餘權力抗中央。」〔註79〕加拿大這種中央和省權雙列舉的方式在張君勱看來可以讓中央掌管與全國利害相關之事務，地方事務則歸地方掌管，如果有新的事權出現，則依據此原則劃分。

張君勱又根據加拿大法院關於禁酒令的判例來闡明加拿大式剩餘權力的分配方法。他認為具體原則是如果中央的權力列舉不盡，可以用「善良政府」來概括，地方之權力列舉不盡之處，可以用「地方性質之事項」概括。具體言之：「善良政府云云，應以有關全國之利害為限，若以其不明屬於省，而概以善良政府之四字，收為中央之權，則非所以保中央與地方之平衡也。換而言之，不列舉之事項，視其性質之為國家的、為地方的而定其所屬，不應以不列舉，而概推定為屬於中央。」〔註80〕而對周鯁生等人指出的剩餘權力不加規定可能會產生爭端的問題，張君勱認為到具體爭議上，只是一個法律條文解釋和根據法律裁判的問題，並不難解決，貿然將剩餘權力劃歸中央或地方都會帶來問題。張君勱對剩餘權力的劃分看重權力之具體功能，他不希望地方會因剩餘權力而對抗中央，亦不希望中央干涉了本屬於地方的事務。不過他的設計的重要背景是法院系統的完全獨立，並有司法審查之制度，或者各省（邦）可以以商談的方式解決爭端，這樣才能很好地解決關於剩餘權力的爭議問題。〔註81〕但這些在當時軍閥割據、劍拔弩張的中國並不現實。

〔註78〕當時加拿大並沒有憲法典，憲法是由一系列的憲法性法律和文件組成，張君勱所說的加拿大憲法是《1867年憲法法案》（Constitution Act, 1867），對聯邦和省權的劃分在該法案的第六部分。關於加拿大《1867年憲法法案》中規定的聯邦制及其特點，參見 Patrick J. Monahan, Byron Shaw, Constitutional Law (4th edition), Irwin Law Inc., 2013, pp. 107～162。

〔註79〕張君勱：《國憲議》，載氏著：《憲政之道》，清華大學出版社2006年版，第17頁。

〔註80〕張君勱：《國憲議》，載氏著：《憲政之道》，清華大學出版社2006年版，第25頁。

〔註81〕1982年以前，加拿大最高法院沒有司法審查權，因此出現這類爭議如果走法律途徑過程較為煩瑣，必須求助英國樞密院司法委員會來解決，所以大部分此類憲法問題都以政治方式處理，較為著名的是聯邦—省際會議。參見（加）沃爾特·懷特、羅納德·瓦根伯格、拉爾夫·納爾遜：《加拿大政府與政治》，劉經美、張正國譯，北京大學出版社2004年版，第43頁、第66～67頁。

　　具體到省憲與國憲的關係，張君勱以加拿大式中央地方分權模式為基礎，認為中國與美國不同，美國是先有各邦再有國家，制憲後，服從憲法的邦可以加入國家成為一個新州。中國的各省可以立省憲自治，但是省的地位與美國參與制憲會議的 13 州不同，類似於後來加入的州，所以「各省除服從中央之憲法外，無他法焉」。他同時指出湖南省憲法中的不少問題，進而提出省憲本身首先需要完善，要能起到憲法之作用，其次才能成為「與國憲節奏相合之省憲」。〔註82〕具體到省內制度的選擇上，張君勱認為開始各省可以試驗，一旦確定出標準，就必須遵守：「今日於國憲中定省制之政體標準，則他日一省內之政體，有不依憲法組織者，中央得而干涉之，合之省憲法而為二重保障，此正所以保護各邦，而非所以壓制各邦也。」〔註83〕也就是說，在各省的政治上，中央有絕對的決定權，如果違反憲法之規定，中央有權直接干涉。

　　加拿大式的聯邦制，有學者稱為「準聯邦制」。〔註84〕因為加拿大《1867年憲法法案》的起草者們有「強烈的中央集權傾向」，該憲法法案「授予了聯邦政府以多種方式干預省級事務的權力」，比如任命省督，處理省之間的爭議，等等。之所以這樣設計，是因為制憲者們「把國家的構建放在了第一位」。〔註85〕張君勱對中央與地方關係的理解也如此：主張聯邦制是希望以承認現狀的方式整合軍閥割據的混亂政局，但把對統一國家的構建放在第一位，是一種以聯邦制統一國家的方式。康有為曾對中國實行聯邦制提出過批評，他認為西人之聯邦下各邦本來類似獨立之國，故有聯邦，而中國自古是大一統的傳統，實行聯邦制無異於刻意製造分裂。張君勱並不是沒看到這一點，他之所以選擇聯邦制是因為以中央集權的方式統一中國的可能性已經不大，而且袁世凱以中央集權專制，貽害國家，以後這樣的軍閥專制不是不可能再次出現，所以聯邦制是一種退而求其次統一國家的方式。

〔註82〕參見張君勱：《國憲議》，載氏著：《憲政之道》，清華大學出版社 2006 年版，第 19 頁。

〔註83〕張君勱：《國憲議》，載氏著：《憲政之道》，清華大學出版社 2006 年版，第 36 頁。

〔註84〕參見 K.C. Wheare, Federal Government (4th edition), Oxford University Press, 1963, pp. 18～20。

〔註85〕參見（加）沃爾特・懷特、羅納德・瓦根伯格、拉爾夫・納爾遜：《加拿大政府與政治》，劉經美、張正國譯，北京大學出版社 2004 年版，第 57 頁。當然 20 世紀 80 年代以來，加拿大各省政治力量的增強遏制了這種聯邦集權化傾向。

4.5.2　人民與憲法

中國現代國家是通過革命推翻了傳統帝國而產生的，擁有現代國家雛形的中華民國建立後，革命建國口號和革命思想仍然蔓延。張君勱認識到這一點，他認為革命和建國不同，革命是製造混亂，而建國是建立秩序，革命是破壞，靠奮不顧身，靠武力和戰爭，但是建國是靠有思想和經驗的建設，要靠冷靜的頭腦，要靠和平與法治。中國要建立完備的現代國家，構築現代國家的種種特性，不能只靠初期中國人認識到的堅船利炮，而是其他方面。張君勱認為一個現代國家的「政治基礎在立憲政治，在民主政治，在以人權為基礎的政治」。〔註86〕歐洲各先進國家正是有了這些政治基礎，才成為現代國家，並有了今日之富強。

張君勱認為國家的目的首先是「維持人民的生存，所以要保障他們的安全」，也就是維持國家的秩序；其次，是「保障人民的自由」，這意味著國家的制度可以讓人的自由共存，每個人的自由不會相互衝突；最後，國家能「造成一種法律的秩序」。張君勱認為在這種國家的法秩序中，私法是國家規範私人領域的生活的規則，公法則「規定國家與人民的關係」以及政府中各機關之間的關係。作為公法的一種，「憲法簡單來說，是規定 public powers 如何行使到人民身上去，及其與立法、行政、司法相互間之關係。」進而言之，「憲法乃是一張文書，所以規定政府權力如何分配於各機關，以達到保護人民安全與人民自由的目的」。〔註87〕因此，在張君勱看來，憲法的目的就是保護人民的安全和自由。關於國家與人民的關係，張君勱認為國家是一把雙刃劍，一方面可以保護人民，維持國內秩序；另一方面，國家又具有危險性，國家擁有軍隊、警察和法院，可以限制人民的自由，徵收人民的財產。因為「國家權力既如此之大，所以憲法上每件事就是要防止國家專擅，就是防止國家濫用權力。所以憲法的第一章一定要規定人民的基本權利，就是上文所說的人身自由、言論自由、結社集會自由、信仰自由等事」。〔註88〕其中人身自由是最基本的自由，因為沒有人身自由其他一切自由都無從談起，歷史上有許多

〔註86〕張君勱：《中華民國民主憲法十講》，載氏著：《憲政之道》，清華大學出版社 2006 年版，第 136 頁。

〔註87〕張君勱：《中華民國民主憲法十講》，載氏著：《憲政之道》，清華大學出版社 2006 年版，第 140 頁。

〔註88〕張君勱：《中華民國民主憲法十講》，載氏著：《憲政之道》，清華大學出版社 2006 年版，第 141 頁。

例子都可以證明。張君勱看重的是憲法可以讓人民在享受國家保護的同時，又不受國家權力的恣意侵害。而對於國家機關之間的關係，主要涉及國家權力的確立與限制，主要是三權分立制度。由人民選舉的議員進行立法，內閣負責行政，司法機關獨立行使審判權。這是在憲法和人民關係中，憲法規制政府的一方面。

但是張君勱認為僅有憲法對政府權力的規範約束並不夠，因為「就憲法本身所以能保存在，並不是一張紙片的文字就夠的，而是要靠國民時刻不斷的注意，然後憲法的習慣方能養成，然後憲法的基礎方能確立」。〔註89〕而世界各國不同之憲法大致可分為剛性憲法和柔性憲法兩種，英美分別是二者的典型代表，是兩種不同的憲制運作方式。這兩種憲法各有其優缺點，但相對而言剛性憲法可以穩定政治秩序與人心，利於國家鞏固，所以大多數國家採用剛性憲法。〔註90〕但是張君勱認為有了憲法，國家並不一定能走上和平、富強之路。法國革命後法國採用剛性憲法，但是頻繁的政權更迭和政體變遷，就證明了僅僅一紙憲法是靠不住的，真正要靠人民的抗爭。「要憲法靠得住，就要看人民對憲政的警覺性如何」，人民對權利有了警覺性，一旦權利受到侵害，人民要有膽量維護自己的權利，依法抗爭，同時訴諸輿論，才能使憲法在紙面上保障的權利落到實處。因此張君勱言：「人民對於他的權利的警覺性，乃是憲政的第一塊礎石。」〔註91〕所以需要提高人民對權利和憲法的認識。

張君勱對憲法與人民的討論和從晚清以來知識人對人民程度的討論類似。胡適說的更直白，人民爭個人的自由就是爭國家的自由。〔註92〕以這樣的認識為基礎，接下來所做的工作就是啟蒙，希望提高人民的程度進而推動政治和法治的進步。這個問題並不是單向的，一方面人民的爭取很重要，但另一方面國家本身的制度設計或政治的社會化更重要。現代立憲政治建立的

〔註89〕張君勱：《中華民國民主憲法十講》，載氏著：《憲政之道》，清華大學出版社 2006 年版，第 142 頁。
〔註90〕參見王世杰、錢端升：《比較憲法》，中國政法大學出版社 1997 年版，第 11 ～12 頁。
〔註91〕張君勱：《中華民國民主憲法十講》，載氏著：《憲政之道》，清華大學出版社 2006 年版，第 143 頁。
〔註92〕參見胡適：《介紹我自己的思想》，載歐陽哲生（編）：《胡適文集》（第五卷），北京大學出版社 1998 年版，第 511～512 頁。

過程主要有三種方式：革命立憲、改革立憲和精英建構的模式，〔註93〕這三種其實都是精英行動的結果，所以立憲政治需要相應的政治、經濟和社會環境與憲制本身的完善，如果這些條件不具備，人民的憲法意識僅僅對立憲政治有推動作用，但起不了決定性的作用。

4.5.3　中國立憲失敗之原因

革命使清政府滅亡，民國誕生。《中華民國臨時約法》頒布後，先是袁氏篡權，繼而軍閥混戰，國家不能統一。北洋政府時期頒布了一系列憲法，但派系紛爭，政局不定，憲法幾乎沒有得到施行，不過具文而已。〔註94〕此後的訓政也是獨裁政治，讓許多人擔心中華民國是否有實行立憲政治之能力。因此，張君勱也探討了中國立憲失敗之原因。

在張君勱看來，中國立憲之所以失敗，需要先瞭解中國人為什麼會有視憲法為具文的心態（mental attitude）或心習（mental habit），找到問題的根源才能開出解決問題的藥方。張君勱認為一個人長期因歷史文化、生活環境等因素形成的心態或心習會影響他的行為，人們會形成一種類似集體無意識（collective unconscious）的行為習慣。對於中國人來說，不利於立憲政治的心態和心習主要有六點：第一是「帝制自為」。長期的皇權專制統治，讓每個人都有想當皇帝的思想，這與民主政治天然上矛盾。第二是「割據一方」。統一的時候，帝制自為，一旦國家分崩離析，有權勢的人就割據一方。第三是「越軌為能」。中國人長期處於專制之下，既沒有國家觀念，也不懂「法規為團體生活之所必需」，個個以能使用潛規則為榮。第四是「舞文弄法」，也就是人民不尊重法律，喜歡鑽法律的空子。第五是「治亂循環」。中國歷史上「人存政舉人亡政息」，沒有形成制度化的政治，也就是確立法規、合議辦事和繼承傳統。第六是「人民愚昧」。人民的程度不足，大量的人口不能解決溫飽問題，文盲佔了絕大多數。另外，各種歐洲思潮對中國都產生了影響，忽東忽西，對中國政治造成了混亂。因為以上原因，中國立憲政治

〔註93〕參見 Bruce Ackerman, Three Paths to Constitutionalism‐and the Crisis of the European Union, *British Journal of Political Science*, Vol. 45, Issue 4 (2015), pp. 705～714。

〔註94〕在袁世凱死後的 20 年間，中華民國先後換了有 20 個國家首腦，45 個內閣，5 個立法會，7 個憲法或約法。參見 Andrew J. Nathan, Peking Politics, 1918～1923: Factionalism and the Failure of Constitutionalism, University of California Press, 1976, p. 25。

的建設仍沒有成功。〔註95〕

　　要解決這個問題，張君勱認為要從兩方面入手。國家之治亂興衰，統治者和被統治者是最重要的兩個因素。統治者手握大權，在很多時候決定著國家的命運，當一個統治者同時為黨的領袖和國家總統時，就可能會出現黨的發展和國家的發展相衝突的情況，在這種情況下統治者應該把國家放在第一位。而且黨的領袖或總統在執行任務時，首先要「遵守國家的基本大法憲法」，其次也要忠誠地執行其他的一切法規。他以美國為例，認為這樣的政治才是良性的競爭，不會打破政治規則，讓政治人物保持道德。這對國家的長遠發展非常有利。而對被統治者的人民來說，由於中國人民生活困苦，人民程度不高，因此要讓他們「衣食足，而後知榮辱」，同時要他們「有教育，既富矣，又何加焉，曰教之」。僅此還不夠，人民需要有政治參與意識和政治責任意識，還要有抗爭的精神。〔註96〕

　　這是張君勱論述的立黨政治對統治者和被統治者的要求，都是從兩方應然的角度去論述。但是政治權力本身只要不受約束，自然會腐敗和恣意，如果沒有政治參與的制度和激勵機制，僅靠人民意識，必然會出現搭便車的問題（free rider problem），〔註97〕這是現代政治常見的現象，有良好的統治者和被統治者，也不一定會帶來立憲政治的良性發展。張君勱也認識到這一點，他言：「假定沒有好制度，民主政治還是不能長久的。」〔註98〕在制度建設上，張君勱認為首先要進行人口和土地的調查。這兩項是實行現代民主政治的前提，國家可以用這兩個調查來瞭解國家的基本狀況，人民也會因這個調查獲得和確認國民身份。人口調查是一種塑造國家認同的方式，也是福柯所說的現代國家對人口的治理：人口普查本質上是一個政治化的過程，它把個人之整體變成國家的人口，於是人成為國家主權治理的對象。〔註99〕而對於土地

〔註95〕參見張君勱：《中華民國民主憲法十講》，載氏著：《憲政之道》，清華大學出版社 2006 年版，第 146～150 頁。

〔註96〕參見張君勱：《中華民國民主憲法十講》，載氏著：《憲政之道》，清華大學出版社 2006 年版，第 146～151 頁。

〔註97〕參見（美）曼瑟爾·奧爾森：《集體行動的邏輯》，陳郁、郭宇峰、李崇新譯，生活·讀書·新知三聯書店、上海人民出版社 1995 年版。

〔註98〕張君勱：《中華民國民主憲法十講》，載氏著：《憲政之道》，清華大學出版社 2006 年版，第 151 頁。

〔註99〕參見（法）米歇爾·福柯：《性經驗史》（增訂版），佘碧平譯，上海世紀出版集團 2005 年版，第 16～17 頁。

的調查，張君勱認為這樣可以防止人民逃避租稅，增加國家的汲取能力。其次，需要公開。「所謂公開，就是不管行政司法立法一切都可讓人民知道。」中國傳統的政治充滿了神祕性，很多時候是黑箱政治，潛規則橫行。而民主社會除了「議事、審判有記錄，政府發布公告有記錄外」，還有另外一個含義，就是「任何事情，不許有第二人可以假託命令」，這樣就不會有人像傳統社會中的太監或大臣一樣假傳聖旨弄虛作假了。所以公開的好處是：「發動人的意思和執行人的意思，一切擺在公眾之前，無法撥弄是非，顛倒黑白。」〔註 100〕而公開主要有行政公開、議會公開和司法公開，以美國為借鑒，國家財政的公開也同樣重要。最後，是制度之基礎。現代民主政治不能靠一兩人，而必須依靠制度，民主政治的制度基礎是立法、行政和司法這三個機關。這三個機關分擔國家事務，在相互牽制的同時，又相互合作。國家就像一個銀行，建立在各種制度之上，而不是像錢莊那樣建立在人之上。

張君勱總結中國立憲政治失敗的經驗認為，只要新的心理態度養成，就會有新的政治，憲政的基礎也就能建立。他同時呼籲朝野人士，要把國家利益放在第一位，識大體，把黨派的利益放在第二位，要讓人民成為主人翁，而不是政黨的工具。

在現代政治生活中，「尤其是國家層面的政治生活中，不同的制度框架有可能塑造出截然不同的政治結果」。〔註 101〕張君勱把實現立憲政治努力的重點放在制度建設上，很有眼光，因為制度的建設最能產生長久的效果。

4.5.4　立憲中的三民主義與憲法

北伐後，中華民國實現了形式上的統一。1928 年國民黨宣布按照孫中山的遺教進入「訓政時期」，公布《訓政綱領》。此前國民黨通過革命構建了一套自己的合法性，從革命建國轉換為「以黨建國」和「以黨治國」。〔註 102〕1931 年國民黨組織制定了《中華民國訓政時期約法》，約法規定由國民黨全國代表大會代替國大行使統治權，在國民黨全國代表大會閉會期間，由國民黨

〔註 100〕張君勱：《中華民國民主憲法十講》，載氏著：《憲政之道》，清華大學出版社 2006 年版，第 152 頁。

〔註 101〕閻小駿：《當代政治學十講》，中國社會科學出版社 2017 年版，第 114 頁。

〔註 102〕關於國民黨的「黨治」和「訓政」，參見王泰升：《國民黨在中國的「黨治」經驗——民主憲政的助力或阻力》，載《中研院法學期刊》2009 年第 5 期；黃金麟：《革命／民權：訓政的敘事建構》，載《清華學報》1997 年第 4 期。

中央執行委員會代為行使職權，委員長是該委員會的領導。這不僅確定了國民黨對國家的絕對領導，而且將領導權進一步縮小到該黨的中央委員會和委員長一人。政府由政黨領導，《訓政時期約法》亦是由政黨解釋，完全黨國不分。

國民黨極力推動自己的意識形態法律化，使之成為國家的意識形態。《訓政時期約法》中寫道：「國民政府本革命之三民主義五權憲法以建設中華民國。」而此後國民黨積極推動三民主義入憲的工作。《五五憲草》的序言說憲法草案是按孫中山之遺教制定，第一條言：「中華民國為三民主義共和國」，這引起許多反對意見，但此後該草案雖有一次修正，仍保留了這一條。20世紀40年代，國民參政會憲政實施協進會對修改憲法的意見仍然認為：「國體應標明三民主義字樣，維持草案第一條原文。」〔註103〕《政協憲草》將第一條修改為：「中華民國基於三民主義為民有民治民享之民主共和國。」以後的《中華民國憲法草案》和《中華民國憲法》都有這一條，但增加了一個標點符號，變成：「中華民國基於三民主義，為民有民治民享之民主共和國。」

張君勱參與了《政協憲草》和《中華民國憲法草案》的起草，對這種改變的微妙之處有闡述。張君勱認為《五五憲草》的第一條在共和國前加上「三民主義」這個形容詞有很大問題。首先，國家是在不斷變化中的，如果加上一個主義的形容詞，隨著時間的推進可能變得不適用，因為：「這類主義的形容詞，只代表一時代或一階級，所以凡有時代性階級性之形容詞終要隨時代遷變的，故以不用為妙。」〔註104〕如果要加形容詞，就要加上全國人民共同愛戴、認可的形容詞，例如美國憲法中的「更完美的聯合」（a more perfect Union）和中國憲法中的「民有民治民享」等，這類詞語沒有時代性、階級性和黨派性，是較為中立的普世價值，可以永久適用。其次，將三民主義限定在共和國之前，還可能出現一個結果，就是立憲政治完成以後，還會以三民主義作為評判各黨派思想的標準，這是不可行的。因為各黨派之所以存在就是因為它們的主義、政策和思想不同。而且就三民主義本身而言，都無法統一理解，民族民權民生三者之間不同的組合都會產生不同的思想，所以以其

〔註103〕《國民參政會憲政實施協進會對五五憲草之意見》，載荊知仁：《中國立憲史》，聯經出版事業公司1983年版，第570頁。

〔註104〕張君勱：《憲法第一條之意義：中華民國新憲本義十講之一》，載《再生》第245期（1948年）。

為尺度衡量其他黨派的思想十分不可行。再次，憲法上每個條文都有法律意義，寫入三民主義，就可能成為思想標準，引起根據此憲法條款判定思想犯罪的問題。中國各黨的武力鬥爭已經很激烈，如果再寫入形容詞的三民主義，可能誘發思想鬥爭。而且立國之道應注重法律，而不是思想標準。最後，一種有時效性的主義，就不應該被視為經典，而固守不變。比如儒家思想在孔子之後就發展出了不同的派別，英國則以黨派競爭而著稱，各黨派的思想只要不違背民族利益，可以任其自由發展，不必在主義上衡量區分。所以，「遵守憲法，注重法治，自然能奠立良好的基礎，要不然，硬在三民主義四個字上爭執，不注重主義之法律化、制度化」，〔註105〕毫無意義。總之，如果有人還堅持訓政時期的思想觀念，要以一種思想來規範其他黨派，就是在刻意製造內政爭執和政黨糾紛。

以上是作為形容詞的「三民主義」入憲之害處。張君勱認為《中華民國憲法》的三民主義條款是作為名詞適用的。這條上半段的意思是「承認中山先生與國民黨創造中華民國的功績」，下半段的民有、民治和民享是普世價值，法國新憲法中也有這樣的字句，是中國「今後各黨各派政治思想做大方向和基礎的」，也是中國立國的大方向。〔註106〕也就是說上半段承認了三民主義過去對國家的貢獻這個歷史事實，後半段是以後國家發展的共同思想基礎。

關於憲法條文中是否要寫入意識形態詞語，林來梵教授認為，憲法規範是一種價值中立的載體，它不拒斥任何一種特定價值，因此可以成為「一種各種勢力競相爭奪的『容器』」，但是憲法規範與「只象徵著最高權力的『容器』」不同，「是一種超出了權力象徵意義的規範載體，從中特定的勢力可以注入特定的價值，並使之上升為具有最高效力的國家意志，去規範現實的政治過程。」〔註107〕但立憲民主國家的憲法一般如張君勱所言，只會在憲法中寫入帶有普世性的價值，因而不會引發糾紛和思想控制，如果僅寫入某個黨派、某個階級的意識形態，就會引發思想控制和思想鬥爭。因此筆者曾認為一個良善的憲法需要有包容性，也就是說「憲法和憲法規範不是由一種政治

〔註105〕張君勱：《憲法第一條之意義：中華民國新憲本義十講之一》，載《再生》第
　　　　245 期（1948 年）。
〔註106〕張君勱：《憲法第一條之意義：中華民國新憲本義十講之一》，載《再生》第
　　　　245 期（1948 年）。
〔註107〕林來梵：《從憲法規範到規範憲法：規範憲法學的一種前言》，商務印書館
　　　　2017 年版，第 6 頁。

價值主導，而是在不危害自由的前提下包容不同的政治價值和觀念，同時凝聚最大公約數的價值共識」。〔註108〕

基於現代自由主義立場，張君勱對三民主義意識形態寫入憲法的危害有清醒的認識，雖然他極力阻止將作為形容詞的三民主義寫入憲法，但並沒有阻止作為名詞的三民主義寫入憲法。這是一個巧妙的妥協，在張君勱看來，把憲法中的三民主義條款轉變為對過去的史實描述，就會降低它對國家和人民的危害性。但是實際上這樣的妥協不僅與他所說的憲法中的條款都需要有法律意義相矛盾，而且也並沒有降低三民主義條款的危害性，以後國民黨政府的輿論和思想控制就是證明。

4.5.5　小結

張君勱初期主張中央集權的國家結構設計，後來主張聯邦制，雖然制度有所轉變，但他始終認為中國需要一個統一強有力的中央政府。他認為人民程度的高低和參與度對立憲政治的實現有極大的影響，中國立憲政治的實現要靠人民心態的形成，但最重要的是新制度的塑造。而對於三民主義入憲的問題，張君勱是實際的參與者，他進行了巧妙的妥協，這個妥協意味深遠，但也有一定危險性。

4.6　結語

現代的立憲制度，準確地說是憲法保障下的自由民主制度，包括代議民主、自由和法治這三個主要因素。〔註109〕相比康有為和孫中山，張君勱對立憲的認識較為全面，對這三點都有論述。他以德國法律實證主義的觀點看待國家，但是同時認同黑格爾的國家觀，注重國家神聖性和最高性。他對立憲政治的闡釋很深刻，但是仍把立國放在第一位，認為國家是一個法秩序體，國家也是一個精神構成，所以道德和文化因素亦十分重要。

張君勱雖有較好的中西政治思想基礎，但是他對立國和立憲思想的論述在很多時候囿於意識形態和國民黨的官方論述，是戴著鐐銬跳舞，不能自由施展手腳，所以在思想的深度和原創性上都要比康有為和孫中山遜色。不過

〔註108〕 金欣：《憲法整合視野下的晚清立憲運動——兼論憲法整合功能發揮的基本條件》，載《江漢學術》2017 年第 4 期。

〔註109〕 參見閻小駿：《當代政治學十講》，中國社會科學出版社 2017 年版，第 88 頁。

作為一個專業憲法學家，他探討的立國和立憲之技術和具體制度設計也是康有為和孫中山所不及。

張君勱曾言：「世界最可悲之一端，曰人類之進步，與哲學家之所希望不相應。」〔註110〕張君勱立足中國的社會現實和歷史傳統，吸收西方的立國與立憲思想，希望在民主和獨裁之間尋找中道，雖然他認為憲法必須保障人民的權利，但是在立國第一位的前提下，他還是主張在增加國家基礎性權力的同時也要增加國家的專制性權力，因此他的立憲思想對現實政治也做出了一些妥協，希望為中國開出一條新的立憲民主政治道路。但是歷史的發展卻事與願違，直到張君勱去世時，兩岸仍盤踞著兩種威權主義，立國的任務基本完成，立憲政治卻渺茫無期。

〔註110〕張君勱：《穆勒約翰議院政治論》，載《新民叢報》第18號（1906年）。

第 5 章　立國與立憲的張力

　　本章對本書進行簡要總結，並進行理論探討。首先分析國家與憲法的關係、立國與立憲的相互作用，接著對康有為、孫中山和張君勱的立國與立憲思想進行比較，分析三人思想中立國與立憲之間的張力，及兩種的國家權力和立國與立憲之間的關係。

5.1　利維坦與憲法

　　對國家的意義，霍布斯在《利維坦》中的論述最有代表性。在霍布斯看來，人類在沒有國家的時候因為物質匱乏，相互之間爭鬥不止，所以生活十分悲苦。人們按社會契約把權力交給主權者，形成「統一在一個人格中的一群人」，也就是國家，霍布斯形象化地借用《聖經》中怪獸利維坦（Leviathan）來描述這個新的權威。國家的出現維持了和平和安全，主持了正義，讓人們能更好地生活下去。〔註1〕這是因為國家的成立建立了權威和主權，用國家權力給人們提供安全和秩序。利維坦型國家的誕生標誌著一種新型權力的出現。此後，國家之權力雖來自社會，但是與社會的權力卻全然不同。

　　國家權力帶有公共性，也就是我們通常所說的公權力的行使會影響公共事務，會帶來公共政策，因此國家的權力是一把雙刃劍，一方面可以為社會提供安全和秩序，另一方面也可能威脅人民的自由，扼殺社會的活力。早期現代歐洲國家的專制主義國家發展經驗都能說明這一點。為了減小國家的負面效應，立憲國家就逐漸產生了。現代國家以法律制度為基礎，法律通常是

〔註1〕參見（英）霍布斯：《利維坦》，黎思復、黎廷弼譯，商務印書館1985年版，第131～132頁。

「國家公意的表達」，〔註2〕立憲國家的憲法有兩方面的功能：首先，憲法是一個人民和國家的契約，限定國家的權力界限，讓國家權力在促進國家良性功能順利進行的同時，不至於威脅到人民的自由和權利；其次，它是一部法律，一部國家最高位階的法律，規定政府的形式，保障人民的權力。立憲國家的形成是社會和國家權力博弈的結果，在很大程度上建立在國家和市民社會二分的基礎上。所以在立憲的國家秩序下，國家不能強大到吞噬社會的程度。因此立憲制度常常和民主制度相伴而行。立憲是法律化的進程，而民主是政治化的進程。

從國家形成和發展的角度來看，立憲是一個控制利維坦的過程，防止利維坦恣意妄為，讓國家權力運用到造福人民的軌道上。只不過這時候的利維坦已經不是早期的專制主義國家，而是現代的民族國家。立國是建立一個完備的民族國家，立憲是建立一套以憲法為最高法的制度，控制國家權力，這兩者有重合，也有衝突，本書的研究對象康有為、孫中山和張君勱在他們的論述中都希望解決這個問題。

5.2　立國與立憲之互動

立國與立憲既有許多重合和相互促進的方面，也有衝突和相互消解的因素。如本書導論的分析，立國主要包括國家政權建設、國家正當性、國家整合與國家發展四個方面。立國與立憲的互動關係可以從這四個方面來展開討論。

對國家政權建設來說，憲法基本的功能之一就是對政治權力的分配和安排，所以國家權力的模式或形狀一定與憲法相關。但是國家政權建設的基本要義是權力集中，這在現代民族國家形成中尤為突出。然而，有限政府和分權是立憲主義的本旨之一，所以在立憲政體下，國家權力的分配和安排是分散的，相互制衡的。這就造成了立國和立憲的衝突，權力集中是加強專制性權力，這對國家秩序的建立很重要，但是立憲卻以權力分散的方式構建基礎性權力，後者如果構建成功，將會從根本上增加國家能力。但是增加基礎性權力的難度比增加專制性權力大，所以許多國家在立憲的過程中國家能力急劇下降，進而國家出現混亂。康有為、孫中山和張君勱對建設強大中央政府的論述都在回應這個問題。孫中山的訓政更是以立國為目的，先構建國家的

〔註 2〕Spyridon Flogaitis, The Evolution of Law and the State in Europe, Hart Publishing, 2014, p. 48.

專制性權力，再用立憲構建國家的基礎性權力。但也有不少國家憲法只是對國家專制性權力的確認，其中立憲主義因素不多，因此在孫中山的視野裏，這樣的法律只能稱為約法，而不是憲法。

立憲可以促進國家的正當性。正當性在於對權力或支配進行一種道德化的證成（justify）。憲法的原始意義可以理解為一個社會契約，人民和國家訂立的契約，人民同意這個契約，雙方都遵守，進而控制國家這個利維坦，使之可以促進人民的幸福和發展。作為契約的憲法讓國家權力的來源變得世俗化，國家權力來自人民的授權和法律的規定，國家權力依據憲法而行使，國家行為必須遵守憲法，進而促進社會的公益和人民的美好生活。這些證成了國家和國家權力的意義，進而形成法理型的權威，更容易讓人民認可和同意。當人民追問國家存在的理由和為什麼國家權力和統治是合理的時候，可以訴諸社會契約或原始的制憲目的。憲法愛國主義就與此緊密相關。因此立憲可以從國家的自我論證和人民認可兩方面促進國家的正當性。張君勱討論了政治參與制度的設計以及憲法和人民的關係，也就是回應立憲如何增強國家的正當性。

立憲也可以促進國家整合。立憲政體可以用憲法塑造一種政治認同，用民主和代議制等手段來統合不同的政見於一個國家之中，給他們合法的表達不同意見的機會和渠道，並提供政治參與的合法機會，進而防止國家的動盪和分裂。國家整合可以分為政治整合與社會整合，兩者皆可以用憲法本身和實施來促進，因為「社會和政治整合的模式都是要解決一個難題的方式，這個難題就是世俗社會如何在它的成員之間創造象徵性的紐帶，以此構建一種歸屬感，在這種歸屬感之下他們不僅擁有成員地位，同時能確認和實踐他們相互關聯的權利與義務」〔註3〕。憲法可以作為政治整合和社會整合的紐帶，它發揮作用，能防止國家的分裂和社會的分化，也就是促進了國家和社會的整合。〔註4〕國家整合中最重要的是國族整合，同時關涉社會和政治兩方面，康有為對憲法的討論關注到了這一點，他認為可以弱化中國人的民族身份，進而共同遵守憲法，形成國民身份，促進民族整合和國家整合。

〔註 3〕Günter Frankenberg, Tocqueville's Question: the Role of a Constitution in National Integration, *Ratio Juris*, Vol. 13, Issue 1 (2000), p. 4.

〔註 4〕參見金欣:《憲法整合視野下的晚清立憲運動——兼論憲法整合功能發揮的基本條件》，載《江漢學術》2017 年第 4 期。

　　立憲對國家經濟發展的作用在短期內並不明顯，但有長期效果。從英國、美國、日本、澳大利亞和瑞士等國的歷史經驗來看，立憲確實能促進國家的經濟發展，但是這種促進效果需要長時段才會顯現，短期無法實現。〔註5〕而且根據楊小凱等人的研究，雖然立憲保護財產權，為經濟發展提供基本的規則和秩序，但是從短期來看，特別是在一個國家剛剛轉軌進入憲政秩序的時候，會需要一個調適的過程。尤其在非西方國家從傳統政治向現代政治轉型的過程中，人民、社會和國家都要適應憲政這種現代化的政制，這時會出現許多衝突和低效，所以立憲初期並不會促進經濟發展，甚至還會阻礙經濟發展。只有人民和國家適應了立憲制度，經濟才能進入良性軌道，進而有序地發展。因此，立憲政治對經濟發展的促進作用需要長期才能顯現出來。〔註6〕在這一點上，康有為、孫中山和張君勱都認為經濟發展需要國家的干預，而不是依靠立憲制度。

　　綜上所述，作為國家的制度構成，立憲本身就是立國的一個方面，立憲可以促進國家政權建設，可以提高國家正當性，促進國家整合，也可能抑制國家政權建設。立憲不能在短期促進國家發展，需要一個較長的歷史時期。立國最重要的一方面是國家權力的集中，而立憲則是分解國家的權力。所以立國的過程往往建設了強大的國家專制性權力和中央集權的政府，會抑制立憲；而立憲過程旨在建設基礎性權力，建立有限的政府，這可能使國家專制性權力的減弱，政府失靈，導致立憲對立國可以起促進作用的其他方面無法展現。特別在國家轉型時期（如康有為所看到的奧匈帝國和奧斯曼帝國的狀況），立憲會讓國家在轉型過程中出現混亂、動盪，甚至分裂。這時立憲就阻礙了立國。

5.3　康有為、孫中山和張君勱的立國與立憲思想比較

　　康有為、孫中山和張君勱的立國與立憲思想是近代中國法政思想中西融合、碰撞的典型代表。三人都有海外學習和生活的經歷，都希望用西方的法政思想改造中國的政制與法制，但是都有民族主義思想的底色。這首先表現

〔註5〕參見王建勳：《憲政與發展——一個初步考察》，載《洪範評論》（第12輯），生活·讀書·新知三聯書店2010年版，第1～49頁。

〔註6〕參見 Jeffrey Sachs、胡永泰、楊小凱：《經濟改革和憲政轉軌》，載《經濟學》（季刊）2007年第4期，第961～963頁。

在他們對西方思想的借鑒和引進並不是原樣照搬和盲目學習，而是希望把它
們與中國固有的傳統經驗和思想結合起來，找到一條適合中國的立國與立憲
道路；其次，他們都關注民族問題，希望從多方面促進民族的整合與融合，
並注重構建現代中國的國族和國族認同，希望建設一個作為民族國家基礎的
現代中國國族，康有為稱之為中華，孫中山和張君勱稱之為中華民族。

表 1：康有為、孫中山、張君勱的立國與立憲思想對比

	康有為	孫中山	張君勱
國家政權建設	中央集權，君主立憲，虛君共和。國君可以保持國家政局穩定，以儒教為國教來提高人民道德水平。中央集權，廢省。未來的大同世界國家和憲法將消失。	先建立黨國體制，黨守護國家、教導人民，經過軍政和訓政建立五權憲法的立憲政體。中央集權。	以道德和法制建國，建立中央有較大權力的聯邦制。修正的民主政治的立憲國。構建一種中西結合的文化作為立國的精神基礎。
國家正當性	「國為公有，君民共之」，國家是為了實現富強，人民生活安康。	國家的目的在於服務人民，「國家為人民之公產，凡人民之事，人民理之」、「國家之本，在於人民」。	「國家是人類精神之表現」，國家維持人民的生存，保障人民安全和自由，建設一種法律秩序。
國家整合	君主作為國家的整合符號。「合民於一」，建立「中華」民族，用國民身份代替民族身份。	建設鐵路，促進人民交往。民族統一，同化其他民族，建設中華民族，以國民身份代替民族身份。	文化建設，結合中西構建新的中國的民族性，消除民族差異。
國家發展	國家主導，政府與商人合作。民間和私人的工商業將是中國經濟發展的主力。工業化的農業促進國家的經濟發展。重視國家的經濟安全和經濟自主權。	國家主導，農業是一切經濟建設的基礎，重點發展以鐵路為中心的交通運輸業，「國政與商政並興」。後期，孫中山在國家發展上受社會主義影響，主張平均地權、節制資本。〔註 7〕	國家主導，實行計劃經濟，以國家社會主義的方式推動經濟發展。

〔註 7〕有學者將孫中山的經濟發展策略稱為「以發展為導向的溫和的國家社會主
　　　義」。參見（美）沙培德：《戰爭與革命交織的近代中國（1895～1949）》，高
　　　波譯，中國人民大學出版社 2016 年版，第 255 頁。

立憲	君主立憲政體，君主作為國家的象徵。立憲開議院吸納人民政治參與、集思廣益，是建立現代國家的手段或途徑。虛君共和立憲，用國教提高人民的道德水平。	革命建國，再建立保障人民權利的五權憲法政體，但需要經過軍政和訓政兩個預備階段，由黨領導人民進行地方自治和國家建設，人民應有的權利暫時受到抑制。	保護人民的自由和基本權利。加拿大式準聯邦立憲政體，國家訓導使人民程度提高對立憲政體極為重要。憲法中寫入作為歷史事實的三民主義,立國階段黨需要發揮作用。

從表 1 對康有為、孫中山和張君勱的立國與立憲思想的比較可以看出，在國家政權建設上，三人都主張立憲政體，但同時都強調權力集中，國家需要擁有較大的專制性權力。康有為和孫中山主張中央集權的單一制，避免地方勢力崛起後對國家能力的破壞，阻礙國家統一。張君勱後期雖然主張聯邦制，但在他所提倡的加拿大式聯邦制下，中央也擁有較大的權力。他之所以提倡聯邦制，是因為他希望在軍閥割據已成事實的基礎上，用聯邦制把國家統一起來。三人都主張在立憲政體建立之前可以有一個類似開明專制的階段來促進立國。在國家正當性上，三人都受到人民主權的觀念的影響，認為國家的正當性來自人民，國家要為人民謀福利。這表明了傳統的國家觀念已經完全解體，人民（之同意）作為重要力量成為國家正當性的來源，成了主權之所在。在國家整合上，三人都看到了民族整合對國家整合的重要性，而且都主張以新的囊括所有中國人的國族代替舊的種族和民族觀念（雖然對國族如何形成看法不同），他們都接受了西方近代的民族國家觀念。不同之處在於康有為希望保持傳統的國家整合符號——皇帝，孫中山和張君勱則更注重現代化的國家整合方式，比如文化和民族觀念等。而在國家發展上，三人都主張國家主導型的經濟發展模式，張君勱和孫中山受社會主義影響較大，提倡一定程度的計劃經濟和再分配。這是因為在他們看來只有國家才能解決經濟發展水平低下，人民普遍貧困的問題。

在立憲上，康有為主張君主立憲政體，一生未改變。在他看來，立憲開議院吸納人民參與政治，可集思廣益，是建立現代國家的重要途徑。憲法在他的思想中地位並不是很高，是建設強大國家的一個手段，至於建立立憲政體後具體憲制發展之設置，他並沒有多少探討。而對孫中山來說，立憲是建立保障人民權利的五權憲法政體，但是憲政不能一蹴而就，需要經過軍政和訓政這兩個預備階段，這兩個階段由黨領導建設國家，人民受法律所保障的

權利受到抑制。張君勱設計的立憲政體帶有一定的權威主義因素，他主張加拿大式「準聯邦制」立憲政體，主張用道德和法律約束權力，強調人民自由和基本權利的重要性，認為人民程度的提高對立憲政體極為重要。憲法中可以寫入作為歷史事實的三民主義。

通過以上的比較，可以看出，雖然三人設計的立國方式有許多不同，但是都把國家放在了第一位，首要任務是提高國家能力。都認為人民程度的提高是立憲政體的前提，所以國家負有教化、引導人民的責任和義務。立憲經常要為立國讓步，當立憲的因素和立國衝突之時，立國是第一位的，立憲要向立國妥協。其原因在於立國和立憲是在分別建設國家的兩種不同的權力和能力。在這三個人論述裏，立國主要是建設國家的專制性能力，而立憲則是建設國家的基礎性能力。

5.4　兩種國家權力與立國立憲

國家是政治權力制度化的產物，政治權力本身來自社會。〔註8〕國家也是一種對社會的控制，當政治權力制度化以後轉變為國家權力，權力的行使主體變成了國家（通常是代表國家政府）和國家的政治精英，國家則變成了一個與市民社會相對應的權力領域（arena）和場所（place）。為了闡明立憲與國家的關係，這裡再次使用邁克爾·曼對國家權力的分類，如本書導論中所述，曼認為國家權力可以分為兩種：〔註9〕一種是專制性權力（despotic power），是指國家與「精英被授權無須遵守例行程序，無須與市民社會中各個集團進行制度化協商談判就可以採取行動」。這種權力代表了國家代表及其政治精英超越於市民社會之上的行動能力，體現權力的原始屬性，權力之客體對權力主體有屈從性，權力主體有支配力，權力的行使則相對恣意。前現代王國的國王和近代獨裁國家的領導人都擁有這種權力。

另一種權力是基礎性權力（infrastructural power），指「國家實際上滲透

〔註 8〕參見（美）賈恩佛朗哥·波齊：《國家：本質、發展與前景》，上海世紀出版集團 2007 年版。

〔註 9〕參見 Mann Michael, The Autonomous Power of the State: its Origins, Mechanisms and Results, *European Journal of Sociology,* Vol. 25, No. 2 (1984), pp. 185～213。中譯參見（美）邁克爾·曼：《國家的自主權：起源、機制與結果》，王永香譯，載應奇、劉訓練（主編）：《當代國家理論：基礎與前沿》，廣東人民出版社 2017 年版，第 49～79 頁。

到市民社會，邏輯上在整個統治領域內有效實施政治決策的能力」。這種權力在資本主義民主國家中較為常見，是一種法律化和程式化的權力，背後滲透著民主程序和自由價值，是「國家通過自身的基本結構滲透並集中協調市民社會活動的權力」。〔註10〕其滲透性比專制性權力強，也能獲得人民較為廣泛的認同。因為它是程式化的權力，所以行使並不會恣意，時刻要受到法律的約束。這種法律通常是憲法，因為「憲法的法律約束力指向的是國家權力」。〔註11〕所以與基礎性權力相比，強大的專制性權力通常並不能帶來國家的穩定。

托馬斯‧埃特曼對中世紀和早期現代國家產生的研究顯示，國家專制權力的增加，並不能帶來基礎權力的增加，〔註12〕雖然專制性權力可以構建基礎性權力，但是二者在通常情況下是成反比的。近代立憲國家的發展過程是一個國家基礎性權力不斷擴大，專制性權力不斷縮小的過程。國家不斷地減少專制性權力，逐步變為用理性、規範的方式行使的權力，同時強調合法性和人民的認可。國家基礎性權力的增加其實是一個不斷趨向立憲政治的過程。憲法的功能在於規範國家權力的行使，讓人民認同公權力的行使。中國近代以康有為、孫中山和張君勱為代表的思想家所提倡的立國主要是希望增加國家的專制性權力，而他們提倡的立憲則是希望提升國家的基礎性權力。所以康有為、孫中山和張君勱的立國與立憲思想中本身就有極大的張力和衝突。

5.5　結語

國家是法律和政治制度發生的場所，憲法作為最高法，在構建國家的權力和機構的同時，也約束國家權力的行使，控制國家這個利維坦。康有為、孫中山和張君勱三人所設計的立國方式雖有許多不同，但是都把國家放在了第一位，認為首要任務是提高國家能力。在他們的思想裏，立國主要是建設國家的專制性能力，而立憲則是建設國家的基礎性能力。專制性權力和基礎性權力在現代國家發展過程中有衝突，因而立國和立憲本身也存在著內在張力。

〔註10〕Mann Michael, The Autonomous Power of the State： its Origins, Mechanisms and Results, European Journal of Sociology, Vol. 25, No. 2 (1984), pp. 185～213.

〔註11〕（德）迪特爾‧格林：《現代憲法的誕生、運作和前景》，劉剛譯，法律出版社 2010 年版，第 38 頁。

〔註12〕參見（美）托馬斯‧埃特曼：《利維坦的誕生：中世紀及現代早期歐洲的國家與政權建設》，郭臺輝譯，上海人民出版社 2016 年版。

結　論

　　從康有為、孫中山和張君勱的立國與立憲思想可以看出，近代中國的有代表性思想家們認為立國的首要任務是提高國家能力，他們都看重國家專制性能力的建設，而與之相對的立憲思想常常要大打折扣，只能在立國思想的陰影下曲折迂迴，不斷妥協。立國構建的專制性權力阻礙了立憲所要建設的基礎性權力，立憲一直在建設強大專制性權力國家的目標之下舉步維艱。

　　近代中國面臨著國家轉型的艱巨任務，對轉型後的國家設計，建設一個國家能力強大的國家，幾乎是所有知識人對政制和法制設想中的重要目標。除了本書所論的康有為、孫中山和張君勱之外，梁啟超的國家觀念也很有代表性，他持國家主義立場，主張開明專制。〔註1〕在民國時期關於民主與獨裁的論戰中，多數學者亦看重國家強大的專制性權力對國家建設的重要性，比如錢端升言：「今代的國家必須握有大權才能使國家富強使人們平等，我以為極權主義不全是惡的。」〔註2〕這些知識人都認為建設強大專制性權力是立國的首要任務，只有這樣的國家才可以推動實現國家與社會的許多目標。

　　對這一傾向的解釋比較有代表性的是李澤厚的「救亡壓倒啟蒙」論。〔註3〕在李澤厚看來，近代中國在內外交迫的狀況下，救亡圖存是第一位的，所以壓倒了對立憲、自由等價值的啟蒙和追求。與之相應的是法學界一種對中國近代立憲思想特點的解釋：許多學者認為近代中國的立憲思想體現了一種「憲法—富強」觀。比如有學者認為近代中國人對憲政的理解是「富強為體，憲政為用」，所以在憲政中強調個人對國家的貢獻，為了國家的富強，可以犧

〔註1〕參見張佛泉：《梁啟超國家觀念之形成》，載《政治學報》1971年第1期。

〔註2〕錢端升：《一黨與多黨》，載《今日評論》第4卷第16期（1940年）。

〔註3〕參見李澤厚：《救亡與啟蒙的雙重變奏》，載氏著：《中國現代思想史論》，天津社會科學院出版社2003年版，第1～46頁。

性個人的自由。〔註4〕而與西方國家注重憲政自身的價值不同，憲政在中國成了國家追求富強的工具，因此「消解了憲政本身的價值」，〔註5〕這種中國傳統的國家主義理念深藏在憲法文本中；〔註6〕或認為近代中國的憲政觀乃是「富強憲法」，這並不是因為中國知識人不重視憲法的保障人權和限制權力功能，而是因為「為了救亡圖存、擺脫民族的危機，只能把追求國家的強大放在第一位」。〔註7〕近代中國許多知識人確實會把國家的富強等目標放在憲法價值之前，但為何如此，也許是更應該回答的問題。而且筆者認為這些論述背後還有更複雜的深層次內涵。在晚清，部分清廷官員和知識人相信「憲法—富強」觀，但很多人是藉此論證實行立憲政治的必要性，想藉此說服清廷實行立憲政治。民國時期這一觀念基本上沈寂了。〔註8〕所以這一思路的解釋並不能很好地認識近代中國立憲思想的特點。

通過對康有為、孫中山和張君勱立國立憲的分析，可以看出中國近代的立國思想體現了一種父愛主義強國家的特徵，〔註9〕思想家們希望建設專制性權力強大的國家，進而由國家推動政治經濟的發展，訓導人民提高參政水平，最後實現立憲政治。在這樣的立國思想背景下，立憲思想則是一種妥協的立憲主義，表現為立憲不僅向立國妥協，還不斷地向立國之下的現實政治妥協。可以說近代中國很難找到一個毫不妥協的立憲主義者。〔註10〕

〔註4〕參見王人博：《憲政文化與近代中國》，法律出版社1997年版，第7頁、第534頁。

〔註5〕王人博：《憲政的中國語境》，載《法學研究》2001年第2期。類似的觀點認為中國人持工具理性的態度看待憲法，只看到憲法對富強的作用，忽視了憲法本應有的限制權力和保障權利之功能。王貴松：《中國憲政為何難以實現——憲政與富強、民主、文明之關係的歷史思考》，載《杭州商學院學報》2002年第6期。

〔註6〕參見門中敬：《中國富強憲法的理念傳統與文本表徵》，載《法學評論》2014年第5期。

〔註7〕張晉藩：《中國憲法史》，吉林人民出版社2011年版，第12頁。

〔註8〕參見金欣：《中國立憲史上的「憲法—富強」觀再探討》，載《交大法學》2018年第1期。

〔註9〕關於父愛主義（Paternalism），參見 Dworkin, Gerald, Paternalism, The Stanford Encyclopedia of Philosophy (Winter 2017 Edition), Edward N. Zalta (ed.)，在線訪問地址：https://plato.stanford.edu/archives/win2017/entries/paternalism/。

〔註10〕胡適這樣的自由主義者，也主張個人自由向國家妥協，「『小我』是會消滅的，『大我』是永遠不滅的」，進而主張「小我」要服從「大我」。參見胡適：《不朽：我的宗教》，載歐陽哲生（編）：《胡適文集》（第二卷），北京大學出版社1998年版，第529～530頁。

這種思想狀況一直影響至今。

　　這種國家至上的父愛主義立國思想的產生有三個主要原因：首先，近代中國內外交困，社會達爾文主義思想在經嚴復翻譯的著作傳入中國，物競天擇、適者生存的觀念被許多知識分子接受，〔註11〕所以中國要在「萬國競爭」的世界上生存，必須把立國（而不論國家是專制的還是立憲的）放在第一位。其次，與中國人傳統的國家觀念有關。中國傳統社會裏家國同構，國家是家族秩序的放大，〔註12〕國家就像父親一樣守護人民，教導人民，知識人隱含著對父愛主義國家的期待。與國家相比，立憲則被看成是制度建設，完成制度建設（立憲）被認為是父愛主義國家的功能之一，所以要向立國妥協，進而也會向其他觀念妥協。最後，科學主義對近代中國的影響亦十分強大，由科學到發現社會的公理，給了知識人用理性和知識來構建政制和憲制的信心，〔註13〕也就認為只要強大的國家建立，立憲政治是可以由國家主動建構出來的。這幾點在本書所述的康有為、孫中山和張君勱的立國與立憲思想中都有明顯的體現。

　　誠如卡爾·馮德里希所言：「在一個有效的中央政府形成之前，並不存在現代憲政主義。」〔註14〕但是如果國家建設了過於強大的專制性權力，由此形成的專制性政府或政黨本身會阻礙立憲政治的形成和發展。所以百餘年來，在這種父愛主義立國思想和妥協的立憲主義思想下，中國的法律一直具有強烈的父愛主義、國家主義特征和國家構建主義色彩，〔註15〕而立憲思想和實踐在不斷妥協之後，讓憲法研究在很多時候成了屠龍之術。

〔註11〕　參見白雲濤：《社會達爾文主義的輸入及其對近代中國社會的影響》，載《北京師範學院學報（社會科學版）》1990 年第 4 期；許紀霖：《現代性的歧路：清末民初的社會達爾文主義思潮》，載《史學月刊》2010 年第 2 期。

〔註12〕　參見（日）尾形勇：《中國古代的「家」與國家》，張鶴泉譯，中華書局 2009 年版，第一章。

〔註13〕　參見汪暉：《現代中國思想的興起（下卷）第二部：科學話語共同體》，生活·讀書·新知三聯書店 2015 年版，第 1200～1225 頁、第 1395～1403 頁。

〔註14〕　這句話出自 Car Joachim Friedrich, Constitutional Government and Democracy, Revised edition, 1950。轉引自漢娜·阿倫特：《論革命》，陳周旺譯，譯林出版社 2007 年版，第 126 頁。

〔註15〕　參見孫笑俠、郭春鎮：《法律父愛主義在中國的適用》，載《中國社會科學》2006 年第 1 期；於浩：《共和國法治建構中的國家主義立場》，載《法制與社會發展》2014 年第 5 期；馬長山：《從國家構建到共建共享的法治轉向——基於社會組織與法治建設之間關係的考察》，載《法學研究》2017 年第 3 期。

參考文獻

一、基礎文獻

1. 廣東省社會科學院歷史研究室、中國社會科學院近代史研究所民國史研究室、中山大學歷史系孫中山研究室（編）：《孫中山全集》（第一卷），中華書局 1981 年版。

2. 廣東省社會科學院歷史研究室、中國社會科學院近代史研究所民國史研究室、中山大學歷史系孫中山研究室（編）：《孫中山全集》（第二卷），中華書局 1982 年版。

3. 廣東省社會科學院歷史研究室、中國社會科學院近代史研究所民國史研究室、中山大學歷史系孫中山研究室（編）：《孫中山全集》（第三卷），中華書局 1984 年版。

4. 廣東省社會科學院歷史研究室、中國社會科學院近代史研究所民國史研究室、中山大學歷史系孫中山研究室（編）：《孫中山全集》（第四卷），中華書局 1985 年版。

5. 廣東省社會科學院歷史研究室、中國社會科學院近代史研究所民國史研究室、中山大學歷史系孫中山研究室（編）：《孫中山全集》（第五卷），中華書局 1985 年版。

6. 廣東省社會科學院歷史研究室、中國社會科學院近代史研究所民國史研究室、中山大學歷史系孫中山研究室（編）：《孫中山全集》（第六卷），中華書局 1985 年版。

7. 廣東省社會科學院歷史研究室、中國社會科學院近代史研究所民國史研究室、中山大學歷史系孫中山研究室（編）:《孫中山全集》（第七卷），中華書局 1985 年版。

8. 廣東省社會科學院歷史研究室、中國社會科學院近代史研究所民國史研究室、中山大學歷史系孫中山研究室（編）:《孫中山全集》（第八卷），中華書局 1986 年版。

9. 廣東省社會科學院歷史研究室、中國社會科學院近代史研究所民國史研究室、中山大學歷史系孫中山研究室（編）:《孫中山全集》（第九卷），中華書局 1986 年版。

10. 廣東省社會科學院歷史研究室、中國社會科學院近代史研究所民國史研究室、中山大學歷史系孫中山研究室（編）:《孫中山全集》（第十卷），中華書局 1986 年版。

11. 姜義華、張榮華（編校）:《康有為全集》（全十三集），中國人民大學出版社 2020 年版。

12. 黃克劍、吳小龍（編）:《張君勱集》，群言出版社 1993 年版。

13. 湯志鈞（編）:《康有為政論集》（上），中華書局 1981 年版。

14. 張君勱:《菲希德〈對德意志國民演講〉摘要》，載《再生》第 3 期（1932 年）。

15. 張君勱:《聯邦十不可論（一名省制餘議）》，載《大中華雜誌》第 2 卷第 9 期（1916 年）。

16. 張君勱:《民族復興之學術基礎》，中國人民大學出版社 2009 年版。

17. 張君勱:《明日之中國文化:中印歐文化十講》，中國人民大學出版社 2006 年版。

18. 張君勱:《穆勒約翰議院政治論》，載《新民叢報》第 18 號（1906 年）。

19. 張君勱:《穆勒約翰議院政治論》，翁賀凱點校，載《政治思想史》2010 年第 1 期。

20. 張君勱:《憲法第一條之意義:中華民國新憲本義十講之一》，載《再生》第 245 期（1948 年）。

21. 張君勱:《憲政之道》，清華大學出版社 2006 年版。

22. 張君勱:《義理學十講綱要》，中國人民大學出版社 2006 年版。

23. 張君勱：《政制與法制》，清華大學出版社 2008 年版。

24. 張君勱：《致毛澤東先生的一封公開信》，載《再生》第 10 期（1938 年）。

25. 張君勱：《中國專制君主政制之評議》，弘文館出版社 1986 年版。

26. 張君勱等：《科學與人生觀》，遼寧教育出版社 1998 年版。

二、中文論文和著作

1. 白雲濤：《社會達爾文主義的輸入及其對近代中國社會的影響》，載《北京師範學院學報（社會科學版）》1990 年第 4 期。

2. 曹勝：《從「國家」到「國家性」：語境與論域》，載《中國行政管理》2017 年第 3 期。

3. 陳鴻瑜：《約翰密爾的政治理論》，臺灣商務印書館 1987 年版。

4. 陳先初：《從民族意識之培養到民族國家之建立——張君勱關於中國問題的民族主義思考》，載《船山學刊》2007 年第 4 期。

5. 陳新宇：《戊戌時期康有為法政思想的嬗變——從〈變法自強宜仿泰西設議院摺〉的著作權爭議切入》，載《法學家》2016 年第 4 期。

6. 陳蘊茜：《崇拜與記憶：孫中山符號的建構與傳播》，南京大學出版社 2009 年版。

7. 陳兆旺：《反思中國國家建設理論——一項基於比較視野的討論》，載《比較政治學研究》（第 6 輯），中央編譯出版社 2014 年版。

8. 陳周旺：《正義之善：論烏托邦的政治意義》，天津人民出版社 2003 年版。

9. 程潔：《康有為憲法思想述評》，載《法商研究》1999 年第 2 期。

10. 程潔：《治道與治權：中國憲法的制度分析》，法律出版社 2015 年版。

11. 丁三青：《解讀張君勱——中國史境下的自由主義話語》，南京大學出版社 2009 年版。

12. 房德鄰：《〈大同書〉起稿時間考——兼論康有為早期大同思想》，載《歷史研究》1995 年第 3 期。

13. 費孝通：《鄉土中國》，上海人民出版社 2007 年版。

14. 馮契：《古今、中西之爭與中國近代哲學革命》，載《上海社會科學院學術季刊》1985 年第 1 期。

15. 干春松：《保教立國：康有為的現代方略》，生活・讀書・新知三聯書店 2015 年版。

16. 干春松：《王道與天下國家——從儒家王道政治重思天下國家觀念》，載《戰略與管理》2009 年第 3／4 期。

17. 高力克：《一個超越左右的現代性方案——張君勱的「立國之道」》，載《華東師範大學學報（哲學與社會科學版）》2012 年第 2 期。

18. 葛兆光：《古代中國人的天下觀念》，載《九州》（第四輯），商務印書館 2007 年版。

19. 葛兆光：《何為中國：疆域、民族、文化與歷史》，牛津大學出版社 2014 年版。

20. 葛兆光：《中國思想史》（第二卷），復旦大學出版社 2001 年版。

21. 谷光宇：《政黨論：革命民主政黨與其他政黨的比較研究》，黎明文化事業公司 1985 年版。

22. 郭廷以：《近代中國史綱》，上海人民出版社、格致出版社 2015 年版。

23. 胡春惠：《民初的地方主義與聯省自治》，中國社會科學出版社 2011 年版。

24. 胡恒：《皇權不下縣？：清代縣轄政區與基層社會治理》，北京師範大學出版社 2015 年版。

25. 胡適：《差不多先生傳》，載《生活雜誌》第 2 期（1920 年）。

26. 黃寶玖：《國家能力：涵義、特徵與結構分析》，載《政治學研究》2004 年第 4 期。

27. 黃金麟：《革命／民權：訓政的敘事建構》，載《清華學報》1997 年第 4 期。

28. 黃興濤：《重塑中華：近代中國「中華民族」觀念研究》，北京師範大學出版社 2017 年版。

29. 黃宇和：《三十歲前的孫中山：翠亨、檀島、香港 1866〜1895》，生活・讀書・新知三聯書店 2012 年版。

30. 黃源盛：《中國法史導論》，廣西師範大學出版社 2014 年版。

31. 黃宗智：《華北的小農經濟與社會變遷》，法律出版社 2014 年版。

32. 簡軍波：《中華朝貢體系：觀念結構與功能》，載《國際政治研究》2009 年第 1 期。

33. 江勇振：《中國歷代思想家（五三）：張君勱》，臺灣商務印書館 1979 年版。

34. 蔣慶：《再論政治儒學》，華東師範大學出版社 2011 年版。

35. 金欣：《傳統法的危機：黃宗羲〈明夷待訪錄〉中的法思想再探討》，載《時代法學》2018 年第 1 期。

36. 金欣：《國家統合與國家建設：簡析二十世紀中國憲法與革命之關係》，清華大學碩士學位論文，2012 年。

37. 金欣：《論晚清立憲中的內在矛盾》，載《人大法律評論》2010 年第 1 期。

38. 金欣：《憲法整合視野下的晚清立憲運動——兼論憲法整合功能發揮的基本條件》，載《江漢學術》2017 年第 4 期。

39. 金欣：《中國立憲史上的「憲法—富強」觀再探討》，載《交大法學》2018 年第 1 期。

40. 荊知仁：《中國立憲史》，聯經出版事業股份有限公司 1984 年版。

41. 李恭忠：《中山陵：一個現代政治符號的誕生》，社會科學文獻出版社 2009 年版。

42. 李懷印：《中國是怎樣成為現代國家的？——國家轉型的宏觀歷史解讀》，載《開放時代》2017 年第 2 期。

43. 李華興、張元隆、李海生：《索我理想之中華：中國近代國家觀念的形成與發展》，安徽教育出版社 2005 年版。

44. 李劍農：《中國近百年政治史（1840～1926）》，復旦大學出版社 2007 年版。

45. 李默海：《探尋憲政之路：孫中山的憲政思想及實踐問題研究》，中央編譯出版社 2011 年版。

46. 李秋成：《理性的國家與自由的消解——張君勱憲政思想評析》，載《現代法學》2002 年第 2 期。

47. 李學勤（主編）：《毛詩正義》，北京大學出版社 1999 年版。

48. 李揚帆：《「天下」觀念考》，載《國際政治研究》2002 年第 1 期。

49. 李澤厚：《中國近代思想史論》，人民出版社 1979 年版。

50. 李澤厚：《中國現代思想史論》，天津社會科學院出版社 2003 年版。

51. 李忠夏：《憲法與政治關係的時代命題——中國「政治憲法學」的解讀與評析》，載《中國法律評論》2016 年第 1 期。

52. 林家有：《孫中山國家建設思想研究》，廣東人民出版社 2013 年版。

53. 林來梵：《國體概念史：跨國移植與演變》，載《中國社會科學》2013 年第 3 期。

54. 林來梵：《從憲法規範到規範憲法：規範憲法學的一種前言》，法律出版社 2001 年版。

55. 林來梵：《從憲法規範到規範憲法——規範憲法學的一種前言》，商務印書館 2017 年版。

56. 林來梵：《憲法學講義》（第二版），法律出版社 2015 年版。

57. 林毓生：《中國意識的危機：「五四」時期激烈的反傳統主義》（增訂再版本），穆善培譯，貴州人民出版社 1988 年版。

58. 劉偉：《甲午前四十年間督撫權力的演變》，載《近代史研究》1998 年第 2 期。

59. 劉訓練：《共和主義：從古典到當代》，人民出版社 2013 年版。

60. 劉義林、羅慶豐：《張君勱評傳》，百花洲文藝出版社 2010 年版。

61. 劉毅：《「合法性」與「正當性」譯詞辨》，載《博覽群書》2007 年第 3 期。

62. 陸平舟：《官僚、幕友、胥吏：清代地方政府的三維體系》，《南開學報（哲學社會科學版）》2005 年第 5 期。

63. 呂希晨、陳瑩：《張君勱思想研究》，天津人民出版社 1996 年版。

64. 馬洪林：《康有為評傳》，南京大學出版社 1998 年版。

65. 馬小紅：《近代中國憲政的歷史考察》，載《政法論壇》2011 年第 1 期。

66. 馬小紅：《禮與法：法的歷史連接》（修訂本），北京大學出版社 2017 年版。

67. 馬小紅：《試論「傳統」中國憲政發展中的失落》，載《法學家》2008 年第 4 期。

68. 馬小紅：《中國法史及法史研究反思》，載《中國法學》2015 年第 2 期。

69. 馬小紅：《中國法思想史新編》，南京大學出版社 2015 年版。

70. 馬小紅：《中國古代社會的法律觀》，大象出版社 1997 年版。

71. 馬長山：《從國家構建到共建共享的法治轉向——基於社會組織與法治建設之間關係的考察》，載《法學研究》2017 年第 3 期。

72. 馬戎：《理解民族關係的新思路——少數族群問題的「去政治化」》，載《北京大學學報（哲學社會科學版）》2004 年第 6 期。

73. 茅海建：《從甲午到戊戌：康有為〈我史〉鑒注》，生活·讀書·新知三聯書店 2009 年版。

74. 茅家琦：《孫中山評傳》，南京大學出版社 2001 年版。

75. 門中敬：《中國富強憲法的理念傳統與文本表徵》，載《法學評論》2014 年第 5 期。

76. 牟宗三：《政道與治道》，吉林出版集團有限責任公司 2010 年版。

77. 聶露：《人民主權理論述評》，載《開放時代》2002 年第 6 期。

78. 牛彤：《孫中山憲政思想研究》，華夏出版社 2003 年版。

79. 歐陽哲生：《近代國家建設之路——孫中山建國思想的歷史解讀》，載《河北學刊》2012 年第 2 期。

80. 歐陽哲生（編）：《胡適文集》（第二卷），北京大學出版社 1998 年版。

81. 歐陽哲生（編）：《胡適文集》（第五卷），北京大學出版社 1998 年版。

82. 歐陽哲生（編）：《胡適文集》（第六卷），北京大學出版社 1998 年版。

83. 裴自余：《國民國家與民族國家的融合：中國思想脈絡中的張君勱之國家觀念研究（1919～1938）》，華東師範大學博士學位論文，2012 年。

84. 錢端升：《評立憲運動及憲草修正案》，載《東方雜誌》第 31 卷第 19 期（1934 年）。

85. 邱榮舉：《孫中山憲政思想之研究——析論其對中央政制之設計》，國立政治大學博士論文，1987 年。

86. 屈從文：《論天朝觀念的生成和演進機制》，載《國際政治研究》2007 年第 1 期。

87. 瞿同祖：《清代地方政府》，范忠信、何鵬、晏鋒譯，法律出版社 2011 年版。

88. 任劍濤：《為建國立規——孫中山的建國理論與當代中國政治發展》，載《武漢大學學報（哲學社會科學版）》2009 年第 5 期。

89. 任軍鋒：《「神佑美利堅」——「公民宗教」在美國》，載《思想與社會（第五輯）：現代政治與道德》，上海三聯出版社 2006 年版。

90. 桑兵：《孫中山的活動與思想》，中山大學出版社 2001 年版。

91. 桑兵（主編）：《孫中山史事編年》，中華書局 2017 年版。

92. 尚小明：《有賀長雄與民初制憲活動幾件史事辨析》，載《近代史研究》2013 年第 2 期。

93. 石畢凡：《近代中國自由主義憲政思潮研究》，山東人民出版社 2004 年版。

94. 舒文：《論國民黨主要派別對孫中山建國思想的研究》，載《清華大學學報（哲學社會科學版）》2002 年第 4 期。

95. 孫強：《國民性概念與理論的歷史性考察》，載《山西師大學報（社會科學版）》2008 年第 4 期。

96. 孫笑俠、郭春鎮：《法律父愛主義在中國的適用》，載《中國社會科學》2006 年第 1 期。

97. 湯毅平：《民國憲法思想史論》，北京廣播電視大學出版社 2002 年版。

98. 湯志鈞：《康有為傳》，臺灣商務印書館 1997 年版。

99. 唐德剛：《晚清七十年》（第五冊），遠流出版事業有限公司 1998 年版。

100. 唐德剛：《袁氏當國》，遠流出版事業有限公司 2002 年版。

101. 汪暉：《現代中國思想的興起（上卷）第一部：物與理》，生活·讀書·新知三聯書店 2015 年版。

102. 汪暉：《現代中國思想的興起（上卷）第二部：帝國與國家》，生活·讀書·新知三聯書店 2015 年版。

103. 汪暉：《現代中國思想的興起（下卷）第二部：科學話語共同體》，生活·讀書·新知三聯書店 2015 年版。

104. 汪榮祖：《康有為論》，中華書局 2006 年版。

105. 汪榮祖：《康章合論》，新星出版社 2006 年版。

106. 王本存：《「立憲」的隱微與顯白——評張君勱的〈穆勒約翰議院政治論〉》，載《現代法學》2007 年第 5 期。

107. 王本存：《憲政與德性：張君勱憲政思想研究》，中國政法大學出版社 2011 年版。

108. 王德志：《清末憲政思潮研究》，中國政法大學出版社 2010 年版。

109. 王爾敏：《晚清思想史論》，廣西師範大學出版社 2005 年版。

110. 王爾敏：《知識分子與近代中國的現代化》，百花洲文藝出版社 2002 年版。

111. 王爾敏：《中國近代思想史論》，社會科學文獻出版社 2003 年版。

112. 王汎森：《權力的毛細管作用：清代的思想、學術與心態》，北京大學出版社 2015 年版。

113. 王柯：《民族與國家：中國多民族統一國家思想的系譜》，馮誼光譯，中國社會科學出版社 2001 年版。

114. 王柯：《國民國家與民族問題——關於中國近代以來民族問題的歷史思考》，載《民族社會學研究通訊》第 60 期（2010 年）。

115. 王昆：《梁啟超與伯倫知理國家學說》，載《中國國家博物館館刊》2013 年第 11 期。

116. 王人博：《憲政的中國語境》，載《法學研究》2001 年第 2 期。

117. 王人博：《憲政的中國之道》，山東人民出版社 2003 年版。

118. 王人博：《憲政文化與近代中國》，法律出版社 1997 年版。

119. 王人博：《中國近代的憲政思潮》，法律出版社 2003 年版。

120. 汪榮祖：《走向世界的挫折——郭嵩燾與道咸同光時代》，嶽麓書社 2000 年版。

121. 王紹光：《國家治理與基礎性國家能力》，載《華中科技大學學報（社會科學版）》2014 年第 3 期。

122. 王紹光：《民主四講》，生活·讀書·新知三聯書店 2014 年版。

123. 王紹光、胡鞍鋼：《中國國家能力報告》，遼寧人民出版社 1993 年版。

124. 王世杰、錢端升：《比較憲法》，中國政法大學出版社 1997 年版。

125. 王泰升：《國民黨在中國的「黨治」經驗——民主憲政的助力或阻力》，載《中研院法學期刊》2009 年第 5 期。

126. 王天根：《抗日戰爭前夕的學人論政——以〈獨立評論〉的「民主與獨裁論爭」為中心》，載《廈門大學學報（哲學社會科學版）》2006 年第 3 期。

127. 王文兵：《權力抑或自由——張君勱的自由主義憲政思想研究》，西南政法大學碩士學位論文，2010 年。

128. 王希：《原則與妥協：美國憲法的精神與實踐》，北京大學出版社 2000 年版。

129. 王憲明：《知識·習俗·政治——民國初年孫中山與嚴復對建國問題的反思與探索》，載《清華大學學報（哲學社會科學版）》2002 年第 1 期。

130. 翁賀凱：《張君勱憲政民主思想的成熟（1944～1969）》，載《江蘇行政學院學報》2009 年第 3 期。

131. 翁賀凱：《張君勱憲政民主思想的起源——以〈穆勒約翰議院政治論〉為中心的考察》，載《清華大學學報（哲學社會科學版）》2008 年第 5 期。

132. 翁賀凱：《現代中國的自由民族主義：張君勱民族建國思想評傳》，法律出版社 2010 年版。

133. 吳相湘：《孫逸仙先生傳》，遠東圖書公司 1982 年版。

134. 吳彥：《法秩序與政治決斷——有關「政治憲法學」的批判性檢討》，載《開放時代》2012 年第 2 期。

135. 夏曉虹（編）：《追憶康有為》，生活・讀書・新知三聯書店 2009 年版。

136. 蕭公權：《康有為思想研究》，汪榮祖譯，新星出版社 2005 年版。

137. 蕭公權：《中國鄉村：論 19 世紀的帝國控制》，張皓、張昇譯，聯經出版事業公司 2014 年版。

138. 謝瑞智：《孫中山先生五權憲法政府體系之研究》，中國文化大學博士學位論文，1994 年。

139. 許紀霖：《無窮的困惑：黃炎培、張君勱與現代中國》，上海三聯書店 1998 年版。

140. 許紀霖：《現代性的歧路：清末民初的社會達爾文主義思潮》，載《史學月刊》2010 年第 2 期。

141. 許章潤：《立國語境下的政治建設——張佛泉先生建政與立國學思發凡》，載《法學》2012 年第 1 期。

142. 許章潤：《現代中國的國家理性：關於國家建構的自由民族主義共和法理》，法律出版社 2011 年版。

143. 徐中約：《中國進入國際大家庭：1858～1880 年間的外交》，屈文生譯，商務印書館 2018 年版。

144. 薛化元：《民主憲政與民族主義的辯證發展——張君勱思想研究》，稻禾出版社 1993 年版。

145. 閻小駿：《當代政治學十講》，中國社會科學出版社 2017 年版。

146. 楊冬雪：《民族與國家構建：一個理論綜述》，載《復旦政治學評論》（第三輯），上海辭書出版社 2005 年版。

147. 楊奎松：《「問道於器」——辛亥以來國人著裝「西化」的成因與經過》，載《近代史研究》2020 年第 5 期。

148. 楊天宏：《政黨建置與民初政制走向——從「革命軍起，革命黨消」口號的提出論起》，載《近代史研究》2007 年第 2 期。

149. 姚中秋：《現代中國的立國之道（第一卷）：以張君勱為中心》，法律出版社 2010 年版。

150. 易旺：《康有為憲政思想研究》，中國政法大學碩士學位論文，2007 年。

151. 應奇、劉訓練（主編）：《當代國家理論：基礎與前沿》，廣東人民出版社 2017 年版。

152. 於浩：《共和國法治建構中的國家主義立場》，載《法制與社會發展》2014 年第 5 期。

153. 元曉濤：《「人生觀論戰」與新儒家的憲政之道——張君勱的「新內聖」與「新外王」》，中國政法大學碩士學位論文，2010 年。

154. 張鋒：《解構朝貢體系》，載《國際政治科學》2010 年第 2 期。

155. 張佛泉：《梁啟超國家觀念之形成》，載《政治學報》1971 年第 1 期。

156. 張國燾：《我的回憶》（上），東方出版社 2004 年版。

157. 張灝：《危機中的中國知識分子：尋求秩序與意義》，高力克、王躍譯，新星出版社 2006 年版。

158. 張灝：《張灝自選集》，上海教育出版社 2002 年版。

159. 張晉藩（主編）：《清朝法制史》，中華書局 1998 年版。

160. 張晉藩：《中國憲法史》，吉林人民出版社 2011 年版。

161. 張千帆：《憲法學導論——原理與應用》（第三版），法律出版社 2014 年版。

162. 張仁善：《禮·法·社會：清代法律轉型與社會變遷》，商務印書館 2013 年版。

163. 張錫勤：《論中國近代的「國民性」改造》，載《哲學研究》2007 年第 6 期。

164. 張學繼：《論有賀長雄與民初憲政的演變》，載《近代史研究》2006 年第 3 期。

165. 張勇：《歷史場景與言外之意：也說「民主與獨裁」論戰》，載《清華大學學報（哲學社會科學版）》2010 年第 6 期。

166. 張長東：《國家治理能力現代化研究──基於國家能力理論視角》，載《法學評論》2014 年第 3 期。

167. 張靜：《現代公共規則與鄉村社會》，上海書店出版社 2006 年版。

168. 張世保：《從西化到全球化：20 世紀前 50 年西化思潮研究》，東方出版社 2004 年版。

169. 張旭：《大陸新儒家與新康有為主義的興起》，載《文化縱橫》2017 年第 3 期。

170. 章永樂：《共和的諍友：康有為〈擬中華民國憲法草案〉評注》，載《中外法學》2010 年第 2 期。

171. 章永樂：《舊邦新造：1911～1917》，北京大學出版社 2011 年版。

172. 章永樂：《萬國競爭：康有為與維也納體系的衰變》，商務印書館 2017 年版。

173. 趙鼎新：《社會與政治運動講義》，社會科學文獻出版社 2012 年版。

174. 趙立彬：《民族立場與現代追求：20 世紀 20～40 年代的全盤西化思潮》，生活・讀書・新知三聯書店 2005 年版。

175. 鄭大華：《國家、社會與個人──張君勱政治思想的演變》，載《天津社會科學》2004 年第 4 期。

176. 鄭大華：《張君勱傳》，中華書局 1997 年版。

177. 鄭大華：《張君勱學術思想評傳》，北京圖書館出版社 1999 年版。

178. 曾亦：《共和與君主：康有為晚期政治思想研究》，上海人民出版社 2010 年版。

179. 周濂：《現代政治的正當性基礎》，生活・讀書・新知三聯書店 2008 年版。

180. 鄭宇碩、羅金義（編）：《政治學新論：西方理論與中國經驗》，香港中文大學出版社 2000 年版。

181. 朱天飆：《比較政治經濟學》，北京大學出版社 2006 年版。

182. 鄒讜：《二十世紀中國政治：從宏觀歷史與微觀行動角度看》，牛津大學出版社 1994 年版。

183. 鄒魯：《中國國民黨史略》，商務印書館 1947 年版。

三、中文譯著和論文

1. （奧）漢斯‧凱爾森：《法與國家的一般理論》，沈宗靈譯，中國大百科全書出版社 1996 年版。

2. （澳）佩迪特：《共和主義：一種關於自由與政府的理論》，劉訓練譯，江蘇人民出版社 2009 年版。

3. （德）K. 茨威格特、H. 克茨：《比較法總論》，潘漢典、米健、高鴻鈞、賀衛方譯，法律出版社 2004 年版。

4. （德）迪特爾‧格林：《現代憲法的誕生、運作和前景》，劉剛譯，法律出版社 2010 年版。

5. （德）馮‧多爾夫‧斯登貝格：《憲法愛國主義》，陳克勳、賴駿楠譯，載《清華法治論衡》2009 年第 2 期。

6. （德）卡爾‧施米特：《政治的概念》，劉宗坤等譯，上海人民出版社 2004 年版。

7. （德）卡爾‧施米特：《憲法學說》，劉鋒譯，上海人民出版社 2016 年版。

8. （德）馬克斯‧韋伯：《學術與政治》，錢永祥譯，廣西師範大學出版社 2004 年版。

9. （德）揚—維爾納‧米勒：《憲政愛國主義》，鄧曉菁譯，商務印書館 2012 年版。

10. （德）尤爾根‧哈貝馬斯：《包容他者》，曹衛東譯，上海人民出版社 2018 年版。

11. （法）米歇爾‧福柯：《性經驗史》（增訂版），佘碧平譯，上海人民出版社 2005 年版。

12. （古希臘）亞里士多德：《政治學》，吳壽彭譯，商務印書館 1965 年版。

13. （加）沃爾特‧懷特、羅納德‧瓦根伯格、拉爾夫‧納爾遜：《加拿大政府與政治》，劉經美、張正國譯，北京大學出版社 2004 年版。

14. （美）本尼迪克特‧安德森：《想像的共同體：民族主義的起源與散佈》（增訂版），吳叡人譯，上海人民出版社 2011 年版。

15. （美）彼得‧埃文斯、迪特里希‧魯施邁耶、西達‧斯考克波（編）：《找回國家》，方力維、莫宜端、黃琪軒等譯，生活‧讀書‧新知三聯書店 2009 年版。

16.（美）布魯斯·阿克曼：《我們人民：奠基》，汪慶華譯，中國政法大學出版社 2013 年版。

17.（美）杜贊奇：《文化、權力與國家：1900～1942 年的華北農村》，王福明譯，江蘇人民出版社 2003 年版。

18.（美）費正清：《美國與中國》（第四版），張理京譯，世界知識出版社 2000 年版。

19.（美）弗朗西斯·福山：《國家構建：21 世紀的國家治理與世界秩序》，黃勝強、許銘原譯，中國社會科學出版社 2007 年版。

20.（美）漢娜·阿倫特：《論革命》，陳周旺譯，譯林出版社 2007 年版。

21.（美）漢斯·摩根索：《國家間的政治：權力鬥爭與和平》，徐昕、郝望、李保平譯，北京大學出版社 2006 年版。

22.（美）何偉亞：《懷柔遠人：馬嘎爾尼使華的中英禮儀衝突》，鄧常春譯，社會科學文獻出版社 2002 年版。

23.（美）赫伯特 A.西蒙：《管理行為》，詹正茂譯，機械工業出版社 2009 年版。

24.（美）胡安·林茨、阿爾弗萊德·斯泰潘：《民主轉型與鞏固的問題：南歐、南美和後共產主義的歐洲》，孫龍等譯，浙江人民出版社 2008 年版。

25.（美）賈恩弗朗哥·波齊：《國家：本質、發展與前景》，陳堯譯，上海世紀出版集團 2007 年版。

26.（美）賈恩弗蘭科·波齊：《近代國家的發展——社會學導論》，沈漢譯，商務印書館 1997 年版。

27.（美）柯文：《在中國發現歷史：中國中心觀在美國的興起》，林同奇譯，中華書局 2002 年版。

28.（美）孔飛力：《叫魂：1768 年中國妖術大恐慌》，陳兼、劉昶譯，上海三聯書店、生活·讀書·新知三聯書店 2014 年版。

29.（美）孔飛力：《中國現代國家的起源》，陳兼、陳之宏譯，生活·讀書·新知三聯書店 2013 年版。

30.（美）孔飛力：《中華帝國晚期的叛亂及其敵人：1796～1864 年的軍事化與社會結構》，謝亮生、楊品泉、謝思煒譯，中國社會科學出版社 2002 年版。

31.（美）列奧‧施特勞斯：《迫害與寫作藝術》，劉鋒譯，華夏出版社 2012 年版。

32.（美）列奧‧施特勞斯：《什麼是政治哲學》，李世祥等譯，華夏出版社 2014 年版。

33.（美）路康樂：《滿與漢：清末民初的族群關係與政治權力（1861～1928）》，王琴、劉潤堂譯，中國人民大學出版社 2010 年版。

34.（美）羅伯特‧貝拉：《美國的公民宗教》，陳勇譯，載《原道》（第十三輯），首都師範大學出版社 2007 年版。

35.（美）曼瑟爾‧奧爾森：《集體行動的邏輯》，陳郁、郭宇峰、李崇新譯，生活‧讀書‧新知三聯書店、上海人民出版社 1995 年版。

36.（美）喬治‧薩拜因：《政治學說史》（下卷），托馬斯‧索爾森修訂，鄧正來譯，世紀出版集團、上海人民出版社 2010 年版。

37.（美）塞繆爾‧亨廷頓：《軍人與國家：軍政關係的理論與政治》，李晟譯，中國政法大學出版社 2017 年版。

38.（美）塞繆爾‧P. 亨廷頓：《變化社會中的政治秩序》，王冠華、劉為等譯，上海人民出版社 2008 年版。

39.（美）塞繆爾‧P. 亨廷頓：《第三波：20 世紀後期的民主化浪潮》，歐陽景根譯，中國人民大學出版社 2013 年版。

40.（美）喬萬尼‧薩托利：《民主新論》，馮克利、閻克文譯，上海人民出版社 2009 年版。

41.（美）G. 薩托利：《政黨與政黨體制》，王明進譯，商務印書館 2006 年版。

42.（美）沙培德：《戰爭與革命交織的近代中國（1895～1949）》，高波譯，中國人民大學出版社 2016 年版。

43.（美）斯科克波：《國家與社會革命：對法國、俄國和中國的比較分析》，劉北成譯，桂冠圖書 1998 年版。

44.（美）斯科特‧戈登：《控制國家：從古代雅典到今天的憲政史》，應奇、陳麗微等譯，江蘇人民出版社 2005 年版。

45.（美）托馬斯‧埃特曼：《利維坦的誕生：中世紀及現代早期歐洲的國家與政權建設》，郭臺輝譯，上海人民出版社 2016 年版。

46. （美）韋慕庭：《孫中山：壯志未酬的愛國者》，楊慎之譯，新星出版社 2006 年版。

47. （美）魏斐德：《中華帝國的衰落》，梅靜譯，民主與建設出版社 2017 年版。

48. （美）徐中約：《中國近代史》（上冊），計秋楓、朱慶葆譯，香港中文大學出版社 2002 年版。

49. （美）詹姆斯·多爾蒂、小羅伯特·普法爾茨格拉夫：《爭論中的國際關係理論》（第五版），閻學通、陳寒溪等譯，世界知識出版社 2013 年版。

50. （日）川尻文彥：《梁啟超的政治學——以明治日本的國家學和伯倫知理的受容為中心》，載《洛陽師範學院學報》2011 年第 1 期。

51. （日）杉原泰雄：《憲法的歷史——比較憲法學新論》，呂昶、渠濤譯，社會科學文獻出版社 2000 年版。

52. （日）守屋美都雄：《中國古代的家族與國家》，錢杭、楊曉芬譯，上海古籍出版社 2010 年版。

53. （日）尾形勇：《中國古代的「家」與國家》，張鶴泉譯，中華書局 2009 年版。

54. （美）史扶鄰：《孫中山與中國革命》，丘權政、符致興譯，山西人民出版社 2010 年版。

55. （以色列）史扶鄰：《孫中山與中國革命的起源》，丘權政、符致興譯，中國社會科學出版社 1981 年版。

56. （英）J. S. 密爾：《代議制政府》，汪瑄譯，商務印書館 1982 年版。

57. （英）阿克頓：《自由與權力》，侯健、范亞峰譯，商務印書館 2001 年版。

58. （英）艾倫·麥克法蘭：《現代世界的誕生》，管可穠譯，上海人民出版社 2013 年版。

59. （英）安東尼·史密斯：《民族主義：理論、意識形態、歷史》（第二版），上海世紀出版集團 2011 年版。

60. （英）戴維·米勒：《論民族性》，劉曙輝譯，譯林出版社 2010 年版。

61. （英）戴維·米勒、韋農·波格丹諾（主編）：《布萊克維爾政治學百科全書》（修訂版），鄧正來等譯，中國政法大學出版社 2002 年版。

62. （英）哈耶克：《通往奴役之路》，王明毅、馮興元等譯，中國社會科學出版社 1997 年版。

63.（英）霍布斯：《利維坦》，黎思復、黎廷弼，商務印書館 1985 年版。

64.（英）簡—埃里克·萊恩（Jan-Erik Lane）：《憲法與政治理論》，楊智傑譯，韋伯文化國際出版有限公司 2003 年版。

65.（英）克里斯多夫·皮爾遜：《論現代國家》（第三版），劉國兵譯，中國社會科學出版社 2017 年版。

66.（英）C. H. 麥基文：《憲政古今》，翟小波譯，貴州人民出版社 2004 年版。

67.（英）帕特里克·鄧利維、布倫登·奧利里：《國家理論：自由民主的政治學》，歐陽景根、尹冬華等譯，浙江人民出版社 2007 年版。

68.（英）沈艾娣：《夢醒子：一位華北鄉居者的人生》，趙妍傑譯，北京大學出版社 2013 年版。

69.（英）M. J. C. 維爾：《憲政與分權》，蘇力譯，生活·讀書·新知三聯書店 1997 年版。

四、英文論文和著作

1. Andrew J. Nathan, Peking Politics, 1918～1923: Factionalism and the Failure of Constitutionalism, University of California Press, 1976.

2. Anthony Giddens, The Nation-State and Violence, Polity Press, 1985.

3. Audrey Wells, The Political Thought of Sun Yat-sen: Development and Impact, Palgrave Macmillan, 2001.

4. Bertelli Sergio & R. Burr Litchfield, The King's Body: Sacred Rituals of Power in Medieval and Early Modern Europe, Penn State University Press, 2010.

5. Bruce Ackerman, Three Paths to Constitutionalism-and the Crisis of the European Union, *British Journal of Political Science*, Vol. 45, Issue 4 (2015).

6. Carles Boix & Susan C. Stokes (Eds.), The Oxford Handbook of Comparative Politics, Oxford University Press, 2007.

7. Carl Schmitt, Dictatorship: From the Beginning of the Modern Concept of Sovereignty to the Proletarian Class-Struggle, Michael Hoelzl & Graham Ward(trans.), Polity Press, 2014.

8. Charles Tilly (Eds.), The Formation of National States in Western Europe, Princeton University Press, 1975.

9. Charles Tilly, Coercion, Capital and European States, AD 990～1990, Blackwell, 1990.

10. Chris Thornhill, A sociology of Constitutions: Constitutions and State Legitimacy in Historical-sociological Perspective, Cambridge University Press, 2011.

11. Christopher Pierson, The Modern State, Routledge, 1996.

12. Christopher W. Morris, An Essay on the Modern State, Cambridge University Press, 2002.

13. Doug McAdam, Sidney Tarrow, and Charles Tilly, Dynamics of Contention, Cambridge University Press, 2001.

14. Ernst H. Kantorowicz, The King's Two Bodies: A Study in Mediaeval Political Theology, Princeton University Press, 1957.

15. Irma Tam Soong, Sun Yat-sen's Christian Schooling in Hawaii, *The Hawaiian Journal of History*, Vol. 31 (1997).

16. John Stuart Mill, On Liberty, Utilitarianism and Other Essays, Oxford University Press, 2015.

17. Juan J. Linz, Presidential or Parliamentary Democracy: Does it Make a Difference? in Juan J. Linz & Arturo Valenzuela (eds.), The Failure of Presidential Democracy (Vol. 1), Johns Hopkins University Press, 1994.

18. Katharina Schmid, Ananthi Al Ramiah, and Miles Hewstone, Neighborhood Ethnic Diversity and Trust: The Role of Intergroup Contact and Perceived Threat, *Psychological Science*, Vol. 25, Issue 3 (2014).

19. Keith E. Whittington, Constitutionalism, in Gregory A. Caldeira, R. Daniel Kelemen, and Keith E. Whittington(eds.), The Oxford Handbook of Law and Politics, Oxford University Press, 2008.

20. Kung-chuan Hsiao, A Modern China and a New World：K'ang Yu-wei, Reformer and Utopian, 1858～1927, University of Washington Press, 1975.

21. K.C. Wheare, Federal Government (4th edition), Oxford university Press, 1963.

22. Larry Alexander, What are Constitutions, and What Should (and can) They

Do? *Social Philosophy and Policy*, Vol. 28, Issue 1(2011).

23. Leo Strauss, Joseph Cropsey (eds.), History of Political Philosophy, University of Chicago Press, 1987.

24. Linda Weiss, The Myth of the Powerless State, Cornell University Press, 1998.

25. Lord Acton, Essays on Freedom and Power, Gertrude Himmelfarb (eds.), The Beacon Press, 1948.

26. Max Weber, Economy and Society, edited and translated by Keith Tribe, Harvard University Press, 2019.

27. Michael Mann, The Autonomous Power of the State: its Origins, Mechanisms and Results, *European Journal of Sociology*, Vol. 25, No. 2 (1984).

28. Marie-Claire Bergère, Sun Yat-sen, Translated by Janet Lloyd, Stanford University Press, 2000.

29. Patrick J. Monahan, Byron Shaw, Constitutional Law (4th edition), Irwin Law Inc., 2013.

30. Predrag Simic, Balkans and Balkanisation Western Perceptions of the Balkans in the Carnegie Commission's Reports on the Balkan Wars from 1914 to 1996, *Perceptions*, Vol. 18, Issue 2 (2013).

31. Quentin Skinner, Visions of Politics, Vol. 1, Regarding Method, Cambridge University Press, 2002.

32. R. C. Van Caenegem, An Historical Introduction to Western Constitutional Law, Cambridge University Press, 1995.

33. Robert J. Holton, Globalization and the Nation State, Palgrave Macmillan, 2011.

34. Roger B. Jeans, Democracy and Socialism in Republican China: the Politics of Zhang Junmai (Carsun Chang), 1906～1941, Rowman & Littlefield Publishers, 1997.

35. Seana Valentine Shiffrin, Paternalism, Unconscionability Doctrine, and Accommodation, *Philosophy & Public Affairs*, Vol. 29, No. 3 (2000).

36. Spyridon Flogaitis, The Evolution of Law and the State in Europe, Hart Publishing, 2014.

37. Ssu-yü Teng & John K. Fairbank, China's Response to the West: a Documentary Survey, 1839～1923, Harvard University Press, 1954.

38. Tseng Yu-Hao, Modern Chinese Legal and Political Philosophy, The Commercial Press, 1930.

39. Vicki Jackson & Mark Tushnet, Comparative Constitutional Law (3rd edition), Foundation Press, 2014.

附錄一：中國立憲史上的「憲法——富強」觀再探討

一、引論

中國傳統政制之轉型，始於 19 世紀末西人用武力打開中國大門，其時清王朝的帝國政治體系受到前所未有的挑戰，它不再是天下視野內的天朝上國，而要面對一個列國競爭的世界體系。此時起步的中國政制轉型之艱巨在於：強大的傳統之下，政治、軍事和經濟問題叢集到一起。知識人普遍感到中國已經處於一個千年未有的大變局時代。〔註 1〕此後知識人進一步認識到中國的落後不僅是軍事和經濟力量的薄弱，而且還有政治、法律制度，甚至還包括思想、文化，鄒讜稱之為「全面危機」。〔註 2〕

在這種危機意識之下，「富強」這個與傳統「儒家社會組織原則相矛盾」，因而「時有貶義」的詞語，〔註 3〕成了知識人對國家發展設計上競相追求的目

〔註 1〕參見王爾敏：《中國近代思想史論》，社會科學文獻出版社 2003 年版，第 11～12 頁、第 51 頁注釋 26。

〔註 2〕參見鄒讜：《二十世紀中國政治：從宏觀歷史與微觀行動角度看》，牛津大學出版社 1994 年版，第 41～56 頁。

〔註 3〕參見金觀濤、劉青峰：《觀念史研究：中國現代重要政治術語的形成》，法律出版社 2009 年版，第 298 頁。儒家對富強的看法孟子的觀點有代表性，《孟子》中言：「君不鄉道，不志於仁，而求富之，是富桀也。……君不鄉道，不志於仁，而求為之強戰，是輔桀也。」法家提倡「富強」，《韓非子》裏提到富強達 8 次，典型的言論如：「明主者通於富強，則可以得欲矣」。另外，有學者注意到，在傳統中國這一詞語有一定程度的侵略性，但在 19 世紀再次被使用時，主要是自衛，而不是侵略其他國家。參見 Orville Schell, John Delury, Wealth and Power: China's Long March to the Twenty-first Century, Random House, 2013, p. 6。

標之名稱。在這些知識人的設計裏，國家尋求富強的方式有洋務、商戰、富民，等等。〔註4〕同時，知識人面對西人的侵略，普遍感到焦慮和緊張，他們漸漸認識了新的世界局勢：國際秩序被強權主導，通行叢林法則，強者為王。〔註5〕他們的價值觀隨之發生了巨大改變，傳統上中國知識人評判一個文明的優劣是以倫理道德為中心，但在新形勢的衝擊下，轉變為以強弱為來評判文明的優劣，於是「自強」就成了知識人心中重要的觀念，進而就將「富強」等同於「文明」。〔註6〕所以從19世紀下半葉起，在知識人關於時局和國家改革的論述中幾乎都有「富強」這個字眼。〔註7〕

初期，中國知識人以為在器物和技術方面的改革，造出堅船利炮就可以抵禦西方的威脅。馮桂芬在他1861年出版的《校邠廬抗議》中的言論很有代表性，他認為中國的富強要結合中西的學術，但中國的綱常名教仍是根本，中國「有待於夷者，獨船堅炮利耳」。〔註8〕此後風行的「中體西用」之說，上承魏源「師夷長技以制夷」的觀念，兩者的本質都是在「技」或「用」層面的改革。但在「中體西用」思想指導下興起的以自強為目的的洋務運動，並

〔註4〕參見王爾敏：《中國近代思想史論》，社會科學文獻出版社2003年版，第11～29頁。

〔註5〕19世紀的國際法學家把世界分成了「文明」和「野蠻」兩部分，不「文明」的國家不能進入「國際法共同體」，也就面臨著「主權被減等；不平等條約被迫簽訂和維持；固定關稅、片面最惠國待遇、租界、領事裁判權、混合法庭、勢力範圍、保護關係」等不公正待遇。當時的中國被列入後者。參見賴駿楠：《十九世紀的「文明」與「野蠻」——從國際法視角重新看待甲午戰爭》，載《北大法律評論》2011年第1期，第111～113頁。甲午之後，康有為注意到了這一點，他言：「夫自東師辱後，泰西蔑視，以野蠻待我，以愚頑鄙我。……按其公法均勢保護諸例，只為文明之國，不為野蠻，且謂翦滅無政教之野蠻，為救民水火。」康有為：《上清帝第五書》，載姜義華、張榮華（編校）：《康有為全集》（第四集），中國人民大學出版社2007年版，第2頁。

〔註6〕參見葛兆光：《中國思想史》（第二卷），復旦大學出版社2010年版，第462～466頁。

〔註7〕參見金觀濤、劉青峰：《觀念史研究：中國現代重要政治術語的形成》，法律出版社2009年版，第305頁。接受自由主義思想的嚴復，亦把英國的自由主義思想理解為國家尋求富強的一種手段。參見（美）史華慈：《尋求富強：嚴復與西方》，葉鳳美譯，江蘇人民出版社1990年版，第44～51頁。

〔註8〕參見蕭公權：《中國政治思想史》（三），遼寧教育出版社1998年版，第726～728頁。1863年，李鴻章在一封給曾國藩的信裏亦曾言：「中國但有開花大炮、輪船兩樣，西人即可奪魂。」李鴻章：《上曾中堂》，載顧廷龍、戴逸（主編）：《李鴻章全集》（29），安徽教育出版社2008年版，第220頁。

沒讓清王朝實現富強的目標。〔註9〕1895 年甲午海戰的失敗說明了僅在「用」方面的改革無法使國家富強。知識人開始探索改變中國的新途徑，他們看到了西方的政治和法律制度，故而大力提倡「變法」，用《萬國公報》的話來說「不變法不能救中國」。〔註10〕變法是以西方為參考，改革國家的政治和法律制度，而憲法作為西方現代政治制度中必不可少的制度性法律文本，也隨之進入了知識人的視野。戊戌變法的鼓吹者們期望建立一個民主的立憲政府讓國家走向富強，可惜變法維新運動曇花一現。此後受到日俄戰爭的刺激，輿論普遍認為日本因立憲使國家強大，才戰勝了俄國，因此朝野上下多寄希望於通過立憲政治使中國達到富強之目標。這種觀念中間雖有間斷，卻一直延續到新中國時期。筆者將這種認為憲法與富強緊密關聯或立憲政治可以讓國家富強的思想或觀念稱為「憲法—富強」觀。〔註11〕

對近現代中國「憲法—富強」觀，現有的研究不僅過於籠統，而且忽視了中國知識人對憲政和憲法理解的複雜性，也沒有在中國近百年追求富強的整體歷程中，來反思「憲法—富強」觀。〔註12〕而且已有的研究不能回答：為什麼「憲法—富強」觀在晚清興盛，到民國幾乎消失，中華人民共和國時期又重新在憲法文本中出現？

因此，本文首先梳理中國憲政史上「憲法—富強」觀的發展過程，再結合憲政的政治和社會發展環境對三個時期的「憲法—富強」觀進行比較研究，

〔註 9〕當時對西方知識的引進也著重在「用」的層面，清末同光以降翻譯了大量西書，但絕大多數為工業、科技和軍事類書籍，法律與政治書籍所譯不多，僅有的一些法律政治書籍是人們當時較為關注的國際法問題的著作和一些政治法律概論性書籍。參見郭廷以：《近代中國的變局》，九州出版社 2012 年版，第 45～52 頁。

〔註10〕參見葛兆光：《中國思想史》（第二卷），復旦大學出版社 2010 年版，第 542 頁。

〔註11〕英國憲法學家惠爾曾言：「憲法說什麼是一回事，實踐中發生什麼是另一回事」，（英）K. C. 惠爾：《現代憲法》，翟小波譯，法律出版社 2006 年版，第 4 頁。但是本文預設論及的憲法應該向「規範憲法」的方向發展，或者說在本質上憲法是為了實現憲政的。關於「規範憲法」，參見林來梵：《從憲法規範到規範憲法：規範憲法學的一種前言》，法律出版社 2001 年版，第 264～265 頁。

〔註12〕這些研究主要有王人博：《憲政文化與近代中國》，法律出版社 1997 年版，第 7 頁、第 534 頁；王人博：《憲政的中國語境》，載《法學研究》2001 年第 2 期；門中敬：《中國富強憲法的理念傳統與文本表徵》，載《法學評論》2014 年第 5 期；張晉藩：《中國憲法史》，吉林人民出版社 2011 年版，第 12 頁。

回答上述問題，並對中國憲政史上的「憲法—富強」觀提出新的解釋。

二、中國憲政史上的「憲法—富強」觀

「憲法—富強」觀在中國的起源與發展大致可以分為四個時期。戊戌變法前後是發源期，晚清立憲過程中是興盛期，民國時期是沈寂期，這一觀念和話語基本消失，新中國成立後又重新出現。

（一）戊戌變法前後：「憲法—富強」觀發源

19 世紀後期，中國知識人是通過議院把憲法和富強聯繫起來的。當時不少知識人認識到了中國需要以政治改革謀求富強之道，〔註13〕首先進入他們視野的是西方的議院（議會），他們普遍認為開議院可以使國家富強。從議院開始他們注意到了背後的立憲政治框架，也就包括憲法。

1890 年，陳虬在一封信中批評了當時之人只重視引進礦務、鐵路、電線、製造之法等西方長技，並仿行廣方言館、水師、武備等學堂，但這些並不是最重要的，因為「泰西富強之道在有議院以通上下知之情，而他皆所末」。〔註14〕另一位思想家陳熾在遊歷了沿海商埠和香港、澳門後，於 1893 到 1894 年間撰寫的《庸書》中寫道：「泰西議院之法，本古人懸鞀建鐸、閭師黨正之遺意，合軍民為一體，通上下為一心，即孟子所稱『庶人在官者』，英美各邦所以強兵富國、縱橫四海之根源也。」〔註15〕他雖以中國古已有之的心態闡釋議院，其重點還是在議院凝聚軍民、上下之力，使國家富強。在寫於 1892 年的《〈盛世危言〉初刊自序》中，鄭觀應言他在考察了西洋諸國之後，認為「其治亂之源、富強之本，不盡在船堅炮利，而在議院上下同心，教養得法」。〔註16〕在該書中，他認為西方的議院是集思廣益，「固民心」的機構，議院可以消除君民隔閡，使「朝野上下，同德同心」。〔註17〕甲午後，他把議會和憲法聯繫了起來，在《自強（甲午後續）》中他區分了專制政治和立君政治，認為後者優於前者。他言：「立君政治者，即軍民共主之國，政出議院，公是公非，朝野一心，軍民同體，上無暴虐之政，下無篡逆之謀。英德二國馴致富強，日本變法借材異域，

〔註13〕參見蕭公權：《中國政治思想史》（三），遼寧教育出版社 1998 年版，第十三章。
〔註14〕陳虬：《陳虬集》，浙江人民出版社 1992 年版，第 331 頁。
〔註15〕陳熾：《陳熾集》，中華書局 1997 年版，第 107 頁。
〔註16〕鄭觀應：《盛世危言》，華夏出版社 2002 年版，第 10 頁。
〔註17〕鄭觀應：《盛世危言》，華夏出版社 2002 年版，第 22 頁。

比利士、瑞士列入萬國保護之中，遵斯道耳。」〔註18〕他又提到世界文明諸國，無不行立君政治。接著他從議院論及了憲法，言：「查日本憲法，係本其國之成法，而參以西法，中國亟宜仿行，以期安撫。」他又引西人之論認為西方各國之所以強大，是「設憲法而開議院」的原因。「中國不能強大，由於上下離心」，「立憲法」可以讓統治者「合群圖治，以順人心」。〔註19〕

戊戌變法時期，維新人士的關注點在政治制度的變革，就再次把議院和憲法或立憲政治聯繫起來，也就有了不少立憲可以實現富強的論述。康有為首先認為憲法對政治變革（變法）非常重要，他說：「變政全在定典章憲法，參採中外而斟酌其宜，草定章程，然後推行天下。」〔註20〕在寫給光緒皇帝論述日本何以強大的奏摺中，他言：「開制度局於宮中，選公卿、諸侯、大夫及草茅之士二十人充總裁，議定參預之任，商榷新政，草定憲法，於是謀議詳而章程密矣。日本之強，效原於此。」〔註21〕在另一封給光緒皇帝的上書中，他說：

> 臣竊聞東西各國之強，皆以立憲法、開國會之故。國會者，君與民共議一國之政法也。蓋自三權鼎立之說出，以國會立法，以法官司法，以政府行政，而人主總之，立定憲法，同受治焉。人主為神聖，不受責任，而政府代之。東西各國，皆行此政體，故人君與千百萬之國民，合為一體，國安得不強者？〔註22〕

在康有為看來，立憲和議院可以整合人民的力量，使國家上下一心，而致強大。除了提出三權分立和國君責任問題，康有為和前述鄭觀應的看法並無多大差異。這篇奏摺中，康有為還把春秋改制附會為立憲，各國正是得了中國先聖的精義，才得以致強，中國的問題是「蓋吾國君民，久皆在法治之中，惜無國會以維持之耳，」所以只要皇帝「上師堯舜三代，外採東西強國，立行憲法，大開國會，以庶政與國民共之，行三權鼎立之制，則中國之治強，

〔註18〕鄭觀應：《盛世危言》，華夏出版社2002年版，第49頁。
〔註19〕鄭觀應：《盛世危言》，華夏出版社2002年版，第50頁。
〔註20〕康有為：《日本變政考》，載姜義華、張榮華（編校）：《康有為全集》（第四集），中國人民大學出版社2007年版，第223頁。
〔註21〕康有為：《上清帝第六書（應詔統籌全局摺）》，載姜義華、張榮華（編校）：《康有為全集》（第四集），中國人民大學出版社2007年版，第18頁。
〔註22〕康有為：《請定立憲開國會摺（代內閣學士闊普通武作）》，載姜義華、張榮華（編校）：《康有為全集》（第四集），中國人民大學出版社2007年版，第424頁。著重號為筆者所加，以下不再注明。

可計日待也。」〔註23〕所以他的觀點是，我們已經有了類似習慣性的憲法，現在就差立憲開國會，如此國家就會走向富強。

在康梁等維新人士的鼓吹之下，光緒帝的《變法上諭》裏四次提到了「富強」，希望變法以圖中國富強。〔註24〕不過，康有為還論述了工業、軍事、商業、政令暢通、會計、教育等多方面的改進等可致國家富強之途，〔註25〕立憲開議院，吸納國民力量，上下一心使國家實現富強，只是康有為視野裏國家走向富強之路的方式之一。但康有為以及之前思想家的論述可以看作「憲法—富強」觀的先聲，以後這一觀念的發展都是在這些思想的基礎上發展起來的。

（二）清末立憲時期：「憲法—富強」觀興盛

戊戌變法失敗後，經庚子之亂，八國聯軍佔領北京，慈禧西逃。國家不斷衰敗，各地革命勢力風湧而起，清廷不得不宣布開始新政。此時的「憲法—富強」觀先從民間興起，一些出使外國的官員也表達了這種觀念，此後出洋考察政治大臣的上奏中更深一層地闡述了這種觀念，不久這種觀念幾乎成了朝野的共識。

1901年初清廷宣布實行新政，仿行西法。同年6月，梁啟超在《清議報》發表文章認為「中國立憲之時機」已經到來，西方國家富強皆因立憲，「故中國究竟必與地球文明國同歸於立憲，無可疑也」。〔註26〕其實在戊戌變法前，梁啟超就認為議院可以使國家富強，〔註27〕這是他第一次把富強和立憲直接聯繫起來。《清議報》雖在日本出版，但中國國內各租界裏皆有銷售，極為暢銷，對當時的知識人有較大影響。〔註28〕因此梁啟超的觀點應當影響到時人對立憲政治的認識。

〔註23〕康有為：《請定立憲開國會摺（代內閣學士闊普武作）》，載姜義華、張榮華（編校）：《康有為全集》（第四集），中國人民大學出版社2007年版，第424頁。
〔註24〕《變法上諭》，載夏新華、胡旭成（編）：《近代中國憲政歷程：史料薈萃》，中國政法大學出版社2004年版，第35～36頁。
〔註25〕參見姜義華、張榮華（編校）：《康有為全集》（第二集），中國人民大學出版社2007年版，第70頁；姜義華、張榮華（編校）：《康有為全集》（第四集），中國人民大學出版社2007年版，第23、58、178、197、217、246、370頁。
〔註26〕梁啟超：《立憲法議》，載《梁啟超全集》（第二卷），北京出版社1999年版，第407頁。
〔註27〕梁啟超：《古議院考》，載《梁啟超全集》（第一卷），北京出版社1999年版，第46頁。
〔註28〕參見張朋園：《梁啟超與清季革命》，吉林出版集團有限責任公司2007年版，第188～190頁。

民間的各大報刊也不遺餘力地鼓吹「憲法—富強」觀。1904 年，《大公報》的文章說：

夫文明之國，無不制定憲法，以維持與軍民上下之間，一以順輿情之正，一以圖社稷之安。無論君主、民主，皆以憲法為立國之要素。故其國，君民合德，上下一心，國烏得而不富強。〔註29〕

年末，《時敏報》則在《立憲法議》一文中認為專制幾乎已在西方絕跡，而西方大小國家都在立憲法，因為立憲法，設議院議國事，能「合眾策聚羣謀，而日臻富強」。如果中國立憲，有三大益處：「能使上下相通」、「能使民教調和」、「能使籌款易於措置」，而「此數利者皆就其小者言，若夫其大者，則能公是公非，萬人一心，上下同德。以守則固，以戰則克，以謀內政，足矣泯偏私之見，以謀外交，足以堵賄賂之原。」最後文章認為：「中國而不欲興也則已，中國而果欲興也，捨立憲法其曷以哉。」〔註30〕這篇文章把立憲設定成了中國富強不得不選擇的唯一道路。

1905 年，日本與俄國在中國東北的戰事結束，亞洲小國戰勝了歐洲大國，這對中國知識人的震動極大，他們把這個歸因於日本是立憲國家。當時頗具影響的《東方雜誌》對憲政鼓吹最力。該雜誌稱這場戰爭不僅僅是日俄之戰，而是「立憲與專制二政體之戰」，〔註31〕因為日本：「以小克大，以亞挫歐，赫然違歷史之公例，非以立憲不立憲之義解釋之，殆為無因之果。」〔註32〕在一篇轉載自《南方報》的文章裏，作者認為日俄戰爭是天意「啟中國憲政之萌芽」，這場戰爭「非俄之敗於日也，乃專制國之敗於立憲國也」。〔註33〕

在該雜誌另一篇轉載自《中外日報》分析日俄戰爭的文章裏，作者先提到了時人對是否保存專制的爭論，繼而言：「橫覽全球，凡為富強之國，非立憲即共和，無專制者」，中國本可早行憲政，但是許多人認為俄國是例外，俄

〔註29〕《論中國立憲之要義》，載《東方雜誌》第 1 卷第 5 期（1904），第 49 頁。原文標題下注：「錄五月初五日《大公報》」。

〔註30〕《立憲法議》，載《東方雜誌》第 1 卷第 12 期（1904 年），第 163～166 頁。原文標題下注：「錄十月初六日《時敏報》」。

〔註31〕《中國立憲之起原》，載《憲政初綱·立憲紀聞》（《東方雜誌》1906 年臨時增刊），第 1 頁。

〔註32〕《刊印憲政初綱緣起》，載《憲政初綱》（《東方雜誌》1906 年臨時增刊），第 1 頁。

〔註33〕《論立憲為萬事根本》，載《東方雜誌》第 2 卷第 10 期（1905 年），第 171 頁。原標題下注：「錄乙巳七月二十三等日《南方報》」。

雖是專制國家但仍強盛，中國常以其為榜樣而不立憲。日俄戰爭結束，正好說明了專制的失敗，立憲優於專制。所以中國要學習日本立憲才能富強。〔註34〕這是輿論宣傳的「憲法—富強」觀。

張謇可以作為一個知識人的例子。1904 年 7 月，當時還是實業家的他在一封信中問朋友是否印好《日本憲法義解》，並提到他與翁同龢的兩次交談，內容「頗及憲法，老人極贊，亦以為非此不可救亡也」。又說：「原動力須加火以熱之。有何妙策？」〔註35〕看來張謇十分認同翁同龢的觀點。同年 10 月，他把印好的《憲法義解》送給時任兵部侍郎的鐵良。〔註36〕1905 年，五大臣考察政治回國後，他又在日記裏寫道：「憲政之果行與否，非我所敢知；而為中國計，則稍有人心者不可一日忘。」〔註37〕張謇所言的「救亡」和「富強」是硬幣的兩面，是富強的另一種表達。

再來看清廷的官員。1904 年，駐法公使孫寶琦在上政務處請立憲書中，首先稱庚子以來變法並未「除壅蔽」，要「除壅蔽」效法外國立憲政體是可行的辦法，他舉了日本、英國和德國變法（立憲）而強盛的例子，日本「明治六年確定為立憲政體，遂命元老院通儒合集討議，至二十二年始發布憲法於通國，於是軍民上下一心，遂成鞏固不搖之勢」，而「歐洲各國，除俄與土耳其外，若英若德若意若奧若西班牙皆為立憲之國，而尤以英德之憲法為最」。英國憲法有其悠久的歷史，亦曾為共和所動搖，然此後「一意修改憲法以防亂而固本」，後英國憲法為各國所效仿。而德國「各邦獨立之憲法又合立聯邦共尊之憲法，民心固，而外侮自除。此英德兩國所以能俯視列強，鞏成大國也」。中國仿照英德日建立立憲政體，可以「固結民心保全邦本」。〔註38〕第二年，出使歐洲的梁誠、汪大燮等人發回的奏摺力主立憲：「竊惟憲法者，所以安宇內，禦外辱，固邦基，而保人民者也。」立憲政體，對君民皆有利，唯獨對官員不利。他們認為立憲要做三件事：宣示宗旨，宣布地方自治之制，制定集

〔註34〕《論日勝為憲政之兆》，載《東方雜誌》第 2 卷第 6 期（1905 年），第 115～117 頁。原文標題下注：「錄乙巳四月十八日《中外日報》」。

〔註35〕張謇：《張謇存稿》，上海人民出版社 1987 年版，第 8 頁。

〔註36〕張謇全集編委會（編）：《張謇全集》（第六卷），江蘇古籍出版社 1994 年版，第 540 頁。

〔註37〕張謇全集編委會（編）：《張謇全集》（第六卷），江蘇古籍出版社 1994 年版，第 564 頁。

〔註38〕孫寶琦：《出使法國大臣孫上政務處書》，載《東方雜誌》第 1 卷第 7 期（1904年），第 80～85 頁。

會、言論、出版的法律。這三件事，「實憲政之精髓，而富強之綱紐」。〔註39〕

　　1905 年底，清廷決定派五大臣出洋考察政治，此時光緒的上諭並沒有提到立憲，而用的是「變法」一詞。〔註40〕而出洋考察大臣們遊歷各國，從他們初期發回的奏摺看，引起他們注意的國家富強之道並不是立憲或憲政，而是教育普及、工商業發達、軍事強大、法律完備、地方自治等方面。〔註41〕從俄國發回的奏摺提到了立憲，但俄國的立憲情況並不盡如人意，據出洋大臣見到的俄國前首相言，俄國「預備立憲已逾百年」，但仍未步入正軌，正處於興論和政府的對抗期，他「深慮亂事難以消泯」。〔註42〕對立憲與富強關係的直接認識，可能來自出洋大臣們在日本的經歷，載澤在《考察政治日記》裏記述，他問伊藤博文：「敝國考察各國政治，銳意圖強，當以何者為綱領？」伊藤博文答曰：「貴國欲變法自強，必以立憲為先務。」〔註43〕

　　1906 年五大臣回國，經上海到北京後，8 月 24 日戴鴻慈等在上清廷書中直言：「歷查各國政治，以為中國非急採立憲制度，不足以圖強。」而採取立憲制度，要使憲法推行有效，需得先從官制的改革開始。他在後文詳細論述了官制改革的八個方面。〔註44〕8 月 26 日，端方上書光緒帝立言立憲之重要。

〔註39〕《出使各國大臣奏請宣布立憲摺》，載《憲政初綱·奏議》（《東方雜誌》臨時增刊），商務印書館 1906 年版，第 1～4 頁。該奏摺被《中國近代史資料叢刊·辛亥革命》（上海人民出版社 1957 年版，第 24～26 頁）誤認為是載澤等所撰，前引《清末籌備立憲檔案史料》從該書，改名為《出使各國考察政治大臣載澤等奏請以五年為期改行立憲政體摺》（上冊，第 110～118 頁），亦誤。有學者考證該摺的作者應為梁誠、汪大燮等人。參見伊傑：《〈出使各國大臣奏請宣布立憲摺〉非載澤等所上》，載《社會科學研究》1989 年第 2 期；潘崇：《何以張冠李戴：再論〈出使各國大臣奏請宣布立憲摺〉署名錯誤》，載《保定學院學報》2013 年第 2 期。

〔註40〕《派載澤等赴東西洋考察政治諭》，載故宮博物院明清檔案部（編）：《清末籌備立憲檔案史料》（上冊），中華書局 1979 年版，第 1 頁。

〔註41〕參見故宮博物院明清檔案部（編）：《清末籌備立憲檔案史料》（上冊），中華書局 1979 年版，第 6、7、9、11、13、16、19 頁。

〔註42〕《出使各國考察政治大臣戴鴻慈等奏到俄考察大概情形摺》，載故宮博物院明清檔案部（編）：《清末籌備立憲檔案史料》（上冊），中華書局 1979 年版，第 17～18 頁。

〔註43〕李鴻章等、戴鴻慈、載澤：《李鴻章歷聘歐美記　出使九國日記　考察政治日記》，嶽麓書社 1986 年版，第 579 頁。

〔註44〕《出使各國考察政治大臣戴鴻慈等奏請改定全國官制以為立憲預備摺》，載故宮博物院明清檔案部（編）：《清末籌備立憲檔案史料》（上冊），中華書局 1979 年版，第 367～383 頁。

他認為許多西方國家雖然人口少，國土面積也小，但卻能富強的原因是它們選擇了立憲政體，內政處理得好。因為「專制之國，任人而不任法，故其國易危；立憲之國，任法而不任人，故其國易安。」專制無法安國，而立憲政體「任法，則其君安，其國安，而富強之基亦以立矣。」他舉了日本立憲的例子，並稱：「東西洋各國之所以日趨於強盛者，實以採用立憲政體之故。」最後他更直言：「中國而欲國富兵強，除採用立憲政體之外，蓋無他術矣。」〔註45〕此前各個大臣的論述中，只是強調了憲政和富強的緊密關係，端方這個更絕對化的表述，把憲政提升到中國富強的唯一選擇的高度。

值得注意的是，各大臣在闡述憲政可以帶來富強的同時，也都論述了立憲有穩定皇權的作用。也就是說在國體（維持君主制）不變的情況下，改變政體（由專制政體變為立憲政體），可使國家走向富強。所以這些論述頗得皇帝的認可。1906 年 9 月，光緒皇帝幾乎完全接受了戴鴻慈和端方等人的建議，從官制改革入手進行預備立憲，他在上諭中說：「而各國之所以富強者，實由於實行憲法，取決公論，君民一體，呼吸相通，博採眾長，明定權限，以及籌備財用，經畫政務，無不公之於黎庶。又兼各國相師，變通盡利，政通民和有由來矣。」〔註46〕第二年光緒帝又特別叮囑，預備立憲「官民各有責任，即官民均應講求，務使事事悉合憲法，以馴致富強，實有厚望」。〔註47〕第二次到日本考察政治的大臣達壽回國後，在 1908 年寫給皇帝的奏摺中著重強調，日本之所以強大，是政體變更之故。而政體分為專制和立憲，中國要強大，必須在保持國體的情況下改變政體，將專制政體轉變為立憲政體。〔註48〕這是清廷官員和皇帝對立憲政治與富強關係的看法。

通過以上梳理，可以看出在梁啟超等維新先驅、社會媒體、出使外國大臣、出洋考察政治大臣的宣傳之下，這一時期朝野上下普遍認同實行憲政能凝聚人心，集思廣益，實行立憲政治是一條能讓國家富強的道路。

〔註45〕端方：《請定國是以按大計摺》，載夏新華、胡旭成（編）：《近代中國憲政歷程：史料薈萃》，中國政法大學出版社 2004 年版，第 47 頁。

〔註46〕《宣示預備立憲先行釐定官制諭》，載故宮博物院明清檔案部（編）：《清末籌備立憲檔案史料》（上冊），中華書局 1979 年版，第 43 頁。

〔註47〕《立憲應如何預備施行準各條舉以聞諭》，載故宮博物院明清檔案部（編）：《清末籌備立憲檔案史料》（上冊），中華書局 1979 年版，第 44 頁。

〔註48〕達壽：《考察憲政大臣達壽奏考察日本憲政情形摺》，載故宮博物院明清檔案部（編）：《清末籌備立憲檔案史料》（上冊），中華書局 1979 年版，第 25 頁。

（三）中華民國：「憲法—富強」觀沈寂

民國成立後，制定了《中華民國臨時政府組織大綱》和《中華民國臨時約法》，但軍閥割據，政局混亂，國家仍然沒有富強。弔詭的是，這時候「憲法—富強」的話語卻沈寂了。就是「富強」一語本身，在 1915 年後也較少使用。1919 年後，該詞常用來描述清末變法維新運動，「多具批評性」。〔註49〕瞭解這個變化得先從孫中山的建國和憲法理念出發來認識。

早在 1894 年，孫中山在上書李鴻章時就聲稱自己在海外遊學時「尤留心於其富國強兵之道」，並言：「竊嘗深維歐洲富強之本，不盡在船堅炮利、壘固兵強，而在於人能盡其才，地能盡其利，物能盡其用，貨能暢其流——此四事者，富強之大經，治國之大本也。」〔註50〕他認為中國仿行西法多年而不富強的原因就是因為沒有注意到這四個方面。此時的孫中山主張實業救國，還未考慮到政制與法制層面。

1895 年廣州起義事敗垂成，孫中山流亡海外，在遊歷歐美各國期間，他比較研究了各國憲法，並結合中國實際創立了五權憲法學說。此後他一直致力於革命工作，到 1904 年提出軍法、約法與地方自治法三步走的革命程序論。1906年在東京與黃興、章太炎編制《革命方略》時，孫中山對革命程序略有修改，認為革命後治國要分為三個時期，依次為軍法之治、約法之治和憲法之治。軍法之治是「軍政府督率國民掃除舊污」，約法之治是「軍政府授地方自治權於人民而自總攬國事」，憲法之治，即「一國之政事，依於憲法以行之」。〔註51〕二次革命後，孫中山又將革命程序修改為軍政、訓政和憲政，其中訓政最為重要，與約法之治不同，是指「由革命黨訓導人民去反對官僚軍閥實行專制統治，粉碎其復辟陰謀，同時反對假共和和真專制」，〔註52〕在革命過程中同時發展民

〔註49〕參見金觀濤、劉青峰：《觀念史研究：中國現代重要政治術語的形成》，法律出版社 2009 年版，第 581 頁。作者舉了瞿秋白《孫中山與中國革命運動》一文中的例子：「本來士紳階級不但不肯革命，而且摧殘革命，幫助反動勢力；明說也要變法維新，要謀富強，而又反對下等社會握權，反對土地國有，平均地權，反對改善下等社會的生活。」

〔註50〕孫中山：《上李鴻章書》，載廣東省社會科學院歷史研究室、中國社會科學院近代史研究所民國史研究室、中山大學歷史系孫中山研究室（編）：《孫中山全集》（第一卷），中華書局 1981 年版，第 8 頁。

〔註51〕參見孫中山：《中國同盟會革命方略》，載廣東省社會科學院歷史研究室、中國社會科學院近代史研究所民國史研究室、中山大學歷史系孫中山研究室（編）：《孫中山全集》（第一卷），中華書局 1981 年版，第 297～298 頁。

〔註52〕桑兵：《孫中山的活動與思想》，中山大學出版社 2001 年版，第 311～312 頁。

生、民權、民族，發展工商業與地方自治，讓國家走向憲政。〔註53〕這種憲政發展的階段理論很符合實際的國家建設和政治發展的路徑，也是憲法實施比較好的路徑選擇。〔註54〕在這樣階段性立憲政治發展理論之下，在孫中山看來：

> 憲法者，國家之構成法，亦是人民權利之保障書也。〔註55〕

> 憲法就是把一國的政權分作幾部分，每部分都是各自獨立，各有專的。……我們要想把中國弄成一個富強的國家，有什麼方法可以實現呢？這方法就是實行五權憲法。〔註56〕

可以看出，在孫中山的視野裏，憲法首先是分權和權利保障的機制，進而也是實現富強的手段。孫中山這裡雖然提到富強，但是已經不是晚清時期那種簡單的「憲法—富強」論述，而是通過革命建國，再從軍政到訓政，從訓政邁向憲政，讓五權憲法得到實施，完成立憲政治，最終實現富強。

在知識人中，法學家王寵惠將憲法稱作「不祥之物」，其雖為革命後的「立國之本」，但是此前必有「殺人流血」。他說：

> 今者吾國革命既告成矣，政體既更變矣，不祥之事亦既見矣，舉國之人果能同心戮力，共濟時艱，國家之前途，泯一己之私見，制定一鞏固憲法，組織一良好政府，俾各安其居而樂其業，無相僭忒，國以保焉，民以寧焉。他日轉貧為富，轉弱為強，端賴乎此，然則所謂不祥之物，安知其不變而為最祥之物也哉。〔註57〕

〔註53〕參見孫中山：《國民政府建國大綱》，載廣東省社會科學院歷史研究室、中國社會科學院近代史研究所民國史研究室、中山大學歷史系孫中山研究室（編）：《孫中山全集》（第九卷），中華書局1986年版，第126～129頁；孫中山：《三民主義》，載廣東省社會科學院歷史研究室、中國社會科學院近代史研究所民國史研究室、中山大學歷史系孫中山研究室（編）：《孫中山全集》（第九卷），中華書局1986年版，第183～426頁。

〔註54〕參見任劍濤：《為建國立規——孫中山的建國理論與當代中國政治發展》，載《武漢大學學報（哲學社會科學版）》2009年第5期；荊知仁：《中國立憲史》，聯經出版事業公司1984年版，第381～383頁。

〔註55〕孫中山：《〈中華民國憲法史〉前編序》，載廣東省社會科學院歷史研究室、中國社會科學院近代史研究所民國史研究室、中山大學歷史系孫中山研究室（編）：《孫中山全集》（第五卷），中華書局1985年版，第319頁。

〔註56〕孫中山：《在廣東教育會的演說》，載廣東省社會科學院歷史研究室、中國社會科學院近代史研究所民國史研究室、中山大學歷史系孫中山研究室（編）：《孫中山全集》（第五卷），中華書局1985年版，第499、503頁。

〔註57〕王寵惠：《中華民國憲法芻議》，載夏新華、胡旭成（編）：《近代中國憲政歷程：史料薈萃》，中國政法大學出版社2004年版，第265頁。

　　王寵惠對憲法制定的看法就更實際，希望通過良好政府與鞏固革命果實之憲法的結合，讓人民安居樂業，長期而形成富強。但這樣「憲法—富強」觀在知識界幾乎沒有得到響應。

　　另外，從政治發展來看，1927 年前的民國處於軍閥混戰時期，政治不能統一，憲法草案寫了不少，但是都沒有真正地實施起來。北伐完成後，中華民國完成了形式上的統一，1928 年到 1937 年是國民黨統治比較平穩的 10 年，金融、教育、國防有了一定發展。雖然國家在形式上統一了，但是國民政府所能直接控制的地區有限，高層的派系政治也紛繁複雜。1928 年開始訓政，意味著軍政時期完成，《訓政時期約法》基本上是確定國民黨對國家的絕對領導地位，「訓練人民使用政權」〔註58〕，帶領人民走向憲政的過程。如錢端升所言，此時的憲法不過是一個「政府組織法」〔註59〕，不是現代意義上的憲法。而在政治意識形態上，孫中山的學說被國民黨定為官方學說，民國的憲制與政治發展有孫中山憲政（政治）理論設定的基本脈絡，這也是國民黨的內主流觀點。例如，蔣介石在《中國之命運》中肯定了孫中山建國與階段性憲政發展理論後，認為「貫通於三個時期的基本工作，在於教育、軍事與經濟。這三個工作在本質上是合一而不分的。可以說，三者並舉則國家富強，三者偏廢，則民族衰敗」。〔註60〕看得出，在孫中山及後來國民黨政治人物的論述裏，憲政本身就是目標，是建國的最後步驟，憲政和富強沒有因果關係，富強要靠發展教育、軍事和經濟。在這種情況下，制定憲法的人士對憲法的看法也比較實際，這也能從多部憲法的序言可以看出。

　　1923 年頒布的《中華民國憲法》（賄選憲法），序言稱：「中華民國憲法會議為發揚國光，鞏固國圉，增進社會福利，擁護人道尊嚴，制茲憲法，宣布全國，永矢咸遵，垂之無極。」〔註61〕1946 年的《中華民國憲法》序言都說：「中華民國國民大會受全體國民之付托，依據孫中山先生創立中華民國之遺願，為鞏固國權，保障民權，奠定社會安定，增進人民福利，制定本憲

〔註58〕參見《訓政綱領》，載夏新華、胡旭成（編）：《近代中國憲政歷程：史料薈萃》，中國政法大學出版社 2004 年版，第 803 頁。

〔註59〕參見錢端升：《評立憲運動及憲草修正案》，載《東方雜誌》第 31 卷第 19 期（1934 年），第 5～14 頁。

〔註60〕蔣介石：《中國之命運》（增訂本），正中書局 1946 年版，第 135～136 頁。

〔註61〕夏新華、胡旭成（編）：《近代中國憲政歷程：史料薈萃》，中國政法大學出版社 2004 年版，第 521 頁。1913 年的《天壇憲草》序言與此基本相同，只是措辭略有不同。參見同書第 442 頁。

法，頒行本法，永矢咸遵。」

因此，我們能見到的民國時期對憲政與富強關係的討論極少，政治家和知識人的看法都比較實際，憲法文本中已經把過去抽象的「富強」變成了更具體的「福利」，變得更世俗、更實際。

（四）中華人民共和國：「憲法—富強」觀再現

在中國共產黨 1934 年制定的《中華蘇維埃共和國憲法大綱》和 1946 年制定的《陝甘寧邊區憲法原則》中並未有與富強直接相關的條款。因為此時的中國共產黨尚處在反對派的位置，正在為奪取政權，建立自己理念的國家而努力，富強並不是當務之急。1949 年新中國成立後，中國共產黨又重提了「憲法—富強」觀，把它表達在憲法文本裏。表現為憲法文本中直接提到富強，或有較多的經濟政策條款，這與中國以往的憲法以及世界上大多數國家的憲法都有很大不同。〔註62〕這是因為革命建立的新政權面對內戰後留下的經濟、社會困局，國際社會的孤立、封鎖和威脅，如何讓人民富裕、國家強大，以應對國內外的壓力，也就是舊的富強問題，又擺在了中國共產黨和新政權面前。因此 1949 年後的幾部憲法（除了五四憲法）都表述了富強問題。〔註63〕

《共同綱領》第一條規定：「中華人民共和國……為中國的獨立、民主、和平、統一和富強而奮鬥」，這是新的人民民主國家的重要政治任務之一。周恩來在人民政協第一屆全體會議上報告《共同綱領》起草經過時說：「大家的目的很明確，就是反帝反封建反對官僚資本主義，實行新民主主義，建設一個獨立、民主、和平、統一和富強的新中國。」〔註64〕《共同綱領》第四章是經濟政策，共十五條，占整個綱領條目的 26.7%，是整個綱領中條數最多的

〔註62〕一般來說憲法的內容主要包括以下三項：1. 個人的基本權利與義務；2. 國家最重要機關的組織職權及其相互關係；3. 憲法的修改。參見王世杰、錢端升：《比較憲法》，中國政法大學出版社 1997 年版，第 3～4 頁。一項對世界上成文憲法的統計表明，以下四項是成文憲法普遍所有的內容：1. 關於憲法自身的規定；2. 關於國家機構的規定；3. 關於法律的制定；4. 關於公民權利和政治權利的規定。參見（荷）亨利·范·馬爾賽文、格爾·范·德·唐：《成文憲法的比較研究》，陳雲生譯，華夏出版社 1987 年版，第 216 頁。

〔註63〕一般認為，《共同綱領》有憲法性質，但不是憲法，「在中華人民共和國憲法頒布前，起著臨時憲法的作用」。張友漁：《新中國制憲工作回顧》，載《張友漁文選》（下），法律出版社 1997 年版，第 347 頁。本文將《共同綱領》與其他各部憲法同等對待。

〔註64〕轉引自許崇德：《中華人民共和國憲法史》，福建人民出版社 2003 年版，第 58 頁。

章節。該章第二十六條指出當時國家經濟建設的根本方針之目的是為了「發展生產、繁榮經濟」，促進整個社會各種不同類型經濟的發展。可以看出富強觀念在《共同綱領》中的重要性。1953 年，毛澤東說：「為了發揚民主，為了加強經濟建設，為了加強反對帝國主義的鬥爭，就要辦選舉，搞憲法。」〔註 65〕1954 年頒布的《中華人民共和國憲法》，如毛澤東所言是「過渡時期」憲法，〔註 66〕而五四憲法序言中說該憲法是「以共同綱領為基礎，又是共同綱領的發展」。《共同綱領》是建國，而五四憲法是立憲，立憲不過是對建國意志的進步一延續和申說，所以並無直接與富強相關的表述。而且 1953 年國家著手進行社會主義建設和改造，同時開啟經濟建設的第一個五年計劃，1954 年後正是新中國成立後經濟發展最快的時期之一。

　　20 世紀 50 年代後期開始的政治運動中，人治壓過法治，違憲事件屢屢發生，「文化大革命」爆發後所有的法律被擱置，全國處於混亂之中。1970 開始著手制定，1975 頒布的七五憲法是「文化大革命」的產物，制定過程中有不少權力鬥爭，〔註 67〕這部非常時期的憲法秉承階級鬥爭和無產階級專政理念，在序言將國家遠景設置為：「把我國建設成為強大的無產階級專政的社會主義國家，對於人類作出較大的貢獻。」1970 年，在這部憲法的草案裏曾有「把我國建設成為更加繁榮富強的社會主義國家」的表述。〔註 68〕1975 年鄧小平主持中央工作後，在一次題為《全黨講大局，把國民經濟搞上去》的談話中，說當前的大局就是到 20 世紀末，把我中國建設成為四個現代化的強國，他還強調了「豐富物質基礎」的重要性。〔註 69〕七八憲法是「文化大革命」之後在七五憲法的基礎上修訂而成的，雖然其中仍有較多「文革」思想的殘留，當時國家處於轉折時期，國家政治的發展方向尚不明朗，但序言中還是將國家發展目標設定為：「在本世紀內把我國建設成為農業、工業、國防和科學技術現代化的偉大的社會主義強國。」四個現代化是 1954 年就提出的

〔註 65〕《毛澤東文集》（第 6 卷），人民出版社 1999 年版，第 258～259 頁。
〔註 66〕毛澤東在憲法草案初稿說明會上插話說：「這個憲法，是以共同綱領為基礎加上總路線，是過渡時期的憲法，大概可以管十五年左右。」許崇德：《中華人民共和國憲法史》，福建人民出版社 2003 年版，第 188 頁。
〔註 67〕參見蔡定劍：《憲法精解》，法律出版社 2004 年版，第 40～46 頁。
〔註 68〕參見許崇德：《中華人民共和國憲法史》，福建人民出版社 2003 年版，第 438、458 頁。
〔註 69〕參見中共中央文獻研究室（編）：《鄧小平思想年譜》（1975～1997），中央文獻出版社 1998 年版，第 4 頁。

國家發展任務，但並未寫入憲法，就在七八憲法頒布的前一年，它剛剛被寫入黨章，這卻是第一次寫入憲法。與七五憲法相比，七八憲法中的國家任務有所轉變，雖然都追求國家的強大，但用四個現代化取代了階級鬥爭和專政。葉劍英在修憲報告中多次提到「強國」、「強大國家」，並說「新時期的總任務就是要求我們三大革命運動一起抓，達到建設社會主義強大國家的目的」，「建設社會主義的現代化強國，是毛主席早已提出來的任務」。〔註70〕這些都是憲法或制憲理念中與富強相關的論述。

　　早在1977年8月，時任中共中央主席的華國鋒在中國共產黨第十一次全國代表大會上發表的政治報告中宣布，「一定要抓革命促生產，把國民經濟搞上去」，要發展工業，在第五年計劃期間「為第六個五年計劃期間的更大發展創造條件」。到1980年，「要建成我國獨立的比較完整的工業體系和國民經濟體系」。〔註71〕1978年2月，華國鋒在全國人大第一次會議上作了題為的《團結起來，為建設社會主義的現代化強國而奮鬥》報告，再次宣布國家實行十年經濟發展計劃（1976～1985）。〔註72〕同年底的十一屆三中全會後，國家正式拋棄了「政治掛帥」的宗旨和階級鬥爭路線，著重發展生產力，經濟建設成為黨和國家的工作重點。經過十年的「文化大革命」，「決策層普遍有一種要把耽誤的時間搶回來的急切心情」，〔註73〕鄧小平多次強調發展經濟的重要性，1979年11月他對來訪的外國學者說：中國不要貧窮的社會主義，「要發達的、生產力發展的、使國家富強的社會主義」，發展生產力才能展現社會主義的優越性。〔註74〕所以發展經濟是八二憲法制定的重要背景。在八二憲法

〔註70〕葉劍英：《關於修改憲法的報告——一九七八年三月一日在中華人民共和國第五屆全國人民代表大會第一次會議上的報告》，載《人民日報》1978年3月8日；亦參見許崇德：《中華人民共和國憲法史》，福建人民出版社2003年版，第507頁。

〔註71〕參見華國鋒：《在中國共產黨第十一次全國代表大會上的政治報告》，載《人民日報》1977年8月23日。

〔註72〕參見華國鋒：《團結起來，為建設社會主義的現代化強國而奮鬥——一九七八年二月二十六日在第五屆全國人民代表大會第一次會議上的政府工作報告》，載《人民日報》1978年3月7日。

〔註73〕蕭冬連：《中華人民共和國史（第十卷）：歷史的轉軌——從撥亂反正到改革開放（1979～1981）》，香港中文大學當代中國文化研究中心2008年版，第467頁。

〔註74〕參見鄧小平：《社會主義也可以搞市場經濟》，載《鄧小平文選》（第二卷），人民出版社1994年版，第231頁。

頒布前，彭真在針對憲法草案的講話中，特別論及憲法中有關經濟方面的條款，他說：「當前我國正在進行經濟體制的改革，並取得了很大的成績，今後還要全面、深入地進行下去。草案有關規定為這種改革確定了原則。按照這個方向前進，我們一定能夠建設和發展有中國特色的社會主義經濟，使我國逐步地富強起來。」〔註75〕八二憲法序言中，也申明了「國家的根本任務是，沿著中國特色社會主義道路，集中力量進行社會主義現代化建設」，〔註76〕憲法總綱部分亦有較多關於經濟制度和經濟發展的條款。八二憲法頒布後，《人民日報》發表的社論稱，「這部憲法……是一部定乾坤、保安寧的『振興法』，富國利民的『幸福法』，保障社會主義現代化建設的根本法。」〔註77〕這表明，富強問題仍是憲法中一個非常重要的議題。

八二憲法頒布後，全國人大先後於 1988 年、1993 年、1999 年和 2004 年對八二憲法進行了四次修正，絕大部分的修正都是在 1992 年鄧小平南方視察後進行的。在這次視察中，鄧小平呼籲國家要堅持改革開放，大膽改革，敢於實驗，發展經濟，提高人民生活水平。同年底中共十四大確立了社會主義市場經濟體制。〔註78〕1993 年 3 月第八屆全國人民代表大會第一次會議通過的憲法修正案的第 3 條將憲法序言第七自然段中的「把我國建設成高度文明、高度民主的社會主義國家」修正為「把我國建設成富強、民主、文明的社會主義國家」，「富強」被提到了首位。而全部在 31 條案修正中，有 16 條直接針對經濟發展問題，占 51.62%。修正案中出現較多的關鍵詞有私營經濟（第 1、16、21條）、集體（所有制）經濟（第 6、9、15 條）、社會主義市場經濟（第 7、12、16 條）和非公有制經濟（第 1、16、21 條）等。〔註79〕由此可以看出，新中

〔註75〕 彭真：《關於中華人民共和國憲法修改草案的報告——一九八二年十月二十六日在第五屆全國人民代表大會第五次會議上》，載全國人大常委會辦公廳聯絡局（編）：《中華人民共和國憲法及有關資料彙編》，中國法制出版社 1990年版，第 108 頁。

〔註76〕 潘念之在討論憲法時認為憲法總綱的第一部分寫國家基本原則，基本原則的「第六條寫我們現在的任務和要達成的目的，主要是經濟建設、文化建設，走向繁榮富強的社會主義國家」。參見許崇德：《中華人民共和國憲法史》，福建人民出版社 2003 年版，第 593 頁。

〔註77〕 《新時期治國安邦的總章程》，《人民日報》1982 年 12 月 5 日社論。

〔註78〕 參見中共中央文獻研究室（編）：《鄧小平思想年譜》（1975～1997），中央文獻出版社 1998 年版，第 459～464 頁。

〔註79〕 此處的總結歸納主要依據《中華人民共和國憲法歷次修正對照表》，中國法制出版社 2004 年版，第 1～22 頁。

國成立後制定的多部憲法及修正案都把憲法制定或憲法的目的和富強聯繫在一起，或在憲法裏包含經濟問題的條款，或宣示了國家要達成富強的目標。

從梳理中華人民共和國時期對憲法—富強的觀念的變遷，可以發現雖然政治風雲跌宕起伏，路線左右搖擺，但憲法中始終有「憲法—富強」觀及相關的表述。

三、「憲法—富強」觀變化之內涵

從「憲法—富強」觀念發展史的梳理可以看出，這一觀念肇始於戊戌變法時期，晚清立憲時期有較多的論述，而民國時期這種觀念較為少見，人們關注的是更實際的憲法問題。到了中華人民共和國時期，「憲法—富強」觀又在憲法文本中表現了出來。這些變化之原因與憲政主張者對憲法與憲政認識中複雜的政治與法理內涵有關。

無疑「憲法—富強」觀在晚清盛極一時，各界精英和媒體的提倡自不必言，各級官員也紛紛表態立憲可以使國家富強，在輿論的宣傳和地方大臣的壓力下，慈禧太后也關心起了憲政，在閱讀了張謇刻印送給她的日本憲法後，都不無感慨地說：「日本有憲法，於國家甚好。」〔註80〕又言：「立憲一事，可使我滿洲朝基礎，永久鞏固，而外在革命黨，亦可因此消滅，候調查後，若果無傷害，則必決意實行。」〔註81〕這似乎給人一種印象，朝野對立憲達成了共識，都希望實行憲政，進而使國家富強。但事實並非如此簡單，朝野雖然都承認憲政可以達至富強，但對立憲理解的側重點則不同，清廷認為重在皇權永固，民間則在人民參與的分權新政體。前引《東方雜誌》雖極力鼓吹憲政富強，但是在他們看來憲政並不僅僅如此，該刊轉載《大公報》的一篇文章贊同立憲國可以使「軍民合德，上下一心」，國家自然富強，但同時稱：

> 欲立憲，必有所以維持憲法而成為輔車之勢者，則議院為要焉。……憲法之立，以國民公認為準，故必有代表國民者而會議決定之，乃可以頒行國中無滯礙難行之弊。憲法、議院二者，不能相離，各立憲國無不皆然。〔註82〕

〔註80〕張孝若：《南通張季直先生傳記》，中華書局1930年版，第139頁。
〔註81〕宋教仁：《清太后之憲政談》，載張枬、王忍之（編）：《辛亥革命前十年間時論選集》第二卷（上冊），生活・讀書・新知三聯書店1960年版，第70頁。
〔註82〕《論中國立憲之要義》，載《東方雜誌》第1卷第5期（1904年），第50頁。原刊標題下注：「錄五月初五日大公報」。

　　立憲之「國民公認」則是需要人民的參與和授權。在論述議院形式時，作者還援引英國的《大憲章》第六十一條的例子，英王和大法官若侵犯了憲章所規定的和平與自由，諸侯推選出來的二十五人有權聯合全國人民一起反對國王，實行自力救濟。〔註83〕作者還以日本憲法和德國憲法為例，認為作為人民決議機構的議院應有絕對的立法權。所以在該文的作者論述中，憲政不僅可使國家富強，而且還需要人民參與立法，是限制政府和國王權力的方式。

　　《東方雜誌》1906年的一篇社論認為，五大臣出洋考察憲政是「取列邦富強之精髓」，但中國民智未開，教育可使人民具有國家觀念、法律思想和自治能力，這都是立憲的基礎。作者還認為專制是君主的護身符，專制的害處是「侵人民之自由而奪人民之權利」，「憲政則人民之甲冑也」。如果清政府「誠心立憲」，就要「捨其特權，分之於民」。〔註84〕另一份傾向革命的期刊《揚子江》上的一篇文章在批判了中國歷代的專制政治之後，直言：「然則欲革專制之痼習，殆非伸民權抑君權不為功。君權何由抑？曰立憲。民權何由伸？曰立憲。」〔註85〕這兩篇文章的作者雖有立憲和革命的不同政治取向，但都點出了立憲限制權力，保障（擴大）人民權利的要旨。

　　在清廷大臣方面，考察憲政的五大臣回國後，所上的奏摺和諫言皆認為實行立憲政治可以使國家富強，端方的奏摺更認為憲政是中國實現富強的唯一選擇。這些言論對清廷宣布立憲有極大的推動作用。慈禧太后命令一些重要大臣傳閱這些奏摺，他們在此基礎上討論立憲計劃，一個月後清廷即宣布立憲。〔註86〕但是上節所引載澤、戴鴻慈等人和端方1906年所上的《奏請改定全國官制以為立憲預備摺》《請定國是以安大計摺》兩摺均為梁啟超所代擬。〔註87〕為了說服清廷立憲，梁啟超顯然在這兩個奏摺裏隱藏了一些自己原有的對憲政的看法，同時刻意強調了憲政與富強的關係。因為早在1901年，梁

〔註83〕《論中國立憲之要義》，載《東方雜誌》第1卷第5期（1904年），第50～51頁。該文稱《大憲章》為「英國憲法」。

〔註84〕覺民：《論立憲與教育之關係》，載《東方雜誌》第2卷第12期（1906年），第243～249頁。

〔註85〕遯園：《專制之結果》，載張枬、王忍之（編）：《辛亥革命前十年間時論選集》第一卷（下冊），生活·讀書·新知三聯書店1960年版，第959頁。

〔註86〕《考政大臣之陳奏及廷臣會議立憲情形》，載《憲政初綱·立憲紀聞》（《東方雜誌》1906年臨時增刊），第2～5頁。

〔註87〕詳細的考證參見夏曉紅：《梁啟超代擬憲政摺稿考》，載《現代中國》（第十一輯），北京大學出版社2008年版，第21～44頁。

啟超在《立憲法議》一文裏對立憲政體的本質已經說得十分清楚，憲法是「國家一切法度之根源」，「一國之人，無論為君主為官吏為人民，皆共守之者也」，而：

> 立憲政體，亦名為有限權之政體；專制政體，亦名為無限權之政體。有限權云者，君有君之權，權有限；官有官之權，權有限；民有民之權，權有限。故各國憲法，皆首言君主統治之大權及皇位繼襲之典例，明君之權限也；次言政府及地方政治之職分，明官之權限也；次言議會職分及人民自由之事件，明民之權限也。〔註88〕

在梁啟超看來，立憲政體，就是分權，明定權力界限，保護人民的權利和自由，限制君主的權力。在這篇文章裏他也論述了議院對君權的限制，他言：「且君主之發一政、施一令，必謀及庶人，因國民之所欲，經議院之協贊，其有民所未喻者，則由大臣反覆宣布於議院，必求多數之共贊而後行。」〔註89〕梁啟超認為這樣虛君的結果可以把人民的怨恨從君主身上轉移到議院，議院解決問題，可使國家更穩定。但在替出洋考察憲政大臣們撰寫的兩個奏摺中，梁啟超對立憲政治要旨的論述卻完全不同。在替戴鴻慈等人所寫的《奏請改定全國官制以為立憲預備摺》中，梁啟超刻意避開憲政以上因素不談，立陳立憲可以使國家富強，而立憲要從官制改革著手。〔註90〕而在替端方撰寫的《請定國是以安大計摺》中，梁啟超主要論述的也是憲政何以能讓國家富強。摺中他闡述了憲法的原理，比較了世界各國的政制發展，最後更是斷言中國要富強，除了實行憲政，再沒有其他路可走。並預言立憲一二十年後，「中國轉危而為安，轉弱而為強，亦能奮然崛起，為世界第一等國，則舉國臣民其沐我皇太后、皇上之福者，將亙億萬年而無窮矣。」〔註91〕這顯然是

〔註88〕梁啟超：《立憲法議》，《梁啟超全集》（第二卷），北京出版社1999年版，第405頁。

〔註89〕梁啟超：《立憲法議》，《梁啟超全集》（第二卷），北京出版社1999年版，第406頁。

〔註90〕《出使各國考察政治大臣戴鴻慈等奏請改定全國官制以為立憲預備摺》，載故宮博物院明清檔案部（編）：《清末籌備立憲檔案史料》（上冊），中華書局1979年版，第367～383頁。改革官制康有為早在戊戌變法時就已提出，參見康有為：《為釐定官制請分別官差以行新政以高秩優耆舊以差使任才能摺》，載姜義華、張榮華（編校）：《康有為全集》（第四集），中國人民大學出版社2007年版，第391～392頁。

〔註91〕《請定國是以按大計摺》，載夏新華、胡旭成（編）：《近代中國憲政歷程：史料薈萃》，中國政法大學出版社2004年版，第51頁。

故意隱去了憲政分權和保護人民自由與權利這兩方面，而著重強調立憲可以使國家富強，還能維護清廷的統治。

1908 年達壽的奏摺更有曲折的內涵，他認為只有改良政體才能使國家從弱小到強大。中國之改革需要兩方面：在國體不變的情況下，將政體改為立憲政體，憲法欽定。他著重區分了政體和國體。政體是政府的形式，國體是國家主權之所在。政體對中國來說不過是立憲和專制的分別。他以日本為例，認為政體的變革對國體不會造成「毫髮之損」，而中國：

> 國體既為君主，則無論其政體為專制，為立憲，而大權在上，
> 皆無旁落之憂。蓋國體者，根於歷史而固定者也。政體者，隨乎時
> 勢而流動者也。世或以政體之變更，而憂國體之搖撼，於是視立憲
> 為君權下移之漸，疑國會為民權上逼之階，猶豫狐疑，色同談虎，
> 此皆大誤者也。〔註92〕

達壽的論述著重突出立憲可使國家強盛，又區分國體和政體，是要說明改變政體不會使君權下移民權上逼，這可以消除君主對立憲的顧慮。後文在論述立憲可使國家強盛的同時，達壽還談到了立憲國家的司法獨立、人民國家觀念的養成、人民權利等等，都是對憲政極為深刻的認識。但達壽奏摺中有許多觀點現在看來十分矛盾的論述。比如他認為立憲之後，君主不變，內閣可以更替，君主只管理皇室事務，國家事務由大臣管理，這分明是虛君，卻被他說成了君主「握統攬之大權，皇室則愈漸安全，權力固未嘗減少」。〔註93〕又如，談到立憲後政府的內閣，他認為立憲國日本的內閣與專制國不同，「大臣若以天皇所下命令有背憲法，不敢擔負責任，可以拒其副署，不經大臣之副署，則天皇命令終不得施行」。達壽把這解釋為和中國古代「不經鳳閣鸞臺，不得為敕」與「封還詔書及署紙尾之事」類似，史書屢見不鮮，明君樂於接受，所以內閣不過是中書省的舊制，不會對君權有損。〔註94〕諸如此類曲折的論述其實都是為了說明一個問題：立憲的種種措施可以使國家富強，卻不損害君權和清廷的統治，因此皇帝就應該毫無顧慮地實行立憲政治。這

〔註92〕達壽：《考察憲政大臣達壽奏考察日本憲政情形摺》，載故宮博物院明清檔案部（編）：《清末籌備立憲檔案史料》（上冊），中華書局 1979 年版，第 26 頁。

〔註93〕達壽：《考察憲政大臣達壽奏考察日本憲政情形摺》，載故宮博物院明清檔案部（編）：《清末籌備立憲檔案史料》（上冊），中華書局 1979 年版，第 32 頁。

〔註94〕參見達壽：《考察憲政大臣達壽奏考察日本憲政情形摺》，載故宮博物院明清檔案部（編）：《清末籌備立憲檔案史料》（上冊），中華書局 1979 年版，第 37 頁。

顯然是作者有意而為之的寫作方式。

結合本文前節可以看出，戊戌變法時期和中日戰爭時期的知識人持「憲法─富強」觀可能真如是所想，晚清立憲時期極力主張「憲法─富強」觀的人則是用立憲政治可以使國家實現富強來敦促清廷實行憲政，改變國家困頓的狀態，因而在論述中有意忽略憲政的其他方面，或者有意將其他方面解釋為不會對清廷和皇帝的權力造成威脅。這樣曲折的論述是因為直接指出立憲政治限權、分權、保障權利之功能對清廷來說無異於與虎謀皮，所以刻意只強調憲政可能導致富強，而突出立憲對改變國家危亡的重要性。也就是說，晚清許多人強調「憲法─富強」只不過是論證實行憲政的合理性，督促清政府實行立憲政治。然而，國家危機，清廷和各方輿論的關注點主要在「富強」，各種報刊中論述立憲分權和人民權利的微言並沒有得到各方的重視。

民國時期，朝野對實行憲政已無異議，爭議只是憲政的不同含義、憲政實施步驟和時間的問題等，所以關於憲政問題的討論多是具體的憲政架構設計，至於更宏大的目的則不在與憲法相關問題的討論之列，所以民國各次制憲都沒有討論到憲法與富強問題。因為在孫中山的理論裏，建國分民生、民權、民族三方面，經過軍政、訓政，最後到頒布憲法，實行憲政，全國大選，三個月後國民政府將權力轉交給民選政府，建國才算完成。〔註95〕立憲政治是共識，朝野爭論中所面臨的問題不是要不要憲政，而是制定一個怎樣的憲法，安排一個怎樣的憲制，以怎樣的方式來把憲法有序地運行起來。富強的問題靠民生主義以及教育、經濟和軍事的發展來解決，而憲政本身就是目標，而不是為了實現其他目的的手段。國民黨的政治人物基本上都認同這一點。蔣介石亦在不同場合表達了實行憲政的決心。〔註96〕抗戰時期，孫中山之子，時任立法院院長的孫科言當時抗戰就是民族主義的實行，以後抗戰勝利，則是民族主義的成功，但三民主義不僅有民族主義，所以當務之急，「憲政的實施，就是民權主義的實行。」〔註97〕孫蔣二人雖政見不合，但對建國實現憲

〔註95〕參見孫中山：《國民政府建國大綱》，載廣東省社會科學院歷史研究室、中國社會科學院近代史研究所民國史研究室、中山大學歷史系孫中山研究室（編）：《孫中山全集》（第九卷），中華書局1986年版，第126～129頁。

〔註96〕參見蔣介石：《促成憲政與實施訓政》，中央訓練團印，1940年；蔣介石：《中國之命運》（增訂本），正中書局1946年版，第135頁。

〔註97〕參見孫科：《孫科文集》（第一卷），臺灣商務印書館1970年版，第326～327頁。

政的表述並無多大分別，所本皆是孫中山的建國和階段性憲政發展理論。

民國時期比較有影響的憲法和憲政觀念也完全與富強無涉。陳之邁認為，「限制政府權力是憲法至高無上的目的」。〔註98〕胡適以非常通俗的方式理解憲政，認為：「憲政不是什麼高不可攀的理想，是可以學得到的一種政治生活的習慣。」所以他認為「民主憲政不過是建立一種規則來做政府與人民的政治活動的範圍；政府與人民都必須遵守這個規定的範圍，故稱憲政」。因此「憲政是一種政治生活的習慣，唯一的學習方法就是實地參加這種生活」。〔註99〕蕭公權的看法同樣形而下之，「憲政是一種政治的生活方式，並不是高遠玄虛的理想。……憲政是過程也是目標，而目標即是過程的一部分」。〔註100〕故「憲政之經義在以法治國」，「憲，法也；政，治也；憲政者，法治也。國民治立大法以定制，政府依據此法以行權。全國上下咸守此法而莫有或違，則憲政之基礎大定」。〔註101〕

在這些民國知識分子眼中，憲政沒有過於宏大的目標，所以他們對憲政的認識更具體更世俗化，著眼限制政府權力、建立規則和法治等方面，也貼近憲政的本旨。著名的「民主與獨裁」的論爭的焦點還是「建國」的方式，還沒向更遠一步發展，所以在輿論界「憲法—富強」觀念沈寂。

新中國成立後，「憲法—富強」觀再次出現在憲法文本中，要探究其中的原因要從認識中國共產黨的憲法和憲政觀念開始。中國共產黨早期對憲政的看法，可以引述毛澤東1940年《在延安各界憲政促進會成立大會的演詞》來表述：

> 憲政是什麼呢？就是民主政治。……但是我們現在要的民主政治，是什麼民主政治呢？是新民主主義的政治，是新民主主義的憲政。它不是舊的、過了時的、歐美式的、資產階級專政的所謂民主政治；同時，也還不是蘇聯式的、無產階級專政的民主政治。……什麼是新民主主義的憲政呢？就是革命階級聯合起來對漢奸反動派的專政。……世界上歷來的憲政，不論是英國、法國、美國，也不論是蘇聯，都是在革命成功有了民主事實之後，頒布一個根本大

〔註98〕陳之邁：《論憲法的目的》，載《民族雜誌》第5卷第5期（1937年），第795～876頁。

〔註99〕胡適：《我們能行的憲政與憲法》，載《胡適文集》（第十一卷），北京大學出版社1998年版，第770頁。

〔註100〕蕭公權：《憲政與民主》，清華大學出版社2006年版，第26頁。

〔註101〕蕭公權：《憲政與民主》，清華大學出版社2006年版，第35頁。

法，去承認它，這就是憲法。〔註102〕

在毛澤東的視野裏，民國政府頒布的多部憲法都是「假東西」，「英、法、美等國的憲政」，「實際上是吃人政治」，是中國頑固派的憲政，「不過是『掛羊頭賣狗肉』」。〔註103〕要真正實現憲政必須要爭民主，在當時必須先向國民黨政府爭民主——革命是為了爭民主，以求實現憲政。毛澤東在這裡把「憲政」和「民主政治」聯繫起來，是以一種合法的方式向國民黨政府施加政治壓力。〔註104〕而革命完成後，憲法不過是對革命主權的一個承認。當然，承認的主體就是建立新政權的革命力量——中國共產黨。既然舊政權沒能讓國家擺脫貧窮落後和「半封建半殖民地」的處境，實現富強，那麼通過革命建立的新政權就繼續肩負著推動國家富強的使命和任務，如果實現了富強（或要實現富強），那麼革命建立的新政權就是正當的，統治也具有了合法性。換而言之，實現富強是對革命建立的新政權正當性之維護。

另一方面，1949年新中國成立後，之所以要繼續強調「憲法—富強」觀也與新政權的屬性有關，中國共產黨是一個革命黨，有著遠大的革命理想。1954年7月15日，劉少奇在在第一屆全國人民代表大會第一次會議上發表的《關於中華人民共和國憲法草案的報告》中說：「我們現在提出的憲法草案乃是對於一百多年來中國人民革命鬥爭的歷史經驗的總結，也是對中國近代關於憲法問題的歷史經驗的總結。」〔註105〕而在五四憲法序言的敘述裏，中國革命經過一百多年，終於在共產黨的帶領下完成了革命。中國共產黨帶領中國人民建立的「中華人民共和國」，乃是中國一百多年來革命的最終成果，

〔註102〕毛澤東：《新民主義的憲政》，載《毛澤東選集》（第二卷），人民出版社1952年版，第690～691、693頁。憲政並不是共產黨當時的政治目的，而僅僅是一種宣傳手段，毛澤東此次講話是為了迎合當時重慶第三方所發起的憲政運動。參見鄧野：《聯合政府與一黨訓政》，社會科學文獻出版社2003年版，第32～37頁。

〔註103〕毛澤東：《新民主義的憲政》，載《毛澤東選集》（第二卷），人民出版社1952年版，第694頁。關於憲政就是民主政治的論述在民國時期較多，比如國民黨宣傳家葉青也說：「民主政治為立憲政治，簡單說來為憲政」。參見葉青：《革命與憲政》，載《華僑先鋒》，第10卷第1～2期（1948年），第6頁。

〔註104〕中共及其領導人之所以使用這樣的策略是因為國民黨正「通過對『憲政』話語的控制與壟斷來消解民主訴求」。參見林來梵、褚宸舸：《中國式「憲政」概念的發展史》，載《政法論壇》2009年第3期，第45頁。

〔註105〕劉少奇：《關於中華人民共和國憲法草案的報告》，載許崇德（主編）：《中國憲法參考資料選編》，中國人民大學出版社1990年版，第43頁。

是中國近百年來所有革命的代表和總結者，擔負著近代中國革命的偉大使命。
〔註106〕1949 年之前舊中國的革命並沒有使國家實現「富強」，因而「富強」
必須是新中國擔負的革命使命中的重要部分。所以毛澤東在關於五四憲法草
案的講話裏說，五四憲法草案的目標就是「要團結全國人民，要團結一切可
以團結和應當團結的力量，為建設一個偉大的社會主義國家而奮鬥」。具體地
說，「偉大的社會主義國家」是要「實現社會主義工業化，要實現農業的社會
主義化、機械化」，能製造各種較高級交通、軍事的工業產品，簡而言之，就
是實現富強。〔註107〕而新中國制憲「體現了意識形態的主導性」，〔註108〕主
流觀點認為「憲法是社會的上層建築的一部分；憲法是統治階級意志的體現，
是統治階級的工具；憲法反映了階級力量的對比關係，」〔註109〕因而制憲過
程特別強調了憲法的「政治性」，憲法只是歷史必然性的一環，「受外部的『階
級力量對比關係』和內在的『經濟基礎』的制約」，〔註110〕因此常常是對當下

〔註106〕五四憲法序言稱：「中國人民經過一百多年的英勇奮鬥，終於在中國共產黨領
導下，在 1949 年取得了反對帝國主義、封建主義和官僚資本主義的人民革
命的偉大勝利，因而結束了長時期被壓迫、被奴役的歷史，建立了人民民主
專政的中華人民共和國。」1954 年 9 月，林伯渠在第一屆全國人民代表大會
第一次會議上說：「這個憲法，是一百多年來，尤其是近三十多年來，中國人
民反對帝國主義、封建主義和官僚主義的革命勝利的總結，是我國通過和平
的道路建設成社會主義的保證。」全國人大常委會辦公廳聯絡局（編）：《中
華人民共和國憲法及有關資料彙編》，中國法制出版社 1990 年版，第 199 頁。
〔註107〕參見毛澤東：《關於中華人民共和國憲法草案》，載《毛澤東選集》（第五卷），
人民出版社 1977 年版，第 30～31 頁。亦參見毛澤東：《在資本主義工商業
社會主義改造問題座談會上的講話》，載《毛澤東文集》（第六卷），人民出
版社 2004 年版，第 495～496 頁。
〔註108〕李忠夏：《從制憲權角度透視新中國憲法的發展》，載《中外法學》2014 年第
3 期，第 626 頁。
〔註109〕吳家麟（編著）：《憲法基本知識講話》，中國青年出版社 1954 年版，第 13
～17 頁；王珉、王叔文：《憲法基本知識講話》，中國青年出版社 1962 年版，
第 8～12 頁。王叔文等：《憲法講話》，湖北教育出版社 1984 年版，第 1～2
頁、第 6～14 頁。
〔註110〕李忠夏：《從制憲權角度透視新中國憲法的發展》，《中外法學》2014 年第 3
期，第 626～627 頁。王珉、王叔文認為：「隨著建設社會主義各個不同時期
的階級力量對比關係的變化，社會主義類型憲法也發生變化」，「憲法對經濟
基礎的鞏固和發展，有著積極的作用。……憲法的產生，都是由經濟基礎所
決定，並反過來又為經濟基礎服務，幫助經濟基礎的形成、鞏固和發展」。
王珉、王叔文：《憲法基本知識講話》，中國青年出版社 1962 年版，第 8 頁、
第 11 頁。

政策的總結，〔註111〕所以會把作為黨和國家使命的富強及相關的經濟政策寫入憲法文本之中。

進而言之，新中國成立後，面對舊政權留下「一窮二白」的現狀，革命不僅是國家和社會整合的意識形態資源，還是新政權和社會改造的合法性的重要來源，所以歷次憲法文本中都有革命敘事。1949 年《共同綱領》中出現「革命」一詞 17 次，五四憲法中出現 6 次，七五憲法中出現 25 次，七八憲法中出現 39 次，八二憲法中出現 8 次，1999 年修正後出現 7 次。而中國共產黨所引領的這個革命是延續著辛亥革命以來的革命傳統，是在完成整個革命傳統的任務，包括民族獨立、國家富強等等，因此即便是七五憲法和七八憲法這兩個「以階級鬥爭為綱」的憲法，也要寫入與富強相關的內容。

而到八二憲法頒布時，大躍進和「文化大革命」等歷史事件在一定程度上破壞了革命意識形態合法性，加之改革開放以後意識形態控制相對放鬆，「實事求是」和「實踐是檢驗真理的唯一標準」提出，為革命和舊的意識形態祛魅，也使得革命帶來的合法性進一步消退，政權的合法性來源與國家和社會的整合方式都隨之發生改變，其中重要的一個變化是革命合法性轉變為績效合法性，〔註112〕用經濟績效給政權統治帶來合法性，促進國家和社會的整合。經濟發展、國家富強又是績效合法性的主要方面，所以新中國成立後各部憲法都展現了「憲法—富強」觀，並把富強寫入憲法及修正案，憲法中也有許多詳細的經濟政策類的條款，〔註113〕因為這樣不僅可以從革命意識形態和經濟績效中獲取合法性，而且可以凝聚全國人民的力量，塑造人民對國家的認同。

四、結語

從 19 世紀後期開始，中國知識人普遍認識到中國的全面性危機，並開始

〔註111〕 參見 William C. Jones, The Constitution of the People's Republic of China, *Washington University Law Quarterly*, Vol. 63, No. 4 (1985), pp. 707～735；蔡定劍：《歷史與變革：新中國法制建設的歷程》，中國政法大學出版社 1999 年版，第 268 頁。

〔註112〕 關於中國政治從「意識形態合法性」向「績效合法性」的轉變，參見楊宏星、趙鼎新：《績效合法性與中國經濟奇蹟》，載《學海》2013 年第 3 期。

〔註113〕 張千帆認為憲法是社會契約，不是普通的法律，因而不應該規定較為詳細的經濟政策。對中國來說「每次重大的經濟改革都需要獲得憲法授權，不但有可能阻礙了改革的步伐，而且頻繁修憲也將削弱憲法的穩定性和權威性。」張千帆：《憲法不應該規定什麼》，載《華東政法學院學報》2005 年第 3 期。

探求變革之道，希望把中國建設成為一個富強的國家。開始他們注意到的只
是器物，漸漸發現更重要的是政治制度、法律制度。議院受到了知識人的普
遍重視，進而注意到更高級的憲法與立憲政治制度。以西方國家為參考，知
識人提出了立憲政治可以使中國富強的觀點，這種觀念延續了百餘年（雖然
中間略有沈寂）。從世界各國的發展經驗來看，憲政和富強之間並沒有短期的
因果關係，〔註114〕中國近代以來的知識人和政治勢力已經注意到憲政的各個
方面，他們刻意闡述的「憲法—富強」觀只是憲政論述的表層或一方面，在
這背後和深層次裏隱藏著更複雜的政治和法理意涵。清末的官員和知識人中，
不少人相信「憲法—富強」觀，但很多人是借此論證實行立憲政治的必要性，
說服清廷實行立憲政治；到民國時期，已經有孫中山設定的憲政發展路徑，
再無須論證實行憲政必要性，所以「憲法—富強」觀沈寂；中華人民共和國
時期「憲法—富強」觀重現，是新的革命政權為了凝聚全國人民，給革命政

〔註114〕 富強可以簡要地視為經濟發達與國家能力強大。就憲政對經濟的作用來說，
根據王建勳對英國、美國、日本、澳大利亞、瑞士等國的統計研究，憲政確
實能促進一個國家的經濟發展，但是這種促進是一種長時期的效應，短期無
法實現。參見王建勳：《憲政與發展——一個初步考察》，載《洪範評論》（第
12輯），生活·讀書·新知三聯書店2010年版，第1～49頁。根據楊小凱
等人的研究，在短期來說，特別是一個國家剛剛轉軌進入憲政秩序的時候，
因為需要一個調適的過程，尤其在非西方國家從傳統政治向現代政治轉型的
過程中，人民、國家都要適應憲政這種現代化的政制，所以初期並不會立即
促進經濟發展，甚至還會阻礙經濟發展。憲政對經濟發展的促進作用需要長
期才能顯現出來。參見 Jeffrey Sachs、胡永泰、楊小凱：《經濟改革和憲政轉
軌》，載《經濟學》（季刊）2007年第4期。憲政對國家能力的作用與經濟一
樣，也需要一個較長期的過程。國家能力包括對內的國家能力，以及對外的
實力。國家能力與國家權力緊密相關，邁克爾·曼將國家權力分為基礎性權
力和專制性權力，基礎性權力即是國家能力。憲政的本旨在於分權和限制權
力，所以憲政的實行會降低國家的壓制能力，而憲政體制下的代議制和民主
參與可提高決策效率和政治合法性，可使政策執行力增強，即使國家能力增
強。而在對外方面，國家的強大或者說實力（power）可以分為硬實力（hard
power）和軟實力（soft power），前者指「迫使其他國家改變行為」的能力，
一般指軍事實力，後者指一國因「其他國家願意效仿自己或者接受體系的規
則，而在世界政治中實現自己預期的目標」。（美）約瑟夫·奈：《理解國際
衝突：理論與歷史》，張小明譯，上海人民出版社2005年版，第80頁。（該
譯本將 hard power 與 soft power 分別譯為硬權力和軟權力）。軟實力包括一
個國家思想文化的輸出，思想、意識形態、規則、信譽的影響力等。要提高
國際實力，基礎還是國內實力，需要多元活力的文化思想、科技創新能力等
作為基礎，這都需要憲政所構建的開放民主的政府體制。但這些也不可能一
蹴而就。

權提供合法性。因此知識人、政治家和其他憲政的鼓吹者們並非都是以工具主義的態度看待憲法，他們背後有更曲折的指向和內涵。這從一個側面反映了中國立憲道路的艱辛。如今中國崛起，富強的問題已經初步解決，所以學者提出要從「富強崛起」轉變為「文明崛起」，〔註 115〕不做「孤獨成長的大國」。〔註 116〕憲法和立憲制度可以為文明崛起做出什麼樣的貢獻，其中有歷史、經驗和時機等各方面的糾葛。這又是一個值得深思的問題，不過已經超出了本文的討論範圍。正如先哲黑格爾所言：「密涅瓦的貓頭鷹，要等到黃昏到來才會起飛。」

2017 年 8 月

〔註 115〕 參見許紀霖：《啟蒙如何起死回生：現代中國知識分子的思想困境》，北京大學出版社 2011 年版，第 390～403 頁。
〔註 116〕 參見許章潤：《國家理性與優良政體：關於「中國問題」的「中國意識」》，香港城市大學出版社 2017 年版，第 497～515 頁。

附錄二：20 世紀中國的憲法與革命

導論

　　現代成文憲法產生於美國革命和法國革命，從此以後，不論是民主國家，還是專制國家，都會有一部憲法。〔註1〕現代憲法的產生與革命緊密相關。革命這種劇烈的變革過程，不同於傳統社會的叛亂、起義和改朝換代，而是一種新型的劇烈政治變革。19 世紀後期，中國在受到西方的衝擊後，開始了漫長的學習和變革之路，革命雖然比西方發生的時間遲，但是同樣的劇烈而且更漫長，因此深刻地影響了中國的立憲過程。

　　亨廷頓認為：「革命是現代化所特有的東西」，〔註2〕因為革命「伴隨著政治、經濟社會秩序的大規模重建」，〔註3〕革命出現的時候傳統政制已經不能更好地治理現代化的社會，傳統型權威已經不足以維持政治的合法性，革命要建立一種不同於傳統社會的新政體，人們尋求一種理性化的權威，對政治統治和社會進行革新和重組。〔註4〕革命通過劇烈變革，來開創一個不同於傳

〔註1〕參見（德）迪特爾・格林：《現代憲法的誕生、運作和前景》，劉剛譯，法律出版社 2010 年版；（日）杉原泰雄：《憲法的歷史：比較憲法學新論》，呂昶、渠濤譯，社會科學文獻出版社 2000 年版。

〔註2〕（美）薩繆爾・P.亨廷頓：《變化社會中的政治秩序》，王冠華、劉為譯，上海人民出版社 2008 年版，第 20 頁。

〔註3〕（英）戴維・米勒、韋農・波格丹諾：《布萊克維爾政治學百科全書》，鄧正來等譯，中國政法大學出版社 2002 年版，第 656 頁。

〔註4〕阿倫特認為：「革命，確切說來，在現代以前並不存在，只有在最近的政治資料中，方可找到它們。」（美）漢娜・阿倫特：《論革命》，陳周旺譯，譯林出版社 2007 年版，第 2 頁。關於中國傳統的「革命」觀念，參見金觀濤、劉青峰：《觀念史研究：中國現代主要政治術語的形成》，法律出版社 2009 年版，第 366～369 頁。

統的新政體和社會局面，而憲法作為一個統合性及政治性法律，為國家和社會提供基本的規則和制度，是現代國家尋求法律合法性必不可少的文件，是對新規則和制度的確認，所以革命後必然要立憲。

革命是塑造近代中國政制與法制的主要動力之一，近代中國的國家建設和法制建設無不在革命的影響之下進行。革命的行為和意識形態形塑了近代中國的國家和社會。近代以來，革命後的建國或新政府的出現，必然伴隨著制憲或立憲，不論政府是否遵守他們制定的憲法。革命後憲法的基本作用有兩個：一是確認或建構新政權的合法性；二是為新政府設定政體或政府的組織大綱。法國革命、俄國革命、中國革命都是如此。那麼憲法是怎樣受革命影響而產生和運作的？二者之間的具體關係和相互作用又是怎樣？以往的研究並沒有給出明確的回答。本文的目的就是探討基於中國經驗的憲法與革命之關係。

（一）文獻綜述

關於 20 世紀中國的憲法與革命的關係，民國時期和改革開放以來已有一些分析和研究。民國時期，張知本認為憲法是「保證革命要求，記載革命要求之具」，而三民主義「已成為全國民眾之革命要求」，故三民主義應該寫入憲法；〔註 5〕張志讓論述了憲法為何是完成孫中山三民主義革命的「偉大工具」；〔註 6〕方堅認為革命時代已經完成任務，進入憲政時代後，國家必須「有常軌」；〔註 7〕寧墨公的文章主要是對民國制憲史的回顧；〔註 8〕葉青對這一問題也有所討論。〔註 9〕這些文獻多是時評和宣傳性文章。

改革開放後，普萊斯在他的文章中主要論述了宋教仁的憲法思想，宋的思想幾度轉變：從主張自上而下的英雄主義革命到主張自下而上「推進社會與政治上的公道」之革命，再到主張英國式的「憲法革命」；〔註 10〕劉篤才、歐愛民和吳青山、陳端洪、孟慶濤、張敏和黃凱都是具體分析了一部憲法與

〔註 5〕 參見張知本：《憲法與革命》，載《時事月報》第 9 卷第 7～12 期（1933 年）。
〔註 6〕 參見張志讓：《國父的革命理論與憲政》，載《憲政月刊》第 4 期（1944 年）。
〔註 7〕 參見方堅：《革命時代與憲政時代》，載《民憲》第 1 卷第 1 期（1944 年）。
〔註 8〕 參見寧墨公：《國民革命與憲法運動》，載《新中國》第 5 期（1945 年）。
〔註 9〕 參見葉青：《革命與憲政》，載《華僑先鋒》第 10 卷第 1～2 期（1948 年）。
〔註10〕 參見（美）普萊斯：《革命與憲法：宋教仁政治策略的發展》，載中華書局編輯部（編）：《紀念辛亥革命七十週年學術研討會論文集》（下），中華書局 1983 年版，第 2616～2630 頁。

革命的關係；〔註 11〕高全喜用西方政治思想和理論，〔註 12〕希望給出憲法與革命一個一般性解釋，進而用來分析中國問題，但是由於缺乏經驗論據，顯得過於武斷和簡略。

這些研究僅限於短時期的個案考察，並沒有對整個 20 世紀中國的憲法與革命進行宏觀性考察。一方面可能是因為研究 20 世紀中國憲法與革命這個題目被認為過於宏大，牽扯的問題太多，不好進入。另一方面，過於單方面的研究可能無法闡明這一問題，如果較廣的研究又有可能成為以往政治史和立憲史的重述，因此研究較少。本文希望嘗試對 20 世紀中國法制史與政治史中的憲法與革命的進行宏觀分析，以國家為視角探討憲法與革命的關係，以及兩次革命完成後制定的憲法規範及其效力、憲法對革命正當性的轉換與確認等問題，找到一個觀察中國 20 世紀法制史與政治史的獨特視角。

（二）相關概念

憲法是現代國家必不可少的法律文件，它是國家的最高法和基本法，規定政府權力的分配，規定人民的基本權利，保障人民的自由。現代憲法也是國家基本政治框架的提供者，惠爾認為從廣義上說憲法是「確立和規範或治理整個政府的規則的集合體」。〔註 13〕如果換個角度，用政治經濟學的公共物品（public goods）概念來看，憲法就是像公共物品一樣運作的一套制度，這些制度提供如何修改及解釋其他制度的規則。〔註 14〕雖然惠爾認為：「憲法說什麼是一回事，實踐中發生什麼是另一回事」，〔註 15〕但是本文預設論

〔註11〕 參見劉篤才：《中日近代憲政道路不同選擇的歷史約束條件——兼論中國近代憲政與革命的關係》，載《環球法律評論》2005 年第 2 期；歐愛民、吳青山：《憲法觀念的革命——從革命憲法到執政憲法》，載《湘潭師範學院學報（社會科學版）》2008 年第 6 期；陳端洪：《革命、進步與憲法》，載《法學研究》2004 年第 6 期；孟慶濤：《革命與秩序——以中國 1975 年憲法為例》，西南政法大學碩士學位論文，2005 年；張敏、黃凱：《憲法工具主義的困境——七五憲法的革命話語分析》，載《社會科學論壇》2010 年第 2 期。

〔註12〕 參見高全喜：《憲法與革命及中國憲制問題》，載《北大法律評論》2010 年第 2 期。

〔註13〕 （英）惠爾：《現代憲法》，翟小波譯，法律出版社 2006 年版，第 1 頁。

〔註14〕 參見 Jan-Erik Lane：《憲法與政治理論》，楊智傑譯，韋伯文化國際出版有限公司 2003 年版，第 183～185 頁。

〔註15〕 （英）惠爾：《現代憲法》，翟小波譯，法律出版社 2006 年版，第 4 頁。

及的憲法應該向「規範憲法」的方向發展，〔註16〕或者說在本質上憲法是為了實現憲政的。

革命是指「對一個社會的主導價值觀和神話，以及政治制度、社會結構、領導體系、政治活動和政策，進行一場急速的、根本的、暴烈的國內變革」。〔註17〕卡爾佛特在他的研究中則認為研究革命的模型對革命的描述都有四個特徵：突發的、暴力性質的、政治演替和變革；而「革命」一詞歧義重重的，一般指涉四個方面：過程、時間、計劃和政治神話。〔註18〕變革確實是革命中的重要因素，革命之過程也必然會有暴力。突發只是革命的發生，當革命變成了政治神話，突發性就再不是它的特徵。另外變革不僅是政治演替，也有社會變革。因此真正的革命或大革命必然既有政治變革又有社會變革。這也是巴林頓·摩爾不認為美國革命是革命的原因。革命也體現在對新政體的創制，也就是阿倫特所說的「創新性」。這裡也要區分革命（revolution）和革命性（revolutionary）。革命是指一個整體的過程，而革命性則是指某個事件具有革命的一些特性。

近代以來，「革命」一詞在不同的思想、政治語境中使用有不同所指，本文所討論的革命大多時候指「大革命」或「社會革命」（social revolution）。具體到中國，兩個典型的革命就是辛亥革命和中國共產黨建國的革命。兩者都具有政治演替、變革性和暴力因素，建政後更是塑造革命的神話，後者很長時間幾乎是以革命神話作為其立國之本。當然本文也會討論到許多革命性事件及相關政治人物的論述。

在憲法和革命兩個變量之外，國家是本文的重要概念。也就是說從憲法到憲政的過程，國家是最重要的基礎，而革命對憲法之作用就是發生在國家這個載體或制度內部，國家是場所（context）和背景（background），革命與憲法在影響國家的同時，也被國家塑造。從中國語境來講，國家就是政府及其控制的

〔註16〕羅文斯坦將憲法分為：規範憲法（normative constitution）、名義憲法（nominal constitution）和語義憲法（semantic constitution）。所謂規範憲法是指憲法有其運作的政治社會環境，「憲法的規範駕馭著政治過程；……權力運作也能『適應和服從』憲法規範」。參見林來梵：《從憲法規範到規範憲法：規範憲法學的一種前言》，法律出版社2001年版，第264～265頁。

〔註17〕（美）薩繆爾·P.亨廷頓：《變化社會中的政治秩序》，王冠華、劉為譯，上海人民出版社2008年版，第220頁。

〔註18〕參見（英）彼得·卡爾佛特：《革命與反革命》，張長東譯，吉林人民出版社2005年版，第19～20頁、第22頁。

機構部門，就是掌握公權力並承載中國這一理念的政治共同體，在本文中則表現為意識形態、行政和軍事等。憲法與革命的關係，就是通過國家這個場域來發生作用的。國家是革命的場所或者革命需要重整和改造的對象，而憲法的運行和實施必須在建設完備的國家基礎上。立憲本身也是國家建設的一個方面。滿清皇室、國民黨和共產黨以及它們所領導的政府無疑都在面對著國家建設的任務，建設一個完備強大的國家是他們的目的。對國民黨和共產黨來說，革命不僅是奪取政權並維護合法性的方式，也是國家建設的手段。這樣的思路與策略，也許事與願違，但是卻是中國20世紀政治變遷與發展的獨特境況。本文每節在討論憲法與革命之前，會討論該時期國家能力之強弱。

國家作為一個重要因素，就牽扯出如何衡量國家強弱的問題。本文借用 Davidheiser 對國家強度（能力）〔註19〕衡量的三個標準：國家對社會介入或滲透的深度；國家對社會介入的廣度；國家的自主性，即社會對國家介入的程度。〔註20〕這三個衡量標準從縱橫兩方面來衡量國家對社會干預的程度。國家對社會的介入是指國家對社會各方的控制和干預，而社會對國家的介入主要是指民眾的政治參與以及社會團體等社會力量對國家決策等方面所能產生的影響。強的國家介入並壓制社會，而弱的國家則被社會參與和介入。當然這並不是強調社會和國家的截然二分，只是一種分析的視角。在本文中，分析國家時在涉及意識形態、經濟、軍事的同時，還用這三個因素來衡量國家的強弱。

（三）方法討論

在國家的框架下，本文總體結構上用宏觀視角，把20世紀中國政治史看作一個整體，來分析憲法與革命的關係。因為 20 世紀中國的革命雖然有兩場，但卻是一個延續的過程，憲法和立憲也有一定的延續性。革命是一個持續的過程，因而影響憲法的不僅是革命運動，也是一種長期以來在思想界形成的一種意態（mood），〔註21〕在政治上成了一種意識形態（ideology）或神

〔註19〕為了討論方便並貼近本文的主題，本文所論的國家強弱程度主要是指邁克爾·曼所言的專制性權力（despotic power）。

〔註20〕Evenly B. Davidheiser, Strong States, Weak States: The Role of the State in Revolution, *Comparative Politics*, Vol. 24, No. 4 (1992), pp. 463～475.

〔註21〕參見羅志田：《士變：20世紀上半葉中國讀書人的革命情懷》，載《新史學》第 18 卷第 4 期（2007 年）。

話，〔註22〕進而從幾個方面對憲法產生影響。這一視角借鑒了歷史學和歷史社會學的方法。

法國年鑒學派歷史學家布羅代爾曾論述，由於受到社會科學方法的影響，以及新的歷史敘述方式中的「週期」、「態勢」、「間週期」等敘述方式和歷史時段本身中所具有的連續性等因素，歷史學家在像傳統上一樣關注「短時間」的同時，「長時段」也被歷史學家廣泛使用於研究中，並產生了一大批的研究成果。布羅代爾認為：「對歷史學家來說，接受長時段意味著改變作風、立場和思想方法，用新的觀點去認識社會。……長時段是社會科學在整個時間長河中共同從事觀察和思考的最有用的河道。」〔註23〕

20 世紀 70 年代，在美國興起了歷史社會學研究，因為這些歷史社會學家同時有歷史學和社會學學科背景，「長時段」得到廣泛應用，「基於時空來思考社會結構和過程的問題」被視為歷史社會學的主要特徵之一。〔註24〕著名歷史社會學家查爾斯‧梯利將其探討歷史社會學方法論的書命名為「大結構，巨過程，大比較」，〔註25〕很能體現歷史社會學研究方法的特徵。借鑒這種方法，本文把 20 世紀中國政治史看作一個「長時間」，用「巨過程」來分析憲法與革命的關係。

本文的自變量是革命，而受革命影響的社會、軍事、行政和意識形態等因素是中間變量。因變量是憲法（如表 1 所示）。本文的研究是一個對 20 世紀中國憲法和革命長時段的考察，自變量革命在這個時間段內不斷變化，憲法就是受到革命變化的作用而變化的。同時革命是憲法產生和變化的充分條

〔註22〕金觀濤、劉青峰認為中國傳統文化中已有革命的觀念，但中國現代的革命觀是中國傳統革命觀念對西方 revolution 觀念「選擇性吸收」的結果。經歷了三個階段：一、1898 年以前「對西方革命觀念的選擇性吸收」；二、1898 年到 1915 年「對西方現代思想的學習和逆反價值注入傳統觀念的結構」；三、新文化運動後期，「革命的各種意義重新依據某種模式整合為一種整體」。參見金觀濤、劉青峰：《觀念史研究：中國現代主要政治術語的形成》，法律出版社 2009 年版，第 398 頁。亦參見陳建華：《「革命」的現代性：中國現代革命話語考論》，上海古籍出版社 2000 年版。

〔註23〕（法）費爾南‧布羅代爾：《資本主義論叢》，顧良、張慧君譯，中央編譯出版社 1997 年版，第 182、202 頁。

〔註24〕（美）斯考切波：《社會學的歷史想像力》，載斯考切波（主編）：《歷史社會學的視野與方法》，封積文等譯，上海人民出版社 2007 年版，第 2 頁。

〔註25〕Charles Tilly, Big Structures, Large Processes, Huge Comparisons, Russell Sage Foundation Publications, 1989.

件，而不是充分必要條件。另外，革命是自變量，那麼革命本身又是從何而來？在本文的視野裏，革命產生於清末，其產生有政治、經濟、文化等原因，也有斯科克波所闡述的結構和國際關係等因素，但是在革命產生以後，它本身已經形成了它的發展理路。而本文則是以這個革命形成以後的動力作為自變量的，所以革命的起源問題不在本文的討論範圍之內。

表 2　本文的因果機制

自變量	中間變量	因變量
革命	意識形態 行政、軍事 經濟、社會	憲法

　　從另一方面看，本文屬於社會科學的案例研究，將 20 世紀中國的憲法和革命看作一個案例，在這個案例中則含有三個階段，或者說三個子案例。社會科學的研究要得出一個普適性的結論，案例的選擇對研究的結果有決定性影響，如果案例選擇不適當，就有可能得出與事實完全相反的結論。〔註 26〕那麼本文所研究的僅是中國的情況，是否可以得出可靠的結論？本文可以算作「解釋性個案研究」，〔註 27〕介於因果解釋（explanation）和意義闡釋（interpretation）之間，〔註 28〕希望能對現有理論起到補充作用。通過個案的定性分析與解釋，或許並不能得出一個關於憲法和革命相互關係和作用的普適性結論，而只能通過對這兩個因素在中國 20 世紀發展的分析，得出憲法和革命之間關係及相互如何影響的一種可能性的結論，並與相關理論對話。

（四）文章結構

　　20 世紀中國有兩次革命，但有一個長期的革命性過程，而革命與憲法的

〔註 26〕 Barbara Geddes, How the Cases You Choose Affect the Answers You Get: Selection Bias in Comparative Politics, *Political Analysis*, Vol. 2 (1990), pp. 131 ～150.

〔註 27〕 關於個案研究的意義，參見王紹光：《比較政治學：方法論分析》，載鄭宇碩、羅金義（主編）：《政治學新論：西方學理與中國經驗》，香港中文大學出版社 1997 年版，第 109～128 頁。

〔註 28〕 關於因果解釋和意義闡釋，參見彭玉生：《社會科學中的因果分析》，載《社會學研究》2011 年第 3 期；王天夫：《社會研究中的因果分析》，載《社會學研究》2006 年第 4 期。

關係相應地可以分為三個時期：晚清、民國和中華人民共和國時期。本文根據三個不同時期的特點，以不同側重點來分析憲法與革命的關係，共分為四個部分。第一部分，主要通過對憲法之統合功能（integration by constitution）之理論，及相應的國家之統合功能，分析晚清立憲與革命的關係；第二部分，基於國家建設（state-building），分析民國時期，作為意識形態的革命與憲法和立黨的關係，以及這種情況下「在野革命」對中國憲法和政治所產生的影響；第三部分，基於對憲法文本的分析，評述中華人民共和國時期，憲法與革命的關係；第四部分做出簡要結論並進行理論探討。

　　本文之所以對中國 20 世紀憲法與革命整體框架內的三個階段運用三種不同的方式來分析，其原因在於，這三個階段雖然有延續性和內在理路，但是政治狀況迥異。晚清時期，清廷希望憲法用來應對革命，用立憲來緩解革命，保存清王朝的統治。所以要分析國家統合之下憲法本身所能產生的統合效力與革命的關係。民國時期，國家機構尚未成熟，革命作為意態和行動阻礙了國民政府進行國家建設的進程，未能為憲政發展提供穩定的政治環境，所以注重對政治事件和憲法環境的分析。而到了中華人民共和國時期，憲法沒有運行起來，但是憲法卻作為政治宣言書而存在，在憲法裏體現了國家政策的變化、中國共產黨的意識形態與政治狀況，〔註29〕所以用憲法文本分析。

一、晚清的立憲與革命

　　19 世紀末，在西人用堅船利炮打開中國大門之前，清王朝已經開始走向衰落。在內外雙重危機之下，新政和立憲是清政府不得已的選擇。因為改革和立憲產生了政治鬆動，革命和其他各種社會動員也隨之而起。晚清時期，國家可以滲透到國家的底層，但是國家在底層的權力不僅被削弱而且變形。在國家權力的廣度上來說，在名義上國家管理著社會的各個方面，但是晚清官民的心態都發生了變化，同時由於租界等的存在，在社會的輿論、集體行動上國家幾乎失去了控制。而在社會對國家的反作用一方，傳統的科舉被取

〔註29〕1949 年後中國憲法之政治特性，參見 William C. Jones, The Constitution of the People's Republic of China, *Washington University Law Quarterly*, Vol. 63, No. 4 (1985), pp. 707～735；強世功：《中國憲法中的不成文憲法：理解中國憲法的新視角》，載《開放時代》2009 年第 12 期。這可能是所有社會主義國家憲法的一貫特徵，陳之邁論述的蘇聯憲法也如此，他認為民國憲法亦受到影響。參見陳之邁：《論憲法的目的》，載《民族雜誌》第 5 卷第 1～6 期（1937 年）。

消，一大批基層知識人成了無所事事的游民，而留學東洋學習法政成了進入仕途的捷徑，這些留學東洋接觸革命思想的青年進入軍隊、基層政府或諮議局，客觀上有助於革命的產生。綜上所述，晚清的國家是一個很弱的帝國。

（一）《欽定憲法大綱》

庚子拳亂之後，面對內外交困的局面，清廷宣布要實行「新政」。首先進行官制改革，希望改變中央與地方陳舊的官僚體制。繼而派大臣出洋考察憲政。1908 年 8 月 27 日，憲政編查館、資政院奕劻、溥倫等上奏清廷憲法議院選舉法等綱要，以及議院未開以前逐年應行籌備事宜，當日清廷發布《九年預備立憲逐年推行籌備事宜諭》《憲政編查館資政院會奏憲法大綱暨議院法選舉法要領及逐年籌備事宜摺》，〔註 30〕宣布了九年的預備立憲日程表，表示要在第九年正式頒布欽定憲法，舉行國會選舉。這九年期間將「各項籌備事宜一律辦齊」。同日也公布了《欽定憲法大綱》等與憲政相關的法律綱要。

《欽定憲法大綱》完全模仿了日本《明治憲法》，內容與明治憲法相差無幾，在很多地方比明治憲法要有所倒退，比如它規定的皇權要比明治憲法大的多。〔註 31〕《欽定憲法大綱》大綱主要有兩方面的內容：首先，規定了全權的「君上大權」。皇帝在司法、立法、行政和軍事等領域都有最高的權威。其次，規定了一定程度的「臣民權利和義務」。「臣民」有法律規定的政治自由，非經法律途徑不得剝奪臣民的自由，臣民的財產權受到法律保護，臣民有納稅和遵守國家法律之義務。從臣民權利的角度來說，《欽定憲法大綱》的規定雖然粗略，但基本上符合現代憲法的內容要求。不過與前面的至高無上的君權比起來，實在無法讓人相信這些權利能否得到保障。由此看來這個憲法大綱並不是一個立憲民主意義上的憲法，而是一個開明專制式的、名義上的憲法。

《欽定憲法大綱》的制定是清廷政治改革的一個突破。清廷所面對的問題是要在對外增加國家實力，使國家強盛，不受西人之侵略，對內制止革命

〔註 30〕這兩個文件的全文見夏新華、甘正氣（編）：《近代中國憲政歷程：史料薈萃》，中國政法大學出版社 2004 年版，第 123～127 頁。下引晚清及民國憲法文件皆據該書。

〔註 31〕對《欽定憲法大綱》和《大日本帝國憲法》的詳細比較見高旺：《晚清中國的政治轉型：以清末憲政改革為中心》，中國社會科學出版社 2003 年版，第 200～203 頁。更詳細的背景資料可參陳豐祥：《日本對清廷欽定憲法之影響》，載《國立臺灣師範大學歷史學報》第 8 期（1980 年），第 313～355 頁。

的浪潮和反對聲音。憲法是現代國家體制的組織大綱，優良的憲法可以把不同的觀點統合在一個國家之中。憲法這種法律化的統合作用的獨特性在於，它不至於讓不同政見的人士存在和政治參與的擴大而顛覆了原有政體。因為國家樹立的憲法權威，可以讓憲法的權利條款也能保障反對派政治參與，但反對和政治參與都必須符合憲法和法律。這就是亨廷頓所說的政治制度化的作用。這樣憲法既可以吸納不同的政治觀點，達到民族國家之統合，又可以防止革命的發生。〔註32〕對於憲法的統合功能，迪特爾·格林認為：

> 一部憲法只有體現了一個社會的基本價值體系和期望，並且社會能感覺到憲法準確地反映了這些它認同並是它獨特性格淵源的價值，那麼這部憲法才會有統合效力（integrative effect）。〔註33〕

在晚清，革命派的視野裏清廷這個異族的統治是中國不得強盛的主要原因，所以他們要推翻清廷，重新建立一個新國家。〔註34〕面對這種革命浪潮，清廷能做的是通過憲法把他們吸納進整個政治體系之中，然後用政治的妥協來讓這些反對派看到，不推翻清王朝也可以使中國富強。但是《欽定憲法大綱》並沒有體現當時社會的變化，並吸納不同的反對勢力，而是通過法律的形式確定了「萬世一系」的清王朝。這與憲政基本的「權力分立」原則正好相反，大綱既不能體現「社會的基本價值體系和期望」，又沒有起到統合作用。而對影響民族國家統合最為棘手的民族問題，《欽定憲法大綱》未做出回應。革命派的種族革命論仍有其事實與道義的正當性。

革命派主張革命的主要原因是認為清廷立憲只為保全統治，而非國家人民利益。1908 年初，革命派的《民報》曾發表《預備立憲之滿洲》一文，對清廷立憲上諭大加撻伐：「胡逆無賴，假借立憲之空名，以塗飾天下之耳目」，〔註35〕作者對晚清的預備立憲上諭提出的立憲計劃，提出四點批評：（1）立

〔註32〕參見 Dieter Grimm, Integration by Constitution, *International Journal of Constitutional Law*, Vol. 3 No. 2～3 (2005), pp. 193～208; Günter Frankenberg, Tocqueville's Question: the Role of a Constitution in National Integration, *Ratio Juris*, Vol. 13, Issue 1 (2000), pp. 1～30。

〔註33〕Dieter Grimm, Integration by Constitution, *International Journal of Constitutional Law*, Vol. 3 No. 2～3 (2005), p. 199.

〔註34〕革命派的相關主張，參見金欣：《論晚清立憲中的內在矛盾》，載《人大法律評論》2010 年第 1 期，第 150～154 頁。

〔註35〕闕名：《預備立憲之滿洲》，載張枬、王忍之（編）：《辛亥革命前十年時論集》（第三卷），生活·讀書·新知三聯書店 1977 年版，第 36 頁。

憲將會擴張滿族政治上的特權；（2）立憲將會鞏固滿族軍事上的實力；（3）立憲「遏絕漢族之民氣」；（4）立憲擴張滿族的生計。最後他總結說：「美其名曰預備立憲，而實則遵循弘曆、玄燁之遺策而屬行之耳。」《欽定憲法大綱》不幸在某種程度上印證了該文作者的推測。《欽定憲法大綱》頒布後不久，主張種族革命的章太炎這樣評論：「不為佐百姓，亦不為乂保國家，惟擁護皇室尊嚴是急。……嗚呼！虜廷之疾已死不治，而欲以憲法療之，憲法之疾又死不治，持脈寫聲，可以知其病態矣。」〔註36〕

　　1908 年前，海內外的革命勢力已經整合成了統一革命組織同盟會，並在國內組織了多次武裝暴動。〔註37〕雖未成功，但造成了很大的影響。各地無組織的農民起義也時有發生。對革命派來說，《欽定憲法大綱》給了他們進行暴力革命更多的正當性，因為他們認為中國政治腐敗的原因是清王朝的異族統治，但是《欽定憲法大綱》不但未能統合他們的觀點與行動，反而十足地證明了清廷沒有改革的誠意，不過是維護自己的統治而已。這也驗證了革命勢力的種族主義革命理論，以及在革命和改良的論戰中革命派所持的革命強國論。

　　1910 年梁啟超以「滄江」為筆名在《國風報》發表了《立憲九年籌備案恭跋》一文，從省制、責任內閣、中央地方官制、稅務、法律制定到實施的時間、旗制等多方面，批評九年為期實行憲政的政策不切實際，並指出許多政治設計的失誤，他擔心清廷這些政策和承諾如果不能實現，就會使人民失去對它的信任。對立憲派來說，這個憲法大綱和九年立憲的期限並不是他們所希望得到的結果，他們要求廣泛的政治參與。因此，梁啟超在文章中說憲法大綱不過是「塗飾耳目，敷衍門面」罷了。〔註38〕立憲派發起了三次聲勢浩大的請願運動。1910 年，清廷迫於壓力將立憲期限縮短為四年。但是這樣不明確的結果和承諾，讓立憲派政治參與的意願沒有得到滿足，使其內部產生了分裂，很大一部分轉向革命。〔註39〕1911 年 5 月，清廷卻在人們的期待中組成了一個「皇族內閣」，這也進一步激化了革命。

〔註36〕章太炎（太炎）：《代議然否論（附虜憲廢疾六條）》，載張枬、王忍之（編）：
　　　　《辛亥革命前十年時論集》（第三卷），生活・讀書・新知三聯書店 1977 年
　　　　版，第 100～101 頁。

〔註37〕參見李劍農：《中國近百年政治史》，復旦大學出版社 2007 年版，第 240～245
　　　　頁。

〔註38〕參見梁啟超（滄江）：《立憲九年籌備案恭跋》，載《國風報》第 1 期（1910 年）。

〔註39〕參見張朋園：《立憲派與辛亥革命》，吉林出版集團有限責任公司 2007 年版。

美國政治學家羅素・哈丁認為：「一部成功的憲法可能做的，最多是尋求在廣泛共享的一套有限的價值觀基礎上協調大眾。」〔註40〕《欽定憲法大綱》沒有在最大的可能性下尋求共識，而是一意孤行地模仿日本憲法，旨在維護滿清統治者自身利益，塑造一種開明專制的國家體制。既不能統合極端派——革命派的政治觀點，也不能統合溫和派——立憲派。所以它不僅沒有起到統合革命和不同政見的效果，反而在一定程度上製造了分裂，激化了革命。

（二）《憲法重大信條十九條》

1911 年 10 月 10 日，武昌起義爆發。各地諮議局中的立憲派紛紛倒向革命。江西、雲南等省宣布獨立。未獨立地區官員和中央大員也向清廷施壓，要求實行真正的憲政。在革命的背景下，10 月 29 日，軍人張紹曾和藍天蔚發動兵諫，提出十二條綱領，要求清廷以此來實行憲政。張、藍說：

> 竊臣等伏讀連日詔敕，武昌不守，大軍南下，驚心動魄，以為世界革命之慘史，行將複演於國中，彌漫而未有極也。伏維此次變亂起原，其肇因雖有萬端，消（歸）納言之，政治之無條理，及立憲之假籌備所產生之結果耳。……曠觀地球各國革命歷史，經政府一度之殺戮者，其革命之運動愈烈，其國家之危亡愈迫，其君主之慘禍愈甚。〔註41〕

所以他們代表軍隊要求政治改革：

> 皇位之統宜定，人民之權利宜尊，軍隊之所用宜明，國會之權限宜大，內閣制責任宜專，殘暴之苛政宜除，種族之界限宜泯，而歸本於改定憲法，以英國之君主憲草為準的。〔註42〕

此奏摺不一定是張紹曾和藍天蔚所作，但無疑表達了他們的觀點，也能代表當時很多人的態度。他們認為立憲可以消解革命，免除革命對國家的傷害。政治無條理、假立憲，是導致革命的主要原因，如果清廷一味壓制，結果將不堪設想。而通過立憲，憲法可以「明示政綱，以箝黨人之口」，進而阻止革命。他們甚至預想到政體變革後，革命黨參與政治會影響權貴們的私人利益。這種

〔註40〕（美）羅素・哈丁：《自由主義、憲政主義和民主》，王歡、申明民譯，商務印書館 2009 年版，第 7 頁。

〔註41〕夏新華、甘正氣等編：《近代中國憲政歷程：史料薈萃》，中國政法大學出版社 2004 年版，第 146～147 頁。

〔註42〕夏新華、甘正氣等編：《近代中國憲政歷程：史料薈萃》，中國政法大學出版社 2004 年版，第 147 頁。

通過立憲革命平息革命派，並吸納他們進入當下體制的觀點，頗有「憲法統合」的意味。李劍農認為，張、藍二人本意是提出一些清廷難以接受的「最高度的立憲條件」，如果清廷拒絕，他們就立即起兵。〔註43〕但是出乎他們意料的是這些要求卻得到清廷的積極響應。11月3日，資政院按照張、藍兩人提出的12條建議，擬定了《憲法重大信條十九條》，8日由資政院選舉袁世凱為總理大臣，並公布了內閣名單。當時社會的風向已經大變，立憲派大員張謇轉向支持共和，在16日請辭內閣農工大臣時認為，君主立憲已經不適合中國，「與其殄生靈以鋒鏑交爭之慘，毋寧納民族於共和主義之中，必如是乃稍為皇室留百世禋祀之愛恨，乃不為人民遺二次革命之種子」。〔註44〕

《憲法重大信條十九條》是革命爆發後清廷做出最大妥協之產物，它主要針對的是皇權和皇族。它雖然規定了「大清帝國皇統萬世不易」、「皇帝聖神不可侵犯」，但同時規定「皇帝之權，以憲法規定者為限」。這樣對皇權的實質性限制，使之僅有象徵性權力，是君主立憲政體所必備的要素。因為在憲法大綱頒布後，出現過皇族內閣，《憲法重大信條十九條》專門規定「皇族不得為總理大臣及其他國務大臣並各省行政長官」，正式實行責任內閣制。因為其主旨在政體改革，主要針對的是皇權和皇族，所以並沒有人民權利的條款。

《憲法重大信條十九條》限制皇權的成分更大，更具有君主立憲政體憲法的特徵，它接受了立憲派提出的君主立憲要求。但是此時革命已經一發不可收拾，各省獨立，軍閥四起，憲法實施的基本條件——統一的政局（哪怕是形式上）已經不存在。《憲法重大信條十九條》成了一紙空文，風雨飄搖的清王朝已經無法用這個憲法文件來統合更多的反對勢力，進而完成國家轉型。革命最終顛覆了清王朝，政治改革與立憲之路在革命的疾風驟雨中無果而終。

（三）小結

20世紀初，清王朝面對空前的內外危機，啟動了自上而下的政治改革，立憲是主要的方面。清廷的目的在於通過自上而下的改革，緩解內部矛盾，制止革命和其他各種反對勢力；對外則希望通過政治改革達到富強的目的，使國家統治更穩固，從而擺脫弱國的地位。

改革前的清王朝仍是傳統的帝國，革命等內外危機的壓力讓清廷頒布憲

〔註43〕參見李劍農：《中國近百年政治史》，復旦大學出版社2007年版，第279頁。
〔註44〕轉引自荊知仁：《中國立憲史》，聯經出版事業有限公司1983年版，第156頁。

法，清廷也寄希望於通過立憲，自我轉變為現代政體——君主立憲政體。但清帝國是傳統型的政體，依靠儒家學說論述自己的合法性，並以科舉制度來整合知識階層，不存在政治參與問題。通過立憲塑造一個君主立憲制的民族國家，不僅可以完成國家結構的轉變，還可能通過新的國家形式統合革命與反對勢力。因為立憲政體的優點在於用憲法塑造一種政治認同，用憲法下的代議制等手段來統合不同的政見和政治勢力於一個國家之中，給他們合法的表達不同意見的渠道，並提供政治參與的機會，進而防止革命的發生。君主立憲是君主與其他政治力量的妥協，在君主和反對派都做出讓步的情況下，將傳統政體轉變成現代政體。

晚清立憲的困局在於（圖1）：清政府頒布的兩部憲法（大綱）沒有能反映社會的期望，進而未能統合革命和不同的反對勢力、利益階層，使立憲的社會動員倒向革命，革命最終推翻了清王朝統治。另外，國家較弱，無法控制變動的政局，革命浪潮蔓延全國，弱國家在轉型的過程中崩潰，立憲運動被迫終止，再頒布的憲法十九條也沒有起到應有的作用。

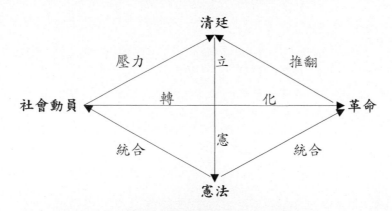

圖 1：清末憲法與革命的局勢

二、中華民國時期的革命與立憲

革命使清王朝滅亡，新的民國誕生。國民黨不但沒有放棄革命，而是繼續持革命宗旨，通過革命塑造黨的地位和合法性。在國民黨內，已經轉變為政治官僚的革命派們繼續進行革命，在民間和思想界，革命思想也很有市場。但此時的革命已經不僅僅停留在革命派政治人物的行動上，而形成了一種社會思潮。共產黨也是以革命的名義反抗國民黨統治。這是民國時期憲法產生的大政治環境。

（一）未竟的共和國

民國成立之初，南北和談，清帝退位。不久袁世凱奪權，繼而進入軍閥混戰的局面。袁氏當權時，革命後獨立的各省在財政、軍事和官員任免多方面都有自主權，再加上南北不同的政府，因此國家尚未真正統一。軍人在當時社會之影響提升，中國社會由清末的紳軍政權，變成了「軍紳政權」。〔註45〕在國民黨北伐之後，蔣介石與地方軍閥談判，給予他們半獨立地位，換取他們對南京國民黨政府的承認，國家完成了形式上的統一。這些新軍閥擁兵自雄，佔據一方，與國家和合作或衝突只因利益，缺乏對國家的效忠意識，〔註46〕中央政府也要依靠黨和派系來與地方建立關係或使之受命於中央。在財政和司法方面，各省軍閥依從中央政府，但他們拿走大部分資源和財政，從財政收入的增長來說，省政府要遠遠超過中央政府，〔註47〕這說明中央政府的權力經過省政府已經被大大地削弱，省政府對財政和社會的控制得到加強。

在基層的鄉村，國家廢除了傳統的宗族制度，對鄉村的榨取變本加厲。清末已經開始出現知識分子城市化，留在鄉村的傳統士紳和精英不願充當國家底層的機器，紛紛移居城市，而使鄉間的土豪劣紳、地痞等進入國家權力底層末梢，魚肉鄉里。國家權力擴張而產生了杜贊奇所稱的「國家政權內卷化」，即「國家政權無能力建立有效的官僚機構而取締非正式機構的貪污中飽——後者正是國家政權對鄉村社會榨取的必然結果。」〔註48〕而這種國家權力的擴張是通過省政府一層而實現的，這一方面削弱了國家對基層的控制，也讓基層出現了前所未有的混亂。

從國家的縱向來說，理論上國家退出了一些部門，各地軍閥有其自主性，社會的言論自由和結社自由比較大。而在國家對社會介入的深度上，國家對鄉村的控制要經過省一級，而且國家打破了傳統士紳配合中央治理的局面，使鄉村出現了「無政府狀態」。在社會對國家的介入方面，比晚清有所收縮，讀書人

〔註45〕參見陳志讓：《軍紳政權：近代中國的軍閥時期》，廣西師範大學出版社2008年版。
〔註46〕參見徐中約：《中國近代史》（下冊），計秋楓、鄭會欣譯，香港中文大學出版社2002年版，第543～544頁。
〔註47〕參見（美）杜贊奇：《文化、權力與國家：1900～1942年的華北農村》，王福明譯，江蘇人民出版社2003年版，第46～47頁。
〔註48〕參見（美）杜贊奇：《文化、權力與國家：1900～1942年的華北農村》，王福明譯，江蘇人民出版社2003年版，第53～56頁。

已經不能像傳統上一樣順利進入政府，軍閥、財閥和少數的留洋知識分子是政治舞台上的主角。由此看來民國時期的國家比晚清略強，但仍是弱國家的狀態。

（二）北伐前的政治與社會

武昌起義後不久，章太炎就提出了「革命軍起，革命黨消」的主張，章士釗也提出「毀黨造黨」，意在促使各種革命團體轉變革命思想，將革命黨建設成民主政治下的政黨，進行國家建設。他們的提議受到同盟會年輕骨幹宋教仁等人的重視，宋教仁認為同盟會應該從事「憲法國會之運動」。但同盟會和革命派並沒有放棄「革命」的策略和行動，主要表現在三個方面：用軍事干預政治；控制參議院制定《中華民國臨時約法》；進行暗殺活動。〔註49〕孫中山則不斷鼓吹革命，遇到政治問題也以軍事為首要解決手段。

民初，袁世凱和北洋軍閥掌權，民國不如大清，社會、政治風氣變化不大，政治依然腐敗，民不聊生，思想界對此有許多反思和討論。知識階層彌漫著一股崇尚革命的思想風潮，他們認為，這些問題的原因在於國家政體雖變，但人民思想未曾改變，故要提倡思想文化之革命來喚醒國家和人民。〔註50〕羅家倫在一封回覆讀者的信中說：「文學革命不過是我們的工具，思想革命乃是我們的目的。」〔註51〕五四新文化運動就是在這種氛圍下產生，這場對中國傳統文化、倫理、社會習俗等方面徹底否定的反傳統運動，在中國歷史上是絕無僅有的。〔註52〕

在著名的「問題與主義」論戰中，討論到解決中國問題是要「整體改造」還是「點滴改革」，前者即革命，後者是改良。論證的結果是大家比較認同「總解決」，主張行動、實幹，走向了「行動的時代」。〔註53〕當時的知識人大都肯定革命的正當性。北伐結束後，陳衡哲的觀點頗能代表當時知識人對革命無奈接受的態度：「我們感到革命的不經濟。即使一切革命都是進步，那進步

〔註49〕參見楊天宏：《政治建制與民初政治走向——從「革命軍起，革命黨消」口號的提出論起》，載《近代史研究》2007年第2期。

〔註50〕參見羅志田：《士變：20世紀上半葉中國讀書人的革命情懷》，載《新史學》第18卷第4期（2007年）。

〔註51〕參見羅志田：《激變時代的文化與政治：從新文化運動到北伐》，北京大學出版社2006年版，第5頁。

〔註52〕參見徐中約：《中國近代史》（下冊），計秋楓、鄭會欣譯，香港中文大學出版社2002年版，第495頁。

〔註53〕參見羅志田：《激變時代的文化與政治：從新文化運動到北伐》，北京大學出版社2006年版，第92～145頁。

亦如激流沖岸，沖塌一度堤岸，留下一層泥土，這泥土的代價可算是大了。但在這個愚闇及自私的社會中，捨此以外，似乎又沒有旁的道路。」〔註54〕

這是民初前十年的政治和社會思想狀況，民國的憲法就是在這樣充滿革命氣息的政治和社會環境下產生的。

（三）從革命到憲政：孫中山的設想與實踐

據孫中山自述，在1904年他即提出五權憲法思想，1906年在與黃興、章太炎在東京編制的《革命方略》中言：「今日革命之經綸暨將來治國之大本。」他們認為革命後，治國要分為三個時期，依次為軍法之治、約法之治和憲法之治。〔註55〕孫中山在「二次革命」失敗後流亡日本。他在寫給黃興的信中稱國民黨「所以失敗者，非袁氏兵力之強，實同黨人心之渙散」。〔註56〕他又說：「黨務為革命之基礎，革命乃建國之首功，九年以來革命尚未能達到目的，皆由黨務不振。」〔註57〕因此孫中山著手重組國民黨，使其組織更加嚴密，以求改變國民黨混亂、分裂的黨務。中華革命黨成立，孫中山明確提出軍政、訓政、憲政三階段的「革命方略」，再起革命。他宣布為了完成革命，中華革命黨黨員必須「協力同心，共圖三次革命，迄於革命成功，憲法頒布，國基確定時，均由吾黨員負完全責任」。〔註58〕而中華革命黨之宗旨乃是一個秘密的革命團體，而非民主政黨。

護法運動遭受挫折後，孫中山明確提出「改造中國的第一步，只有革命」。〔註59〕他特別強調黨在革命中的作用：「真中華民國由何發生？就是要以革

〔註54〕哲（陳衡哲）：《掀天動地的蘇俄革命（書評）》，載《獨立評論》第2號（1932年）。

〔註55〕參見孫宏云：《孫中山五權憲法思想的演進》，載中國社會科學院近代史研究所（編）：《紀念孫中山誕辰140週年國際學術研討會論文集》，社會科學文獻出版社2009年版，第393～394頁。

〔註56〕孫中山：《致黃興函》，載廣東省社會科學院歷史研究室、中國社會科學院近代史研究所民國史研究室、中山大學歷史系孫中山研究室（編）：《孫中山全集》（第三卷），中華書局2006年版，第165頁。

〔註57〕孫中山：《覆□苔棠函》，載廣東省社會科學院歷史研究室、中國社會科學院近代史研究所民國史研究室、中山大學歷史系孫中山研究室（編）：《孫中山全集》（第五卷），中華書局2006年版，第377頁。

〔註58〕孫中山：《中華革命黨成立通告》，載廣東省社會科學院歷史研究室、中國社會科學院近代史研究所民國史研究室、中山大學歷史系孫中山研究室（編）：《孫中山全集》（第三卷），中華書局2006年版，第113頁。

〔註59〕王奇生：《革命與反革命：社會文化視野下的民國政治》，社會科學文獻出版

命黨為根本，根本永遠存在才能希望無窮的發展。……諸君須知黨事為革命源起事業，革命未成功時，要以黨為生命，成功後仍絕對用黨來維持。」〔註60〕按孫中山的邏輯，通過軍政、訓政、憲政三步走，只有在政治革命完成之後，才能頒布憲法，最終實現憲政，還政於民。憲法也是政治革命終結的標誌。而在另一方面，政治革命結束後，還要進行社會革命，因為革命不僅要改造政治，還要改造社會，從而建立一個新的國家：「革命云者，即掃除中國一切政治上社會上舊染之污，而再造一莊嚴華麗之新民國，為民所有，為民所治，為民所享者也。」〔註61〕在孫中山看來，革命是一個持續進行的過程，先進行政治革命，再進行社會革命。〔註62〕這一切要由黨來領導，直到完成憲政為止。是故，孫中山在 1920 年四次批判「革命軍起，革命黨消」之說。〔註63〕1924 年孫中山在國民黨第一次代表大會上發言說：「此刻的國家還是大亂，社會還是退步，所以現在革命黨的責任還是要先建國，尚未到治國。……此次國民黨改組，有兩件事情：第一件是改組國民黨，要把國民黨再來組織成一個有力量有具體的政黨。第二就是用政黨的力量去改造國家。」〔註64〕革命是建國的手段，而國民黨領導革命，最後的結果就是「以黨建國」、「以黨治國」，最終變成以國民黨建國、以國民黨治國。〔註65〕因此，1925 年，孫中山去世時才有「革命尚未成功」之感歎。

社 2010 年版，第 72 頁。

〔註60〕孫中山：《在上海中國國民黨本部的演說》，載廣東省社會科學院歷史研究室、中國社會科學院近代史研究所民國史研究室、中山大學歷史系孫中山研究室（編）：《孫中山全集》（第五卷），中華書局 2006 年版，第 262～263 頁。

〔註61〕孫中山：《在桂林對滇贛粵軍的演說》，載廣東省社會科學院歷史研究室、中國社會科學院近代史研究所民國史研究室、中山大學歷史系孫中山研究室（編）：《孫中山全集》（第六卷），中華書局 2006 年版，第 10 頁。

〔註62〕1911 年 4 月，孫中山在上海回答《文匯報》記者時言：「政治革命之後宜繼以和平的社會革命」。參見唐德剛：《袁氏當國》，遠流出版事業股份有限公司 2002 年版，第 68 頁。

〔註63〕參見楊天宏：《政治建制與民初政治走向──從「革命軍起，革命黨消」口號的提出論起》，載《近代史研究》2007 年第 2 期，第 38 頁。

〔註64〕孫中山：《中國國民黨第一次全國代表大會開幕詞》，載廣東省社會科學院歷史研究室、中國社會科學院近代史研究所民國史研究室、中山大學歷史系孫中山研究室（編）：《孫中山全集》（第九卷），中華書局 2006 年版，第 97 頁。

〔註65〕這裡對孫中山從革命到憲政的理念只是一個簡單的梳理，孫中山對憲政的步驟的論述並不統一。參見錢端升：《孫中山先生的憲法觀念》，載《民族雜誌》第 4 卷第 1 期（1936 年），第 42～43 頁。

　　「二次革命」、「護法運動」，以及因《臨時約法》而起的贛寧之役，雖然名義上都是為了憲法而繼續革命，孫中山領導的政黨沒有軍隊，不得不依靠軍閥。但是軍閥們角逐的是私利和權力，之所以要以法律的名義而戰，不過是為了戰爭更有理由，爭奪戰爭的主動權和話語權，所以一旦戰起，通電滿天飛，都說對方不守法。要是真正制定出了憲法，不僅自己不遵守，其他勢力也不承認。孫中山以護憲的名義發起再革命的戰爭，他所依賴的軍隊就是「不尊重憲法的軍力」。〔註66〕孫中山認識到此前革命之所以失敗，除了黨務之外，還在於革命要靠武力，而國民黨沒有掌握兵權，只能借助軍閥的軍隊，軍閥僅為一己之私利而非為革命事業。所以他模仿蘇聯籌劃建立一支由黨領導的「革命軍」，為此專門成立了黃埔軍校。「黨軍」的獨特之處在於軍隊中安插黨代表從事政工工作，宣傳主義，保證軍隊服從黨的指揮，服務於革命。蔣介石上臺後這種黨軍的建設已經初具規模。〔註67〕這也是蔣介石政權的基礎。

　　孫中山提出由黨領導革命，並使國家走向憲政的策略，其路程也許漫長，但又希望的微光。不過在革命的氛圍下，國家總是處於危機時刻，不能完成國家建設，整個國家沒有統一的政局，道理用槍桿子講，憲法沒有權威，常常淪為政治鬥爭的工具。所以孫中山立憲設想在民國時期實踐的結果是革命黨獨裁政權的「黨治」和「訓政」，而非憲政。

（四）正當性的爭奪：革命與反革命、在朝革命與在野革命

　　19 世紀 20 年代，國民黨、青年黨和共產黨展開了一場關於革命的激烈爭論。關於這場爭論歷史學者已經進行了詳細考察。〔註68〕三黨都是以革命作為行動宗旨，國民黨主張「國民革命」，共產黨主張「階級革命」，青年黨主張「全民革命」。它們都強調自身的革命性，認為「革命是一了百了解決國家和民族問題的根本手段」，所不同之處只是「怎樣革命」。

　　經過三黨的鼓吹以及政治形勢的變換，革命成了救亡圖存、解決內憂外

〔註66〕陳志讓：《軍紳政權：近代中國的軍閥時期》，廣西師範大學出版社 2008 年版，第 127 頁。

〔註67〕參見蘇啟明：《國民黨改組與革命武力之重建》，載《中國歷史學會史學集刊》第 2 期（1990 年），第 221～243 頁。

〔註68〕參見王奇生：《革命與反革命：社會文化視野下的民國政治》，社會科學文獻出版社 2010 年版，第 66～101 頁。

患、實現國家統一與推進社會進步的唯一的和根本的手段。到 1927 年，隨著北伐的展開，革命已經成了主流的政治話語。〔註 69〕鎮守武昌的北方將領被武漢國民政府以其制定的《反革命罪條例》中的「反革命罪論」論處。「反革命」一詞本是蘇俄的用語，五四以後中國人開始使用，到北伐前夕，知識階層中使用該詞已經很頻繁。但是國共兩黨聯合執政的武漢國民政府出臺《反革命條例》，則使該詞的意義有重大改變，這「意味著『反革命』由一種譴責性的政治話語，提升為一種嚴厲的刑事罪名」。〔註 70〕同年 4 月，國民黨開始了清黨運動，這場運動的目的在於清除「反革命」，維護革命的純正性，通過在全國發動群眾參與檢舉，以暴力和恐怖手段進行。開始僅針對共產黨和國民黨內的左派，後來運動逐漸擴大，雖然僅有九個月時間，但使許多無辜的人受害。

由於對於革命本身沒有共識，國共、寧漢皆自認代表革命，互相指責對方是反革命。〔註 71〕這也體現了革命本身的脆弱性和隨意性，它只是一種達到理想狀態的方式，所以可以被任何政治勢力加以利用，向自己有利的方向解釋。蔣介石在一次演講中說：「我只知道我是革命的，倘使有人要妨礙我的革命，反對我的革命，那我就要革他的命。我只知道革命的意義就是這樣，誰要反對我革命的，誰就是反革命。」〔註 72〕這樣的思想把革命與反革命二元對立化，非黑即白，不存在中間地帶，造成了不可妥協的政治社會緊張局面。當時流行的口號「不革命就是反革命」就能體現這一點。

清理反革命，維護革命的純潔性，不過是爭取自己正當性、壓制異見的方式。國民黨自認為代表革命的一方，清理反革命，這個行動是國民黨通過革命法統為自己尋找正當性的方式，更是一種「政治領導權的建構」。而這個

〔註69〕從 1890 年到 1926 年，「革命」一詞在報刊上使用次數有很大起伏，兩個較高點在 1906 年和 1926 年，分別是 2800 多次和 4000 次以上，而從 1917 年（不足 500 次）到 1926 年「革命」的使用都處於增長趨勢。參見金觀濤、劉青峰：《觀念史研究：中國現代主要政治術語的形成》，法律出版社 2009 年版，第 382～385 頁。

〔註70〕參見王奇生：《革命與反革命：社會文化視野下的民國政治》，社會科學文獻出版社 2010 年版，第 108～109 頁。

〔註71〕參見黃金麟：《革命與反革命——「清黨」再思考》，載《新史學》第 11 卷第 1 期（2003 年），第 99～147 頁。

〔註72〕蔣介石：《蔣總司令在南昌總部特別黨部成立大會演講辭》，載清黨運動急進會（編）：《清黨運動》，清黨運動急進會 1927 年版，第 4 頁。

過程中則充滿了暴力和血腥，所以「在理念與理想只能透過武力與符號才能付諸實施的情況下，南京無可選擇地必須與暴力的存在同始終」。〔註73〕在暴力的運動中，法律淪為附庸和手段，而且清黨的結果卻使原本已經四分五裂的國民黨越發分化。〔註74〕

中山艦事件以後，蔣介石就曾宣稱「國民黨是國民革命的唯一指揮者」，「革命是非專政不行的，一定要有一個主義、一個政黨來專政的」。〔註75〕從上文所述各方對革命的期待來看，蔣介石的思路是把孫中山的思想推進了一步：革命可以解決中國的所有問題，所以要革命；革命必須要專政，清除反革命，〔註76〕而國民黨是革命的領導者，所以才有黨治、訓政。這種對革命的追求國民黨一直沒有放棄。到1943年蔣介石在《中國之命運》一書中仍說：

> 唯有三民主義為薈萃我整個民族意識的思想，更可以證明中國國民黨為代表我全體國民的要求和各階級國民的利益而組織，為革命的唯一政黨。……我們可以說：沒有三民主義就沒有抗戰；沒有中國國民黨就沒有革命。〔註77〕

革命成了國家統治的話語與意識形態，因而具有其天然的正當性。擁有軍事實力的國民黨和共產黨則以革命的方式為自己的行動爭取正當性。20世紀50年代初，錢穆在《革命與政黨》一文中認為：「革命的初意，本是專指由社會來革政府的命」，即社會向政府「爭取民主，要求自由，於是而有革命」，但在中國卻並不如此，革命「演變成了由政府來革社會之命」，「國民黨往日的錯誤，在其已獲得政權之後，不能明朗地變成為一個普通的在朝黨，

〔註73〕 參見黃金麟：《革命與反革命——「清黨」再思考》，載《新史學》第11卷第1期（2003年），第145頁。

〔註74〕 楊奎松：《一九二七國民黨「清黨」運動研究》，載《歷史研究》2005年第6期。

〔註75〕 轉引自王奇生：《革命與反革命：社會文化視野下的民國政治》，社會科學文獻出版社2010年版，第96頁。

〔註76〕 國民黨政府制定了一系列法律來懲辦「反革命」，但是由於反革命罪本身構成要件並不明確，在「司法黨化」的情形下，按規定國民黨黨部擁有解釋、判斷何為「革命」專斷權力。所以這些法律都成了國民黨的工具。參見劉恒妏：《革命／反革命——南京政府時期國民黨的法律論述》，載王鵬翔（編）：《2008法律思想與社會變遷》，中央研究院法律學研究所籌備處2008年版，第255～304頁。

〔註77〕 蔣介石：《蔣總統思想言論集》（卷四），中央文物供應社1966年版，第66頁。該書公認為陶希聖代筆，但無疑反映了蔣介石和國民黨的意見。

有以往革命黨之氣味」。〔註78〕所以既然國民黨「在朝革命」是革命的繼續，具有正當性，那麼共產黨「在野革命」也具有某種程度的正當性。

我們不能確定錢穆是否讀過毛澤東的文章，但是毛澤東較早的論述卻印證了錢穆的評論。在 1939 年底發表的《中國革命與中國共產黨》一文中，毛澤東直接把矛頭指向國民黨，指責國民黨「背叛了中國革命，造成了革命的失敗」，而共產黨則是「革命的政黨」，是孫中山革命精神的繼承人。中國革命的對象強大，所以必須要暴力革命。中國革命的任務「就是對外推翻帝國主義壓迫的民族革命和對內推翻封建地主壓迫的民主革命」。〔註79〕因此：

> 整個中國革命是包含著兩重任務的。這就是說，中國革命是包括資產階級民主主義性質的革命（新民主主義的革命）和無產階級社會主義性質的革命、現在階段的革命和將來階段的革命這樣兩重任務的。而這兩重革命任務的領導，都是擔負在中國無產階級的政黨——中國共產黨的雙肩之上，離開了中國共產黨的領導，任何革命都不能成功。〔註80〕

因為政治環境和國民黨本身的原因，國民黨政府沒有去終止革命的合法性。在意識形態和現實政治中繼續推廣革命話語和革命實踐。共產黨在繼續革命之合法性的辯護下，以民主自由為口號，對國民黨繼續革命。政治話語從「沒有中國國民黨就沒有革命」，變成了「離開了中國共產黨的領導，任何革命都不能成功」。

毛澤東在談到抗戰時說：「這也是一個革命活動，因為抗日鬥爭伴隨著爭取民主、爭取更好的生活條件和經濟建設的鬥爭。在中國，這兩者是結合在一起的……沿著這條路走下去，中國革命是會成功的。」〔註81〕抗戰期間也是共產黨勢力壯大的時期。共產黨運用革命與民主話語在華北鄉村發動農民反抗「地主階級」，實行減租減息等政策，讓農民在得到利益的同時，組織他們進行軍事化的農業合作勞動，這些措施完全改變了鄉村原有的社會結構，

〔註78〕錢穆：《革命與政黨》，載氏著：《歷史與文化論叢》（《錢賓四先生全集》第 42卷），聯經出版事業股份有限公司 1998 年版，第 121～122 頁、第 124 頁。

〔註79〕毛澤東：《毛澤東選集》（第二卷），人民出版社 1952 年版，第 597 頁、第 600頁。

〔註80〕毛澤東：《毛澤東選集》（第二卷），人民出版社 1952 年版，第 613～614 頁。

〔註81〕轉引自（瑞典）達格芬·嘉圖：《走向革命——華北的戰爭、社會變革和中國共產黨 1937～1945》，楊建立、朱永紅、趙景峰譯，中共黨史資料出版社 1987年版，第 7 頁。

使共產黨在鄉村扎根，並吸引了大量農民參軍。與此同時，共產黨也在黨內進行了整風運動，增強了黨內的團結，建立了黨一元化領導，軍隊完全服從黨的領導，加強了黨、政、軍之間和協調與合作。〔註82〕

抗日政治結束，實力壯大後的共產黨認識到自己地位必須「合法」，〔註83〕這其實是對合法性的追尋，他們抓住了革命這一點，通過革命的正當性來尋求自己的合法性。1945 年，國共因接收日本佔領地區問題發生衝突。第二年初，國共雙方都參與制定了《政治協商會議憲法草案》（政協憲草），國民黨加快了制憲步伐。內戰全面爆發後，美國政府派馬歇爾來華調停國共政爭，國共雙方在軍隊問題上都不願意讓步，調停以失敗告終。美國人也許不理解軍隊對革命的重要性，革命和暴力密切相關，軍隊是革命黨不可缺少的部分。所以國共雙方不可能達成妥協。

蔣介石在軍事上取得部分勝利之後，不顧共產黨和民盟的反對，召開國民大會制定憲法。共產黨則要通過革命實現「新民主主義憲政」。共產黨最終革命成功，沿著繼續革命的軌跡建立了中華人民共和國。

（五）革命中的憲法

孫中山說：「自革命軍起義之日至憲法頒布之時，名曰革命時期……在此一時期內，一切軍國庶政，悉由本黨完全負責。」〔註84〕前幾節，筆者討論了「革命時期」的社會、思想與政治氛圍，本節將討論在孫中山設想的「革命時期」憲法具體是怎樣受革命的氛圍和實踐影響的。

武昌起義兩個多月後的 1911 年 12 月 29 日，各省代表在漢口通過《中華民國臨時政府組織大綱》。大綱沒有序言，沒有人民權利條款，雖具有憲法性質，但僅僅是一個政府組織綱領。各省代表模仿美國制憲制定了該大綱，〔註85〕大綱是對革命果實的確認。是革命後用憲法性的法律文件組建一個政府，

〔註82〕參見（瑞典）達格芬·嘉圖：《走向革命——華北的戰爭、社會變革和中國共產黨 1937～1945》，楊建立、朱永紅、趙景峰譯，中共黨史資料出版社 1987 年版。

〔註83〕參見鄧野：《聯合政府與一黨訓政：1944～1946 年間國共政爭》，社會科學文獻出版社 2003 年版，第 98、169、170、307 頁。

〔註84〕孫中山：《中華革命黨總章》，載廣東省社會科學院歷史研究室、中國社會科學院近代史研究所民國史研究室、中山大學歷史系孫中山研究室（編）：《孫中山全集》（第三卷），中華書局 2006 年版，第 97 頁。

〔註85〕參見荊知仁：《中國立憲史》，聯經出版事業有限公司 1984 年版，第 217 頁。

維持革命的成果。該大綱並沒有提到革命及政府的正當性來源問題。〔註86〕

　　1912 年的《中華民國臨時約法》（下文簡稱《臨時約法》）是革命後正式進行國家建設的憲法。此時，未宣布獨立的省份也紛紛通電促使清廷宣布共和，南北議和中雖有許多爭議，最終以革命派妥協結束。孫中山履行諾言推袁世凱為大總統。雖此前南京政府已經實行總統制，但為了限制袁世凱，革命派在孫中山的主張下在《臨時約法》中規定了內閣制。制定《臨時約法》之初，宋教仁主張內閣制，而孫中山則極力主張總統制，他說：「內閣制乃平時不使元首當政治之衝，故以總理對國會負責，斷非此非常時代所宜。吾人不能對於惟一置信推舉之人，而復設防制之法度。余亦不肯徇諸人之意見，自居於神聖贅疣，以誤革命之大計。」〔註87〕答應推舉袁世凱為大總統後，孫中山的立場一百八十度大轉彎，開始支持內閣制。對袁世凱心懷顧慮而主張「對人立法」不僅是孫中山一個人的觀點，而是代表一大批革命黨人的看法。時任湖南參議員的革命派蔡寄鷗也對袁世凱頗為懷疑，因為袁是「君主專制」

〔註86〕1913 年，日本人有賀長雄撰文認為「中華民國並非純因民意而立，實係清帝讓與統治權而成」。參見有賀長雄：《革命時統治權移轉之本末》，載王健（編）：《西法東漸——外國人與中國法的近代變革》，中國政法大學出版社 2001 年版，第 100～109 頁。《清帝遜位詔書》亦被當代中國學者多有發揮，比如高全喜：《立憲時刻：論〈清帝遜位詔書〉》（廣西師範大學出版社 2011 年版）、章永樂：《舊邦新造：1911～1917》（北京大學出版社 2011 年版）。筆者認為所謂「讓與」不如說雙方妥協更為確切。1912 年 1 月除滿、蒙親政王反對共和之外，袁世凱和大部分開明大臣都贊成共和。革命成立的南京政府提出廢除清帝後可像外國立憲國君主一樣給予清帝禮遇，2 月 10 日，孫中山警告：如果清帝兩日內不退位，就取消禮遇條件，袁世凱與其他大臣當日即簽署了一份通告，宣布清帝退位。遜位詔書不過是為了清帝下臺更體面的一個說辭而已，而且北方殘留的清政府在清帝遜位後等於被南方中華民國政府吸收，形成了形式上統一的中華民國政府。革命所建立的國家本身就有正當性和社會基礎，何須清廷轉移其統治權？而且中華民國的延續的是「中國」而不是清王朝的統治。「中國」作為一個歷史概念是指以中原王朝為中心延續幾千年的歷時性共同體，作為一個文化概念則指以中華文化為內核形成的文明共同體，作為政治概念則是指政府統治和疆域。中華民國延續的是前兩者，這種延續有革命帶來的自然正當性。在傳統中國，保持、繼承和發揚中華文明者，即為正統，辛亥革命繼承的就是「中國」之正統，而非其他。另外所謂《清帝遜位詔書》保持了領土完整和邊疆地區的效忠也不成立。內蒙古清代就與其他省差別不大，受清廷直接控制。西藏、新疆真正受中華民國和之後的中華人民共和國統治都是槍桿子打出來的，而不是因一紙退位詔書而來。因此所謂「統治權移轉」說不能成立。
〔註87〕轉引自荊知仁：《中國立憲史》，聯經出版事業有限公司 1984 年版，第 186～187 頁。

下的官僚，而且袁過往的行徑即可知他的野心。故蔡寄鷗說：

> 本席的意見，原是反對議和，主張革命徹底。只因軍民的組織，
> 太不健強，同志們意見，又不一致。為保國家的元氣，減少民眾的
> 犧牲起見，不能不遷就議和。今天改選總統，把革命大業，讓渡於
> 一個老奸巨猾的官僚，這是我很痛心的事，也是我不放心的事。……
> 我們要防總統的獨裁，必須趕緊將約法完成。並且照法國憲章，規
> 定責任內閣制。要他於就職之時，立誓遵守約法。〔註88〕

這種看法在革命派裏很有代表性。革命派內部的歧見，以及本身實力的問題，他們妥協了。雖然這種妥協將國家形式上帶進了新的民國，但是他們所妥協的對象是原本被革命一方，所以《臨時約法》在革命派看來應有保護革命果實的作用，所以不顧「對人立法」之嫌將政體修改。《臨時約法》所規定的內閣制在原有總統制的基礎上設置總理限制總統權力，未明確規定總理對總統還是議會負責。既規定國務員輔佐總統，又規定對總統提出之法律命令，國務員「須副署之」，後者頗有爭議。這樣的政治設計形成了一種府院責任與權限不明的「二重行政（dual executive）」體制。〔註89〕同時沒有調和行政和立法的條款，常常導致總統和議會的衝突，釀成「府院之爭」和多次解散國會的惡果。革命派「對人立法」的出發點就是對袁世凱的過早的「有罪推定」，以革命理念出發，希望通過一紙憲法約束袁世凱，實在是過於草率和天真。〔註90〕不僅開了因一方政治目的而修改憲法的先例，也不可能達到制約袁世凱的目的。另一方面，《臨時約法》迴避了省制問題。中央政府沒有憲法依據去處理省制問題，遇到問題只能用「道統」施壓或者直接使用武力。既然《臨時約法》不行，袁世凱希望用憲法鞏固的自己的權力，就修改約法，解散國會，制定了《中華民國約法》，這個約法廢除議會和內閣，規定總統有全權，完全是對革命果實的竊取。此後袁世凱復辟，最終在人們的唾罵中死去。以後的《中華民國憲法》（曹錕憲法）雖然在技術上較為成熟，但是因為曹錕的賄選和其他政治原因，該憲法沒有起到任何實際作用。不過更增加了人們對現實政治的失望，以及對革命改造的嚮往。

〔註88〕 蔡寄鷗：《鄂州血史》，龍門聯合書局1958年版，第186頁。
〔註89〕 參見鮑明鈐：《中國民治論》，周馥昌譯，商務印書館2010年版，第45頁。
〔註90〕 參見楊天宏：《論〈臨時約法〉對民國政體的設計規劃》，載《近代史研究》
　　　　 1998年第2期。

在國家權力來源上，《臨時約法》和《中華民國約法》都規定了人民主權。「第一條，中華民國由中華人民組織之。第二條，中華民國之主權，屬於全體國民」。兩條都是從權力的來源和人民主權的角度論述了中華民國的正當性，其正當性不是來自革命，而是來自人民主權。但現實中的革命行動並沒有停止。孫中山曾說《臨時約法》，「我今只說定一條：中華民國主權屬於全體國民。一以表明我黨國民革命真意義之所在，一以杜防盜憎主人者，與國民共棄之。」〔註91〕孫中山的意思是，既然民國之主權屬於人民，那麼一旦袁世凱專權，破壞革命成果，那麼革命派就可以代表人民對他進行繼續革命。二次革命和護法運動，就是在這樣的理念下產生的。

袁世凱上臺後，根據《臨時約法》政府成立六個月內應舉行國會選舉。同年8月，臨時政府頒布《選舉法》和《國會組織條例》。宋教仁這位日本法政大學的畢業生年輕有為，以其深厚的專業知識、極強的組織能力與出眾的口才成為國民黨的領導，他希望通過政黨政治引導國家走向立憲政治。在國會選舉中，國民黨在宋教仁的領導下取得了壓倒性的勝利，獲得了上下議院超過44%和45%的席位。〔註92〕宋教仁希望用內閣制制約總統權力，並多次在公開演講中鋒芒畢露地對袁世凱大加抨擊，激怒了袁世凱。在賄賂宋教仁被拒絕後，袁世凱或其黨羽指使人將他殺害。〔註93〕在此事件之後，國民黨內大多人主張慎重行事，用法律途徑解決，但是孫中山不顧黨內反對，力主發動「二次革命」武力討伐袁世凱。〔註94〕孫中山發表宣言認為，「革命之目的不達，無議和可言」，且革命的任務是要「長驅河朔」「建立民國」。〔註95〕由於實力有限，二次革命很快失敗。其實法律解決的條件不是沒有，但孫派和袁派都互稱對方「不合法」，又不願意訴諸法律，最後就只能槍桿子解決。唐德剛認為，這是民國的「第一次內戰」，開了武力解決問題的壞頭。但歸根結底，還是革命思維所致，一切以武力解決。護法運動，因南北對《臨時約

〔註91〕陳旭麓、郝盛潮（編）：《孫中山集外集》，上海人民出版社1990年版，第48頁。
〔註92〕參見徐中約：《中國近代史》（下冊），計秋楓、鄭會欣譯，香港中文大學出版社2002年版，第480～481頁。
〔註93〕這是通常的看法。關於宋案的相關爭議，參見尚小明：《宋案重審》，社會科學文獻出版社2018年版。
〔註94〕參見唐德剛：《袁氏當國》，遠流出版事業股份有限公司2002年版，第116～117頁。
〔註95〕轉引自張玉法：《二次革命：國民黨與袁世凱的軍事抗爭（1912～1914）》，載《中央研究院近代史研究所集刊》第15期（1986年），第240頁。

法》還是 1914 年袁氏制定的《中華民國約法》哪一個合法而起，最後駐滬海軍宣布支持南方，才使問題得到解決。重新以《臨時約法》組織政府。

北伐完成後，國家實現了形式上的統一。1928 年國民黨宣布按照孫中山的思想進入「訓政時期」，公布《訓政綱領》。此前國民黨通過革命構建了一套自己的合法性，現在從革命建國，轉換為「以黨建國」和「以黨治國」。〔註96〕1931 年國民黨組織制定了《中華民國訓政時期約法》，該法規定由國民黨全國代表大會代替國大行使統治權，而在國民黨全國代表大會閉會期間，由國民黨中央執行委員會代為行使。這不僅確定了國民黨對國家的絕對領導，而且將領導權進一步縮小到國民黨的中央委員會。政府由國民黨領導，《訓政時期約法》亦由國民黨解釋，完全黨國不分。由此看來，這個約法不過將國民黨一黨的統治用國家公法的形式表現出來，並沒有現代憲法所應具有的分權制衡等要素。但回顧孫中山的思想，約法並不是憲法，只是革命過程中的法律文件，而真正的憲法要等訓政完成後才頒布。

除了《中華民國訓政時期約法》之外，國民黨還制定了一系列法律規制其所構造的訓政和黨治。原定六年的訓政期限未完成，中日戰爭爆發。在抗日戰爭期間，國家危難，國民黨、共產黨和中間黨派各有自己一套憲政的話語，來為自己爭取利益，而真正有實力的兩方卻都在儲備自己的實力。對外革命——抗日，國民黨在主要戰場，共產黨則在後方保存了實力。

抗戰結束後，國共談判。「國民大會」雖然完成了《中華民國憲法》的起草，並在 1947 年初正式公布。國民政府把孫中山寫進了憲法，這意味著國民黨政權是繼承孫中山的革命成果而建立的（「遺教」），申明國民黨統治國家之正當性不僅來自人民主權，而且來自革命。按孫中山的思路，憲法完成的時期，是革命時期的終結。但是這種繼承有一種革命延續的意味。國民黨制憲的目的也在於通過憲法穩定民心、安定政局。但是這個憲法沒有得到當時最大的反對勢力（革命勢力）共產黨的承認。而在國共內戰期間，國民黨頒布《動員戡亂時期臨時條款》停止了這部憲法的效力。此時政治腐敗，經濟衰退，共產黨勢力壯大，通過非正常化的在野革命打敗國民黨，建立了革命政權——中華人民共和國，並將國民黨政府制定的一切法律廢除。

〔註96〕關於國民黨的「黨治」和「訓政」，參見王泰升：《國民黨在中國的「黨治」經驗——民主憲政的助力或阻力》，載《中研院法學期刊》2009 年第 5 期；黃金麟：《革命／民權：訓政的敘事建構》，載《清華學報》1997 年第 4 期。

（六）小結

中華民國成立後，意識形態和行動的革命並未消失，而是不斷轉換形式，愈演愈烈。雖有多次關於實行憲政的爭論，但是革命的意識一直未消滅。在軍閥混戰時期，完全缺乏憲法運行所需要的穩定政治環境，憲法也由精英們一手操辦，整個過程缺乏統合力，對政制的設計也存在一些問題。憲法常常不過是軍閥們爭奪政治權力或革命的藉口。這樣的狀況，可以用卡爾·施米特論述危機時刻憲法的話來評論：「在危機時刻，每一方都指責另一方為非法，每一方都把自己打扮成合法性和憲法的守護者。結果就是一種沒有合法性，沒有憲法的狀態。」〔註97〕

民國擁有實力的軍閥們個個還是中國傳統社會的草莽英雄形象，他們講義氣、贊成國家統一，他們發起戰爭的原因可能因為憲法，但在大多時候還是為了自己的利益，而借用綱常名教、道統、法統等傳統的儒家政治話語。張勳復辟後，他的理論依據是「以綱常名教為精神憲法，以禮義廉恥收決潰之人心」。〔註98〕憲法對他們來說不過是點綴，憲法的規範起不了作用，憲政自然也無法發展。

國民黨不斷強調革命，要以革命建國，以革命黨領導國家訓導人民，最後頒布憲法，實現憲政。孫中山正是考慮到憲政實施不可能一蹴而就，所以他認為國家必須經過政治革命和社會革命，用軍政、訓政、憲政三步走，最終達到憲政。前兩步是要建設一個統一的、具有一定國家能力的國家，製造一個穩定的國家政局。面對失敗，孫中山放棄了早期堅持的民主政黨組織模式，新成立的中華革命黨是一個以革命為宗旨的列寧主義政黨。如果革命成功，把革命黨轉變為民主政治運作中的「務實型政黨」，並形成「競爭性的政黨體系」，〔註99〕只有完成這兩個轉變，革命後頒布的憲法才可能起作用。辛亥革命雖然推翻了滿清王朝，但是並沒有完成國家建設，所以國民黨一直保

〔註97〕（德）卡爾·施米特：《政治的概念》，李秋零譯，上海人民出版社2004年版，第214頁。

〔註98〕參見陳志讓：《軍紳政權：近代中國的軍閥時期》，廣西師範大學出版社2008年版，第122～124頁；齊錫生：《中國軍閥政治（1916～1928）》，楊雲若、蕭延中譯，中國人民大學出版社2010年版，第151～163頁。

〔註99〕關於政黨分類參見吳文程：《政治發展與民主轉型：比較政治理論的檢視與批判》，吉林出版集團有限公司2008年版，第141～146頁；（意）G.薩托利：《政黨與政黨體制》，王明進譯，商務印書館2006年版。

持著革命黨的特徵，希望通過革命完成國家建設。革命也仍然是各個政黨的主導意識形態和話語模式。北伐結束後，國家完成了形式上的統一，但是也只是走在軍政和訓政階段，再加上外敵的侵略，所謂憲法，按錢端升的說法不過是一個「政府組織法」，〔註100〕中華民國直到1949年，依然沒有實現憲政。趙穗生將南京國民政府時期的憲法政治稱為「設計權力（power by design）」，他認為憲法作為一種制度在該時期起著作用，特別是在權力分配的時候，政治人物傾向對自己有利的憲政制度設計，蔣介石和他的黨內對手誰在權力角逐中占上風，就按誰的利益設計政制。〔註101〕進而言之，在這種情況下，憲法可以影響政黨的權力分配，政治人物看到憲法對自己有利，就用憲法「設計權力」，那麼此時的憲法連政府的「組織法」都不如了，而成了國民黨的黨規。

辛亥革命後，民國政府用憲法性法律確立了共和政體。對一個因革命而建立的新國家來說，如何把革命的正當性轉換為新政府的合法性，是一個必須面對的問題。國民黨把革命視為自己的正當性來源。北伐時期提出「反革命罪」和20世紀20年代用「辛亥革命」指涉1911年推翻清王朝的行為，都是國民黨獲取正當性的方式。〔註102〕屢次的立憲、破憲，表明憲法不過是政治勢力上臺後的一種宣示，或對自己統治的確認，立憲修憲走馬燈式地進行。沒有中止革命，其他政黨（團體）的革命仍然是正當的。雖然這些政黨（團體）的革命行為也許與法律相違背，但是在革命（革命的意識形態）最正當的情況下，他們仍然可以為自己的行為辯護，因為他們是革命的，或宣揚自己是革命的，而且在意識形態和現實政治中延續著更廣範圍的革命話語和革命實踐，寄希望於通過革命最終實現憲政。各個政治勢力之間爭奪革命的話語權和革命的先進性。共產黨最終通過在野革命在內戰中戰勝了國民黨，建立了新的革命政權。

〔註100〕參見錢端升：《評立憲運動及憲草修正案》，載《東方雜誌》第31卷第19號（1934年），第7頁。

〔註101〕參見 Suisheng Zhao, Power by Design: Constitution Making in Nationalist China, University of Hawaii Press, 1996。

〔註102〕關於「反革命罪」，參見王奇生：《革命與反革命：社會文化視野下的民國政治》，社會科學文獻出版社2010年版。關於「辛亥革命」提出，參見金觀濤、劉青峰：《觀念史研究：中國現代主要政治術語的形成》，法律出版社2009年版，第384頁；歐陽軍喜：《記憶與歷史：孫中山對辛亥革命史的建構及其影響》，載《人文雜誌》2011年第5期。

于右任曾把國民黨對憲政的主張稱為「革命之憲政」，〔註103〕他說：「本黨所求之憲政，乃革命之憲政，憲法乃革命之憲法，唯有革命之人民乃克受之行之耳。」王造時反駁道：

> 憲政與革命，不能相容。憲政之下，不容革命；革命之下，不願憲政。至於「革命之人民」，更不要什麼憲法憲政，今我們之所以主張結束訓政，實行憲政，正是不革命之人民，要求不革命之憲政耳。我們若是真革命起來，何暇談什麼憲政憲法。〔註104〕

王造時的分析切中要害，革命是破壞的過程，它沒有規範性，憲政是一種靜態政制框架下的政治運作，倘若政府不斷強調革命，人民都革命起來，反對派也可以借革命來發展自己的勢力，國家建設無法完成，憲法沒有運行的政治基礎，那憲法不過是一紙空文，憲政也就無從實現。

20 世紀 40 年代，國民黨內也有人注意到革命意識形態宣傳的危害性，他們宣布政治革命已經結束，依照三民主義，此時應該進行的是社會革命。比如國民黨的宣傳家葉青在一篇叫《革命與憲政》的文章裏說：

> 中國近幾十年處於革命時代，非革命不可。這是事實，所以中國革命已經歷了五十幾年之久。它的任務如何？很明白的是實行三民主義，即在一個革命之中實行三民主義：實行民族主義民權主義民生主義。實行民族主義的革命為民族革命或種族革命，實行民權主義的革命為政治革命或民主革命，實行民生主義的革命為社會革命或經濟革命，那麼中國革命把這三種革命合二為一了。〔註105〕

中國的政治革命已經成功：

> 中國革命的政治方面亦於是告厥成功。這樣一來，中國政治就

〔註103〕于右任：《放棄訓政與中國革命之危機——對於孫哲生同志談話之獻疑》，載《中央週報》第 205 期（1932 年）。

〔註104〕王造時：《對於訓政與憲政的意見——批評汪精衛、于右任二氏的言論》，載《再生》第 1 卷第 2 期（1932 年）。

〔註105〕葉青：《革命與憲政》，載《華僑先鋒》第 10 卷第 1～2 期（1948 年），第 6 頁。類似的觀點，參見張志讓：《國父的革命理論與憲政》，載《憲政月刊》第 4 期（1944 年）；方堅：《革命時代與憲政時代》，載《民憲》第 1 卷第 1 期（1944 年）。目前不清楚這是否代表一派國民黨人的看法，抑或這是國民黨內對付共產黨勢力壯大的策略。葉青（1896～1990），原名任卓宣，曾任國民黨中央宣傳部副部長，其生平見中國社會科學院近代史研究所（編）：《民國人物傳》（第 12 卷），中華書局 2005 年版，第 166～169 頁。

走上了憲政時期了。憲政是憲法之治，一起都要依照憲法而來，不能有所違反。這樣只許和平建設，不許武力破壞了。革命在這裡發生了性質上的變化。換句話說，革命在今後與以前不同。以前為武力之革命，今後為建設之革命。〔註106〕

葉青的文章把希望寄予選舉，認為選舉可以摒棄革命，是「以和平方式推翻政府」。〔註107〕但問題並沒有這麼簡單。國民黨這樣以革命為理念的列寧式政黨所領導的政權並沒有實質的合法性，它唯一的合法性來自它是革命的政黨，它的領導政權是革命的果實，所以他們繼續進行革命，而不是用民主政治把政府的合法性建立在民主選舉的基礎上。

國民黨的處境形成了一個悖論（如圖2所示），國民黨強調革命的法統作為自己的正當性來源，並將其轉化為自己的合法性，但革命同時給了其他反對勢力在野革命的正當性。而這些勢力使國民黨無法完成國家建設，國家能力太弱，國民黨要實現國家統一併不得不隨時防禦反對勢力而形成一黨獨裁，而無法把從革命正當性轉化而來的微弱合法性過渡到民主的合法性，最終只能走到訓政，而無法實現憲政。

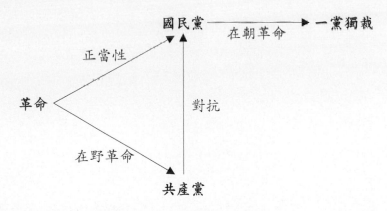

圖2：民國時期憲法與革命的關係

三、中華人民共和國諸憲法中的革命話語

1949年1月14日，毛澤東發表《關於時局的聲明》，指責內戰是南京國民政府發動的「反革命戰爭」，並針對蔣介石的和談建議提出了八項和談

〔註106〕葉青：《革命與憲政》，載《華僑先鋒》第10卷第1～2期（1948年），第7頁。
〔註107〕葉青：《革命與憲政》，載《華僑先鋒》第10卷第1～2期（1948年），第8
　　　　～9頁。

條件，其中第二條和第三條是：廢除偽憲法、廢除偽法統。〔註 108〕中國共產黨要從法律上革除舊制度，進行新的革命國家建設。同年中共組織制定了《共同綱領》，接著統一了全國大部分地區，成立中華人民共和國。中共對革命的強調使革命神聖化，「革命」一詞成了無所不包的、含有政治先進成分的褒義詞。但與國民黨不同的是，中共將革命收攏，只進行共產黨領導的自上而下的革命。

1949 年成立的新國家面臨著國家建設的艱巨任務，在局勢基本穩定之後，要建設富強的國家，制定了五四憲法。此時的任務是進行經濟建設，按毛澤東的說法五四憲法是過渡時期憲法，管十五年左右。毛澤東參與了這個憲法的起草，也廣泛聽取了各方意見，甚至發起了群眾運動式的討論。但在政治鬥爭和群眾運動中，這部憲法制定出來就被擱置。鎮壓反革命和反右派鬥爭等政治運動讓中共的專制權力達到頂峰，人人噤若寒蟬，群眾審判式的鬥爭和運動代替了司法，法律也被打入冷宮。

「文化大革命」開始後國家陷入混亂，革命成了一切活動的理由，憲法被擱置，社會過度動員，在混亂中社會幾乎被國家權力吞噬，每個人都成了繼續革命機器上的一個零件。「文革」後國家漸漸重新正常化，革命意識消減，國家從社會的角落裏退出，政府重新向法治靠攏。中共也開始從革命黨向執政黨轉變。〔註 109〕憲法也逐步去革命化。

（一）邁向革命國家及其衰落

中華人民共和國成立後，中共模仿蘇聯建立了一套獨特的政治制度。在憲法上，國家的最高權力機關是各國人民代表大會，但是實際上中國共產黨控制著整個國家從中央到地方的權力。共產黨在中央設有中央委員會，其中產生政治局，而主要權力在政治局的 7 個常委手上。〔註 110〕中央同時設有 6 個大區局和部委。從宏觀來看，中國政治體制中有 3 個全國性機構：黨、政府和軍隊。黨最高，通過提名製控制政府和其他各個部門的人員任命，通過黨的軍事委員會對軍隊實行絕對領導。共產黨提名、任命政府官

〔註 108〕 參見毛澤東：《毛澤東選集》（第四卷），人民出版社 1966 年版，第 1280 頁。
〔註 109〕 參見陳明明：《革命黨·統治黨·執政黨——關於政黨及其革新的一項詞語梳理》，載《中大政治學評論》（第五輯），中山大學出版社 2005 年版。
〔註 110〕 參見徐中約：《中國近代史》（下冊），計秋楓、鄭會欣譯，香港中文大學出版社 2002 年版，第 656～657 頁。

員，因而在整個政府中絕大多數決策人員都是共產黨員，他們要服從黨的領導，所以共產黨在實質上控制了整個國家的行政機構。以後因中央高層權力的角逐，其他附帶制度設置稍有變化，但這種中央權力的基本格局一直延續至今。〔註111〕

在地方上，從省到市、縣，每一級行政單位都設有與中央類似的黨組織，行政服從黨的領導。共產黨與國民黨政府不同之處在於，共產黨將黨的基層組織設到了鄉村。在這種嚴密的體制下，國家在城市對知識分子開展改造運動，通過政治學習和相互揭發等方式，進行心理的改造和身體規訓（discipline），進而通過大規模的改造運動（如反右、鎮壓反革命等）進行更進一步的個人和社會控制。在鄉村首先實行土地改革，通過批鬥地主、訴苦等形式完成農民的革命化改造，繼而實行合作化經營和人民公社運動，完全改變了傳統鄉村的格局。傳統鄉村社會中的鄉紳、中間人已不復存在，鄉村成了黨國主導的集體化的基層組織。當時有一種著名的說法，人人都是社會主義建設事業的螺絲釘。此外，使用戶口制度、單位制度和檔案制度等方式控制人員的流動和城鄉的差別與分割。

此時的國家，從橫向來看，具有強大的專制性權力，幾乎介入了社會的各個方面。人們生活的方方面面都受到國家權力的干預，「早請示，晚彙報」是國家權力對日常生活浸入和表現之一。而且人們時刻準備著接受國家的動員。在縱向上，黨和國家進入了中國社會底層的鄉村，並對鄉村進行了徹底的改造。而在社會介入國家方面，雖然有人民代表大會和政治協商會議制度，建國初期還舉行過選舉，但是社會很難影響國家的決策與運作，整個權力的運作由革命黨的軍事和政治精英所控制。所以這一時期的國家非常強。

在這樣強國家的主導下，20世紀50年代經濟發展迅速，超過了民國最好的時期，到60年代經濟增長開始減緩。從70年代開始到「文革」結束都處於倒退狀況。絕對的權力導致絕對的腐敗，再強大的國家也只能維持短期的強力控制，讓各行政部門按自己的計劃運行，一旦假以時日，這樣的計劃就會在一級一級的傳達過程中越來越變形。同時，因為缺乏有效監督，中央

〔註111〕關於中國政權組織及共產黨如何通過黨組織治理國家，參見（美）李侃如：《治理中國：從革命到改革》，胡國成、趙梅譯，中國社會科學出版社2010年版，第六章、第七章。

與地方信息不對稱，加上中央的計劃也不斷浮誇，最終的結果是國家的權力很大，但是政策的執行力極弱，釀出三年「自然災害」的慘劇。這也是「文化大革命」結束後，國家從一些社會部門退出，自動弱化的原因。

（二）毛澤東的革命觀與憲法觀

在毛澤東的視野裏，運動和鬥爭是兩個重要的概念。他相信人民的意志和群眾的力量，認為發動人民群眾可以實現特定目標，解決特定問題，用他的話說是：「從群眾中來，到群眾中去。」他相信鬥爭可以讓中國人掌握自己的「命運的潛力」，鬥爭是「高度個人化的、直接的、暴力的和公開的」，可以讓人民有掌握權力的感覺，〔註112〕他相信「實踐出真知，鬥爭長才幹」。這兩種觀念的結合也就是毛澤東的革命觀，在他的眼里革命不僅是暴力和暴動，而且是階級鬥爭的結果，更要發動人民群眾參與其中。在抗日戰爭時期，毛澤東提出中國革命要進行民族革命和民主革命，前者擊退日本侵略者，後者是「推翻地主階級壓迫」，也就是向國民黨政府爭取民主。而這兩個過程中，在「不放棄其他形式的鬥爭」的同時，要「著重武裝鬥爭」。〔註113〕這種革命，在毛澤東看來，必須有一個「按照馬克思列寧主義革命理論和革命風格建立起來的革命黨」的領導，在中國就是中國共產黨。此外，毛澤東的革命思想中亦有不斷革命的意涵，文革初期毛澤東在寫給江青的信裏說：「天下大亂，達到天下大治。過七、八年又來一次。」〔註114〕

關於憲法，1940 年 2 月 20 日毛澤東在延安各界憲政促進會成立大會上的演講裏說：

> 憲政是什麼呢？就是民主政治。……我們現在要的民主政治，是什麼民主政治呢？是新民主主義的政治，是新民主主義的憲政。……什麼是新民主主義的憲政呢？就是幾個革命階級聯合起來對於漢奸反動派的專政。〔註115〕

〔註112〕參見（美）李侃如：《治理中國：從革命到改革》，胡國成、趙梅譯，中國社會科學出版社 2010 年版，第 71～79 頁。
〔註113〕參見毛澤東：《毛澤東選集》（第二卷），人民出版社 1952 年版，第 599～600頁。
〔註114〕中共中央黨史研究室：《中國共產黨的九十年：社會主義革命和建設時期》，中共黨史出版社、黨建讀物出版社 2016 年版，第 595 頁。
〔註115〕毛澤東：《毛澤東選集》（第二卷），人民出版社 1952 年版，第 690 頁。

　　　　世界上歷來的憲政，不論是英國、法國、美國，也不論是蘇聯，都是在革命成功有了民主事實之後，頒布一個根本大法，去承認它，這就是憲法。中國則不然。中國是革命尚未成功，國內除我們邊區等地而外，尚無民主政治的事實。中國現在的事實是半殖民地半封建的政治，即使頒布一種好憲法，也必然被封建勢力所阻撓，被頑固分子所障礙，要想順暢實行，是不可能的。所以現在的憲政運動是爭取尚未取得的民主，不是承認已經民主化的事實。這是一個大鬥爭，決不是一件輕鬆容易的事。〔註116〕

　　針對當時中國的情況，毛澤東認為要有憲政就必須爭民主，即先向國民黨「頑固派」把持的「反動派」政府爭取民主，進行「大鬥爭」，這個過程就是革命。也就是說革命是為了爭民主，以求實現憲政。民主在這裡既是結果又是手段，而憲法不過是對革命的結果──「民主事實」的承認。毛澤東說：「用憲法這樣一個根本大法的形式，把人民民主和社會主義原則固定下來，使全國人民有一條清楚的軌道，使全國人民感到有一條清楚明確的和正確的道路可走，就可以提高全國人民的積極性。」〔註117〕此後要實行新民主主義的憲政，即「幾個革命階級聯合起來對漢奸反動派的民主專政」。〔註118〕這個過程的邏輯如下圖所示：

革命　→　民主　→　憲法　→　憲政　→　專政

圖3：毛澤東視野中革命與民主憲政的關係

　　整個過程的領導者是共產黨，因為按毛澤東的分析，面對「兩重革命任務」，「離開了中國共產黨的領導，任何革命都不能成功」。〔註119〕此外，既然憲法是對革命結果的承認，那麼承認的主體當然就是建立新政權的革命的領導者──共產黨，因此共產黨也就是憲法制定的領導者。制憲是革命的繼續，是為了完成革命的目標之一：專政。現代民主政體的制憲主要有欽定、協約、民定和聯合各國協定等方式，而中國共產黨革命建國後，在黨的主導下聯合各個階層制定了憲法。但1949年後毛澤東逐漸達到權力的頂峰，中共的黨中

〔註116〕毛澤東：《毛澤東選集》（第二卷），人民出版社1952年版，第693頁。
〔註117〕毛澤東：《毛澤東選集》（第五卷），人民出版社1977年版，第129頁。
〔註118〕毛澤東：《毛澤東選集》（第二卷），人民出版社1952年版，第691頁。
〔註119〕毛澤東：《毛澤東選集》（第二卷），人民出版社1952年版，第614頁。

央成了一言堂，〔註120〕因此毛澤東如上的憲法思想很能體現在革命時期中華人民共和國的各部憲法中。

由於政治、經濟、國際和國內環境的變化，《共同綱領》及以後的四部《憲法》在理論上一步一步收攏了革命，將革命的權利收歸到共產黨身上。在中共看來，共產黨政權代表了 1840 年以來所有中國人民革命的最終成果，到此為止革命已經終結，其他的革命都是不正當、不合法的，只有共產黨一個黨享有革命的權利，實行「在朝革命」，直至「文化大革命」結束。

（三）從「中止革命」到「繼續革命」

1949 年 9 月 2 日，中共組織的中國人民政治協商會議第一屆全體會議通過了《中國人民政治協商會議共同綱領》（下簡稱《共同綱領》），這部文件被認為「起臨時憲法作用」，〔註121〕是革命後建國的基礎性文件。《共同綱領》規定中華人民共和國是「人民民主主義國家」，其序言寫道：

> 中國人民解放戰爭和人民革命的偉大勝利，已使帝國主義、封建主義和官僚資本主義在中國的統治時代宣告結束。……中國人民政治協商會議代表全國人民的意志，宣告中華人民共和國的成立，組織人民自己的中央政府。中國人民政治協商會議一致同意以新民主主義即人民民主主義為中華人民共和國建國的政治基礎，並制定以下的共同綱領，凡參加人民政治協商會議的各單位、各級人民政府和全國人民均應共同遵守。〔註122〕

革命已經勝利，舊時代宣告結束，需要中止革命，〔註123〕建立新國家。政協代表「全國人民的意志」宣告新國家成立，而且一致同意把共產黨的綱領「新民主主義」作為建國的政治基礎。這其實是用政協置換了人民的意

〔註120〕 參見徐中約：《中國近代史》（下冊），計秋楓、鄭會欣譯，香港中文大學出版社 2002 年版，第 868 頁。

〔註121〕 許崇德：《中華人民共和國憲法史》（上），福建人民出版社 2005 年版，第 246頁。亦參見陳端洪：《第三種形式的共和國人民制憲權——論 1949 年〈共同綱領〉作為新中國建國憲法的正當性》，載《原道》2011 年第 1 期。

〔註122〕 《共同綱領》全文見許崇德（主編）：《中國憲法參考資料選編》，中國人民大學出版社 1990 年版，第 3 頁，著重號為筆者所加。下引中華人民共和國各憲法及相關材料皆據此書。

〔註123〕 因此，《共同綱領》第七條規定「中華人民共和國必須鎮壓一些反革命活動」。1951 年根據這一條制定了《中華人民共和國懲治反革命條例》。

志，給共產黨的建國提供正當性。而政協不過是中國共產黨實行統一戰線的機構，所以整個制憲過程的主導者仍是共產黨。整個過程是革命領導者——共產黨——用一個代表人民的代表性機構（中國人民政治協商會議）來組織政府，建立新國家。以「新民主主義」為「建國的政治基礎」是要表明，這個新國家的基礎是「新民主主義」——這種不同於以往「舊中國」所追求的西方式的民主主義，而《共同綱領》則是這種新國家基礎理論的法律文本展示。但《共同綱領》畢竟不是憲法，只是用憲法性文本宣告了革命的中止。

1953年，毛澤東說：「為了發揚民主，為了加強經濟建設，為了加強反對帝國主義的鬥爭，就要辦選舉，搞憲法。」〔註124〕1954年9月20日，首屆全國人民代表大會第一次會議通過了由毛澤東主持起草的《中華人民共和國憲法（草案）》。〔註125〕毛澤東認為這部憲法是「革命的憲法」，「主要總結了我國的革命經驗和建設經驗，同時它也是本國經驗和國際經驗的結合」。〔註126〕該憲法主要是以蘇聯1936年憲法為藍本制定，規定「中華人民共和國是工人階級領導的、以工農聯盟為基礎的人民民主國家」（第一條），同時列舉了人民基本權利和國家機構職權，規定了主權在民、司法獨立、法律面前人人平等現代憲法的基本原則，同時還確立了人民代表大會制度，這是一部相對完善的社會主義憲法，基本上是八二憲法的雛形。五四憲法的特點是像蘇聯憲法一樣承認政黨和政治對憲法的先導作用，而非憲法對權力的約束和規制作用。此外，該憲法解決了中共統治的合法性問題，完成了從革命的正當性向合法性的轉化。憲法序言作如下宣告：

> 中國人民經過一百多年的英勇奮鬥，終於在中國共產黨領導下，在1949年取得了反對帝國主義、封建主義和官僚資本主義的人民革命的偉大勝利，因而結束了長時期被壓迫、被奴役的歷史，建立了人民民主專政的中華人民共和國。

〔註124〕毛澤東：《毛澤東文集》（第六卷），人民出版社1999年版，第258～259頁。

〔註125〕參見許崇德：《中華人民共和國憲法史》（上），福建人民出版社2005年版，第110～111頁、第171頁。

〔註126〕毛澤東：《毛澤東選集》（第五卷），人民出版社1977年版，第127頁、第130頁。

　　這段敘述的政治隱含意義在於，中國革命經過一百多年，終於在共產黨的帶領下完成了革命。共產黨帶領中國人民建立的「中華人民共和國」乃是中國一百多年來革命的最終成果。〔註127〕這是用憲法將革命的權利和正當性壟斷到革命的領導共產黨手上——共產黨代表了一百年來的中國革命力量。此時革命被共產黨收攏到自己身上，壟斷了革命，來進行過渡時期建設。既然共產黨的革命代表了一百年來革命的最終成果，那麼其他一切的革命（在野革命）都是不正當的，只有共產黨領導的革命（在朝革命）才是正當的。新的革命國家已經建立，對新的「人民民主制度」，叛國已經和「反革命」處於了同等地位，應受到「懲辦」（第十九條）。五四憲法可以說是「壟斷革命的憲法」。雖然五十年代初的政治基調是要發展經濟，但是政治運動已經初見端倪，為了壟斷革命的正當性並鞏固政權，毛澤東多次專門談到「鎮壓反革命」，〔註128〕並在全國發動了聲勢浩大的「鎮壓反革命運動」。在這種革命形勢之下，五四憲法也只在一定程度上起到政府組織法的作用。

　　1975 年的憲法頒布於「文化大革命」時期，是一部特殊時期的憲法，其內容乏善可陳。1978 年的憲法也並沒有擺脫「文革」的陰影。這兩部憲法都規定：「中華人民共和國是工人階級領導的以工農聯盟為基礎的無產階級專政的社會主義國家。」（第一條）七五憲法通過前，張春橋在給人大的報告中說：「總結我們的新經驗，鞏固我們的新勝利，反映我國人民堅持無產階級專政下繼續革命的共同願望，就是我們這次修改憲法的主要任務。」〔註129〕葉劍英在給全國人大關於七八憲法報告中說：

　　　　新憲法應該高舉毛主席的偉大旗幟，完整地準確地體現馬克思
　　列寧主義關於無產階級專政的學說，完整地準確地體現毛主席關於
　　無產階級專政下繼續革命的學說，充分地反映中國共產黨的十一大
　　路線和華主席為首的黨中央抓綱治國的戰略決策，總結同「四人幫」

〔註127〕劉少奇 1954 年 7 月 15 日在第一屆全國人民代表大會第一次會議上發表的《關於中華人民共和國憲法草案的報告》中說：「我們現在提出的憲法草案乃是對於一百多年來中國人民革命鬥爭的歷史經驗的總結，也是對中國近代關於憲法問題的歷史經驗的總結。」許崇德（主編）：《中國憲法參考資料選編》，中國人民大學出版社 1990 年版，第 43 頁。

〔註128〕毛澤東：《毛澤東選集》（第五卷），人民出版社 1977 年版。

〔註129〕張春橋：《關於修改憲法的報告》（一九七五年一月十三日在中華人民共和國第四屆全國人民代表大會第一次會議上報告，一月十七日通過），載《人民日報》1975 年 1 月 20 日，第 1 版。

鬥爭的經驗，清除「四人幫」的流毒和影響，鞏固和發展無產階級
文化大革命的勝利成果。〔註130〕

能看出兩部憲法都反映了「文化大革命」思想及其延續，憲法內容所傳達出的是繼續革命思想，即共產黨將革命收縮到自己手裏之後，由克里斯馬（Charisma）領導人領導的在朝繼續革命的憲法文本體現。此時各級政府在憲法中都成了革命委員會，這兩部憲法序言都是一些政治意識形態的宣誓，七五憲法明確提出了「人民革命戰爭」推翻了「反動統治」，「開始了社會主義革命和無產階級專政的新的歷史階段」；還特別指出「社會主義革命」以及「堅持無產階級專政下的繼續革命」（序言），並把「抓革命」作為國家方針之一（第十條）。七八年憲法雖然刪除了階級鬥爭的話語，把更務實的工業經濟與四個現代化作為國家的目標，而且將更多的個人權利寫進憲法，但序言中特別強調了毛澤東是共和國的締造者，馬列、毛思想對革命和建設的重要性，而且「永遠高舉和堅決捍衛毛主席的偉大旗幟，是我國各族人民團結戰鬥，把無產階級革命事業進行到底的根本保證」；還規定了群眾運動式「大鳴、大放、大辯論、大字報」的四大自由。由於當時「文革」結束不久，社會思想已有鬆動，但政治風向尚未完全轉變，七八憲法的基本內容和七五憲法是一脈相承的。

值得注意的一點是，兩部憲法都明確地指出了：「中國共產黨是全中國人民的領導核心。工人階級經過自己的先鋒隊中國共產黨實現對國家的領導。」（第二條）這表明了代表中國革命先鋒的共產黨帶領人民繼續革命，所以這兩部憲法可以稱為「繼續革命的憲法」。

（四）告別革命

十一屆三中全會後，鄧小平上臺，中國人民對「文化大革命」進行了痛苦的反思，作為「文革」政治運動的受害者，鄧小平對「文化大革命」有比較清醒的認識，加上中共早期的很多革命元老的隱退或去世，領導層的革命激情退去，政治實用主義成為主流意識，革命意識形態的話語和行動已經不再是政治的重心，發展經濟是第一要務，所謂的「白貓花貓，能抓住老鼠就

〔註130〕葉劍英：《關於修改憲法的報告——一九七八年三月一日在中華人民共和國第五屆全國人民代表大會第一次會議上的報告》，載《人民日報》1978年3月8日，第1版。

是好貓」。〔註131〕1980 年第五屆全國人大第三次會議通過《第五屆全國人民代表大會第三次會議關於修改〈中華人民共和國憲法〉第四十五條的決議》，取消了「大鳴、大放、大辯論、大字報」的革命運動方式，說明這個憲法正在去革命化。〔註132〕1981 年中共十一屆六中全會通過《關於建國以來黨的若干歷史問題的決議》，在肯定毛的功績的同時，批評了毛的「左傾」錯誤，否定了「文革」，認為「『文化大革命』不是也不可能是任何意義上的革命或社會進步」，〔註133〕同時肯定了經濟建設的重要性。這是對中共傳統暴力革命觀念的否棄，但同時延續了革命給統治帶來的正當性，也與歷史錯誤做出切割，希望繼續把革命的正當性作為統治合法性的基礎，進行國家的經濟建設。

八二憲法就是在這樣的背景下制定的，鄧小平本人和彭真等中共高層參與了這個憲法的起草，鄧小平「對新憲法起草中遇到的重大問題，特別是國家體制方面的一系列問題，都及時、明確地提出了意見，對這部憲法的制定起了決定性的作用」。〔註134〕八二憲法中一共出現了七次「革命」，六次都出現在序言中對歷史的回顧中，分別是「革命傳統」、「辛亥革命」、「新民主主義革命」（兩次）、「長期的革命」、「中國革命」、「革命化」。最後一次是在軍隊的規定中：「國家加強武裝力量的革命化、現代化、正規化的建設，增強國防力量。」（第二十九條）八二憲法的這些革命表述中，前六次並沒有將革命作為前景或目標，僅在軍隊的規定中認為要加強軍隊的「革命化」。作為一個「黨指揮槍」的國家，軍隊的革命化是對革命傳統的延續。憲法序言在回顧了中

〔註131〕 這個四川俗語是鄧小平 1962 年在各為《怎麼恢復農業生產》的講話中引用的。鄧小平上臺後的實用主義政策正好能用這句俗語表達，故一時成為流行語，曾被美國《時代》週刊報導。鄧小平：《怎麼恢復農業生產》，載《鄧小平文集》（第一卷），人民出版社 1994 年版，第 323 頁。

〔註132〕 毛澤東 1957 年對四大自由的評價是：「群眾創造了一種革命形式，群眾的鬥爭形式，就是大鳴、大放、大辯論、大字報。現在我們革命的內容找到了它的很合適的形式。……我們黨有民主的傳統。沒有民主的傳統，不可能接受這樣的大鳴、大放、大辯論、大字報。」毛澤東：《毛澤東選集》（第五卷），人民出版社 1977 年版，第 467 頁。

〔註133〕 《關於建國以來黨的若干歷史問題的決議》，載《人民日報》1981 年 7 月 1 日，第 1 版。

〔註134〕 參見王漢斌：《鄧小平親自指導起草 1982 年憲法》，載《法制日報》2004 年 8 月 19 日；許崇德：《中華人民共和國憲法史》（下），福建人民出版社 2005 年版，第 348 頁。

國近代史〔註135〕並宣揚中共完成了孫中山未完成的革命之後說：

> 本憲法以法律的形式確認了中國各族人民奮鬥的成果，規定了
> 國家的根本制度和根本任務，是國家的根本法，具有最高的法律效
> 力。全國各族人民、一切國家機關和武裝力量、各政黨和各社會團
> 體、各企業事業組織，都必須以憲法為根本的活動準則，並且負有
> 維護憲法尊嚴、保證憲法實施的職責。

這裡用「全國各民族人民的奮鬥的成果」代替革命成果，而且言明了憲法的最高法律效力，任何組織都必須遵守憲法，也沒有把共產黨排除在外，摒棄了革命的話語和遠大的革命理想，換之以法治化的規定和世俗的實用目標為內容，是用憲法把革命從政治和法律中排除出去。這部憲法對國家的規定是：「中華人民共和國是工人階級領導的、以工農聯盟為基礎的人民民主專政的社會主義國家」，也與革命無關。

1987 年中共十三大之後，長征一代革命老幹部開始隱退，國家開始啟用新的年輕技術官僚。〔註136〕1988 年的《〈中華人民共和國憲法〉修正案》，把「允許個體經濟」（原第十二條）修改為「允許私營經濟」，並認為「私營經濟是社會主義公有制經濟的補充」（修正案第一條）。私營經濟曾經是革命所要打破和消滅的東西，如果按七五或七八憲法的規定私營經濟就是反革命的因素，而今卻重新承認，也意味著對革命的否棄。1997 年刑法中廢除了「反革命罪」，刪除了有含有「以反革命為目的」表述的條款。1999 年 3 月 15 日，第九屆全國人民代表大會第二次會議對八二憲法進行第三次修改，將憲法中的「反革命罪」修改為「危害國家安全罪」（原第 28 條，修正案第 17 條）。〔註137〕因為革命後國家早已經建立，所要做的事情是建設國家，維護國家，而不是維護革命、繼續革命，所以「反革命」已經不適合現狀，只會是「危害國家安全」。

〔註135〕 劉少奇 1954 年在《關於中華人民共和國憲法草案的報告》中認為當時中國正處於社會主義的過渡時期，因而不用在憲法中加入歷史敘述。參見許崇德（主編）：《中國憲法參考資料選編》，中國人民大學出版社 1990 年版，第 71～72 頁。

〔註136〕 參見徐中約：《中國近代史》（下冊），計秋楓、鄭會欣譯，香港中文大學出版社 2002 年版，第 923～925 頁；（美）李侃如：《治理中國：從革命到改革》，胡國成、趙梅譯，中國社會科學出版社 2010 年版，第 159～169 頁。

〔註137〕 刑法和憲法中修改「反革命罪」的相關爭論和具體情況，參見郭薇：《關於反革命罪的歷史考察》，中國青年政治學院碩士學位論文，2007 年。

八二憲法中已經放棄了所有以革命為目標性的規範，除了軍隊以外憲法中的革命表述都是歷史性回顧。以「經濟建設為中心」、「發展才是硬道理」就是摒棄革命式的折騰、動員和鬥爭。同時也提出「社會主義建設本身就是一場偉大的革命」，這是用改革代替革命，消解了此前毛澤東時代革命的暴力性和破壞性。革命已經成了歷史，革命也被軟化。這部憲法可以看作是一部「告別革命」的憲法。〔註138〕

（五）小結

1949年，中國共產黨建立了中華人民共和國，《共同綱領》和四部《憲法》明確了該黨是繼承了20世紀革命的正當性而建立的政權，將革命的正當性賦予共產黨自身，從而終止了所有其他勢力繼續革命的權利和合法性。中共通過對革命正當性的轉換，把自己的合法性建立在革命的正當性之上，通過繼續革命，建設了一個威權式的強國家。

與國民黨不同之處在於，共產黨用憲法否定了「在野革命」的正當性，進行「在朝革命」。雖然建設了一個強有力的威權國家，國家權力很大，但是國家的實際執行能力並不強，比如大躍進中基層對中央的瞞報，等等。毛澤東與中共領導的「在朝革命」——自上而下發動「文化大革命」這樣的革命運動，最終導致國家經濟政治近乎崩潰。這樣的強國家下，憲法淪為附庸，雖然毛澤東和林彪也對憲法中是否設置主席有不同意見，但是憲法也不過是政治宣言書和政府組織法。

鄧小平上臺後告別了革命的意識形態，轉而實行更實用主義的政治經濟政策，放鬆了對人民生活的管控。此後三十幾年的發展在憲法中體現出了從「中止革命」發展到「告別革命」的轉變。「文化大革命」前自上而下的革命中，黨和國家的專制性能力不斷增大，但是國家的實際執行力卻在減弱，憲法只淪為一張政治宣言書。而在改革開放之後，政府實際上逐漸放開控制，國家的專制性能力減弱，基礎性能力增強，因此國家能帶動一場舉世矚目的經濟的變革，

〔註138〕1995年，李澤厚和劉再復提出了「告別革命」，他們認為「中國的二十世紀就是革命和政治壓倒一切、排斥一切、滲透一切，甚至主宰一切的世紀」，辛亥革命「是不必要的」，中國應該走改良的道路。參見李澤厚、劉再復：《告別革命：回望二十世紀中國》，天地圖書有限公司2004年版，第60頁。本文所說的「告別革命」與李、劉不同，本文認為革命有其發生的政治社會原因和內在理路，不存在是否必須之問題。

憲法在作為政治宣言書的同時也一定程度上漸漸具有了「最高法」的特徵。

　　中華人民共和國時期的憲法變化是隨著意識形態和政策的變化而變化的，政治和意識形態的變化在先，憲法的變化在後。憲法是對意識形態和政策變化的宣示。按馬克思主義原理，法律是體現統治階級意志的控制工具，唯一的法律就是辯證唯物主義，憲法不過是對當下政策的總結。〔註 139〕但是在中國，共產黨強調中國革命的獨特性，毛澤東個人擁有極大的權威，在這樣的形勢下，法律成了人治和強權的附庸，法律也無法在強大的統治機器下起到規制權力的作用。憲法當然也不例外。強世功認為革命體制形成的許多獨特慣例和設置構成了中國憲法中「不成文憲法」的淵源，〔註 140〕但是這種獨特慣例制度化較低，是因政治境況而產生的，有極大的隨意性，無法成為「法」。此外，如果革命後的政治事實成為「不成文憲法」的淵源——這在事實上可能已經遠離革命的最初目標，那麼這種情況下「憲法」一詞也就失去了本身的意義。

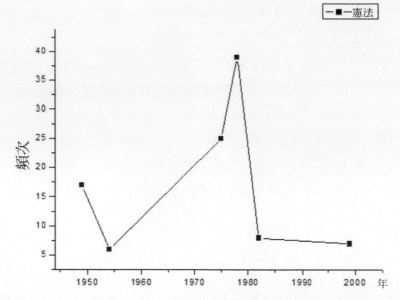

圖 4：中華人民共和國諸憲法文本中「革命」一詞出現的次數變化。1949 年《共同綱領》中出現 17 次，五四憲法中出現 6 次，七五憲法中出現 25 次，七八憲法中出現 39 次，八二憲法中出現 8 次，1999 年修訂後出現 7 次。

〔註 139〕 William C. Jones, The Constitution of the People's Republic of China, *Washington University Law Quarterly*, Vol. 63, No. 4 (1985), p. 714.

〔註 140〕 強世功：《中國憲法中的不成文憲法：理解中國憲法的新視角》，載《開放時代》2009 年第 12 期。

從統計中華人民共和國成立後各部憲法中「革命」一詞出現的次數可以看出，《共同綱領》中仍有較多「革命」的描述，其原因在於新成立的中華人民共和國是革命建立的政權，它的一切還與革命息息相關。五四憲法中較少提到「革命」，是因為當時國家準備進行經濟建設；隨之而來的「文革」打亂了這一計劃，而七五憲法和七八憲法則是文革「繼續革命」思想的延續，故有較多的革命敘述；而八二憲法在很大程度是回歸五四憲法，此時國家已經轉向經濟建設，所以有較少的革命話語。

中華人民共和國制定了四部憲法，其革命性有起伏，但總趨勢在消滅。八二憲法經過幾次修訂，可說是完全告別了革命。但是一黨主導的強國家、弱社會的格局，讓國家專制性權力仍然異常強大，革命或成為執政黨的話語，或暫時告別革命進行經濟建設，而憲法不過是執政黨意志的宣示性文件。革命不再直接影響憲法，國家建設已經完成，憲政的實現在於要使憲法運轉起來，而中國憲法無法進入司法程序，目前仍處於休眠期。近年中國反對普世價值，申明不學習西方的三權分立制度，這恐怕也是革命時代的敵我思維的延續。由此看來，雖然憲法文本上告別了革命，但是可能使憲法運轉起來的政治人物和政黨，還沒有完全走出革命的陰影。每年國慶節天安門廣場上孫中山和毛澤東的巨幅畫像，也昭示著革命延續的事實。

四、結論

20 世紀中國史中，「革命」無論是在實際政治中，還是在學術研究中，都是一個重要議題。從晚清的革命運動到 1949 年中華人民共和國成立，「革命」時刻都與憲法的發展相隨。革命是開創一個新局面，實現政治理想的過程，革命要打破現有的權力格局，進行新的國家建設。憲法往往是革命後國家建設必須制定的根本法，但是革命與憲法之關係經歷晚清、民國與中華人民共和國時期卻極為複雜。〔註 141〕

〔註 141〕 雖然近現代以來，憲法往往是革命後的產物，但是世界各國大部分憲法中都不會寫入「革命」，20 世紀中國法制史上，晚清的憲法（憲法性文件）沒有出現「革命」，民國時期的憲法也沒有寫入「革命」，1949 年後的幾部憲法中都有「革命」表述。根據學者的統計，77.5%的憲法中沒有提到「革命」。寫入「革命」的情況有四種：（1）一般地提到，占 1.4%；（2）提到某一次革命運動，占 12.7%；（3）提到革命的權利，占 1%；（4）1 和 3 的結合，占 7.7%。參見（荷）亨利・范・馬爾賽文、格爾・范・德・唐：《成文憲法的比較研究》，陳雲生譯，華夏出版社 1987 年版，第 170 頁。

　　縱觀整個 20 世紀政治史和法制史，中國的特殊之處在於：晚清，憲法是革命運動和革命壓力的產物；辛亥革命後國內軍閥割據，所以要繼續革命完成國家統一，建立不完善的黨國體制。軍閥和外敵入侵，讓國民政府沒有建設成一個主權完整的國家。中國共產黨在 1949 年成了中華人民共和國，以國家的名義繼續革命，建立了制度嚴密的革命國家，用國家來推革命運動。在中共看來，他們是一個世紀中國革命的最後代表和最高階段，事實上它確實延續了中國 20 世紀初開始的革命理論、話語和實踐。共產黨對國家和社會進行了整體的改造，以強國家追求「革命式現代化」，〔註 142〕在建政初期經濟發展迅速，但是最終在自上而下的革命中使國家陷入混亂，最後放棄了革命意識形態，而進行務實的經濟建設。

　　在清末，清廷通過憲法進行的國家統合併不成功。因為在弱國家之下，憲法整合不可能成功，社會革國家的命，無法實現憲政；民國時期，國家革命意識不減，使革命的意識形態和行動具有正當性，影響國家建設和整合。國家較弱，共產黨通過在野革命建立了新的革命政權。中華人民共和國成立後，共產党進行革命式的國家建設，國家異常強大，立憲之路道阻且長。革命影響國家建設和國家能力，進而影響憲政的實現。

　　中國的革命觀深受馬克思列寧主義主義的影響，是一種企圖用激進的方式實現革命理想的烏托邦運動，它伴隨著古典的德性政治、賢人政治。比如革命中為未來設置完美的烏托邦，革命過程中也產生了克里斯馬式的革命領袖。而現代最不壞的政體都是世俗化的政治，在革命意志和烏托邦思維之下，革命後制定的憲法也不可能真正運轉起來，革命的結果只能是「吞噬了自己的孩子」——繼續革命。鄒讜認為 20 世紀中國政治中最大的問題是「一方全贏或一方全輸」的博弈，〔註 143〕這就是革命觀念所致。立憲政治要求的是妥協，而革命要區分敵友，鬥個你死我活。革命伴隨著破壞和高調的道德理想，而憲法是政治契約和權利保障書，是實際和世俗的，因此與革命的精神不相容。雖然革命可以給立憲提供機會，但是革命的觀念和行動與憲政主義難以兼容。

　　按照韋伯對國家的定義，國家是在一定領土內對正當使用暴力的壟斷，佩里·安德森認為革命總是指向打破國家這種對暴力的壟斷，之後會出現列寧和托洛茨基所稱的雙重權力（dual power）。會形成三種情況：一、革命以

〔註 142〕參見陳明明：《在革命與現代化之間》，載《復旦政治學評論》2003 年第 1 期。
〔註 143〕參見鄒讜：《中國革命再闡釋》，牛津大學出版社 2002 年版，第 330 頁。

摧毀統治正當性的方式打破國家的權力壟斷，使國家不能用強力來鎮壓反對運動；二、革命以反叛力量對抗國家的壓制機構，在沒獲得任何普遍正當性之前，將國家徹底擊垮；三、革命打破國家對權力的壟斷，既不是從來源上剝奪其正當性，也不是大規模摧毀其軍事力量，而是分裂足夠的領土去建立一個反對政權。安德森認為中國屬於第三種情況。〔註144〕

在筆者看來中國 20 世紀的兩次革命正是這三個方面的綜合。但這個論述其實也有另外一個重要的方面，革命消解並阻礙國家建設，因為革命讓國家太弱或者太強。革命的弱國家不能壟斷暴力，讓國家在事實上分裂，沒有有效的行政權力；革命的強國家則可能會啟動自上而下的革命，吞噬掉社會。兩者都不是讓憲法走向憲政的境遇，從而運行起來。太弱的國家根本沒有能力把憲法這種制度推行下去，而太強的國家，憲法就是一張廢紙，因為這樣的國家之運行可能根本不需要法律。

暴力和超越法律是革命的重要特徵之一，〔註145〕但憲法是國家基本制度穩定的法律基礎，這兩者是根本矛盾的。在無規則的暴力背景下，革命要麼會消解國家，使國家太弱，國家執行力低下，主權可能都無法完整；要麼就是使權力完全聚集在國家中央統治機器上，而吞噬掉社會，讓社會可以用來抗拒國家權力恣意的憲法和法律完全失去意義。

憲法本身沒有自主性，它的施行只能依靠政治社會環境的成熟，或有一個有實力、有遠見的政治家進行適時的決斷或推動，否則憲法不過是一個任意改動變化的法律文件，是 Jones 等人所說的表達新政策與意識形態的文件。而革命有其自主性，如果革命後不終止革命的思想和行動，取消革命的合法性，革命就會影響到國家建設，使國家走向兩個極端（過強或過弱），在這兩個極端之下，憲法無法向憲政的方向運行。憲法為國家提供一個靜態框架內的行動依據，而革命是變革、革新，這兩者之間必然矛盾。只有在終止革命後，進行國家建設，建立一個有效的行政權力，有一個穩定的政治環境，才有可能讓憲法運轉起來。否則憲法要麼是「政府組織法」，要麼是政治宣言。

2012 年 6 月

〔註144〕 參見 Perry Anderson, Two Revolutions, *New Left Review*, Vol. 61 (2010), pp. 59~96。

〔註145〕 參見 A. C. Decouflé：《革命社會學》，賴金男譯，遠流出版事業股份有限公司 1989 年版，第 9 頁。

後　記

　　2016 年，我到加拿大不列顛哥倫比亞大學訪學，本書最初的一些章節就寫於加拿大。深秋的溫哥華陰雨綿綿，下午四五點天已漆黑，在離中國萬里之外的孤燈之下，我翻閱著康有為的著作，別有一番滋味在心頭。一百多年前康有為也曾到溫哥華訪問，向一千三百多名華僑發表了熱情洋溢的演講，呼籲他們捐款支持君主立憲。時過境遷，資助過康有為的海外華人早已不知所蹤，安逸的新移民可能完全不知道康有為是誰。

　　2017 年，我到美國遊學，心中想的最多的還是本書的主題，在各大學停留之外，先後到美國各地的華埠參觀。這些地方是當年康有為和孫中山在海外活動的主要場所，物是人非，今日的華埠大多已經衰落，不復當年的繁華，康孫二人曾經奔走各地想解決的問題，很多依舊沒有解決。我也到舊金山遊覽，那裡是張君勱晚年生活的地方，一代哲人飄零海外，保持了最後的獨立和氣節。我還去到墨西哥城，康有為曾在此遊歷、投資之餘，還和墨西哥總統迪亞斯談笑風生。墨西哥城老城憲法廣場旁的天主教堂已有幾百年的歷史，它應該見過康有為。這一百年的墨西哥和中國，都經歷了革命和動盪，很多問題起起伏伏，只有這些建築冷眼旁觀，看盡了人間滄桑。回想一百多年來，中華民族仁人志士中傾心於立憲大業者，遊走海內外，上下求索，爭於議場，辯於法庭，呼於街頭，甚至流血犧牲。憲法草案寫出了不少，會議開了無數，著作出了萬千，到頭來卻是一場空。不能不讓人唏噓感歎。

　　我對中國立憲史的興趣始於大學時期，當時偶然讀到兩本相關著作，頗為震動，彷彿發現了一個新天地。此後斷斷續續閱讀了許多中國立憲史的研究著作和文獻資料，碩士畢業論文和博士畢業論文都以中國立憲史問題為主

題，還撰寫了多篇研究中國立憲史的論文（其中兩篇作為附錄收入本書）。本書是在我博士論文的基礎上刪改而成，因此要特別感謝我的導師馬小紅教授，也要感謝碩士時期的導師許章潤教授，沒有他們指導、幫助和影響，就不可能有這本書。感謝葉然、劉猛、黎沛文、趙劉洋等同學，和他們高談闊論、徹夜長談，激發了我的許多想法，加深了我對本書所論不少問題的認識。

　　韋伯在《學術與政治》中曾批評現代學術體制的機械性，你要在其中生存就必須滿足它要求的各種條條框框。如果不是因為評職稱所迫，本書的出版可能還要推後若干年。全書的基礎部分完成後，我就轉向了其他研究，書稿雖經過多次修改，仍有許多不足。這幾次修改是在原稿的基礎上修訂和補正，如果現在重寫本書，當是另一番模樣。但各種考核任務纏身，本人的水平和精力也有限，只能將本書以現在的模樣展現給讀者，誠摯地期待批評和指正。

2021 年 6 月